# LIMIARES

Blucher

# LIMIARES

## *Desafios contemporâneos da psicanálise*

**Organizadores**
Alessandra Affortunati Martins
Aline Souza Martins
Érico Andrade
Léa Silveira
Lívia Santiago Moreira

**Autores**
Alessandra Affortunati Martins
Aléxia Bretas
Aline Souza Martins
Ana Carolina Minozzo
Érico Andrade
Guilbert Kallyan da Silva Araújo
Inara Luisa Marin
Jéssica Kellen Rodrigues
João Vitor Rodrigues
Léa Silveira
Lívia Santiago Moreira
Michelle Ulloa Gamboa
Pedro Ambra
Stéphanie Queiroz Jobst
Suely Aires

*Limiares: desafios contemporâneos da psicanálise*
© 2024 Alessandra Affortunati Martins, Aline Souza Martins, Érico Andrade, Léa Silveira e Lívia Santiago Moreira (orgs.)
1ª edição – Blucher, 2024
Editora Edgard Blücher Ltda.

*Publisher* Edgard Blücher
*Editor* Eduardo Blücher
*Coordenador editorial* Rafael Fulanetti
*Coordenação de produção* Andressa Lira
*Produção editorial* Juliana Morais
*Preparação de texto* Regiane da Silva Miyashiro
*Diagramação* Plinio Ricca
*Revisão de texto* Cristiana Gonzaga Souto Corrêa
*Capa* Laércio Flenic
*Imagem de capa* iStockphoto

**Blucher**

Rua Pedroso Alvarenga, 1245, 4º andar
04531-934 – São Paulo – SP – Brasil
Tel.: 55 11 3078-5366
**contato@blucher.com.br**
**www.blucher.com.br**

Segundo o Novo Acordo Ortográfico, conforme 6. ed. do *Vocabulário Ortográfico da Língua Portuguesa*, Academia Brasileira de Letras, julho de 2021.



Dados Internacionais de Catalogação na Publicação (CIP)
Angélica Ilacqua CRB-8/7057

Limiares: desafios contemporâneos da psicanálise / organizado por Alessandra Affortunati Martins, Aline Souza Martins, Érico Andrade, Léa Silveira e Lívia Santiago Moreira. – São Paulo : Blucher, 2024.
284 p.

Bibliografia
ISBN 978-85-212-2326-9

1. Psicanálise I. Martins, Alessandra Affortunati

24-2203 CDD 150.195

Índice para catálogo sistemático:
1. Psicanálise

# Sobre as(os) autoras(es)

**Alessandra Affortunati Martins**

Psicanalista, doutora em Psicologia Social e do Trabalho pela Universidade de São Paulo (Bolsa Capes – USP/2015) com período sanduíche na Alemanha-Berlim (ZfL). Mestre em Psicologia Clínica pela Pontifícia Universidade Católica (Bolsa Capes – PUC-SP/2004). Formada em Filosofia pela Universidade de São Paulo (USP/2007) e em Psicologia pela Pontifícia Universidade Católica (PUC-SP/1999). Em sua pesquisa de pós-doutorado pela Faculdade de Filosofia, Letras e Ciências Humanas da USP (FFLCH-USP) e pela Birkbeck, University of London (bolsa Fapesp), dedicou-se ao estudo da categoria de estrangeiro em Freud e Walter Benjamin. Atualmente, é pesquisadora na Cátedra Edward Saïd (Unifesp), onde ainda estuda a categoria de estrangeiro a partir de perspectivas decoloniais. Tal pesquisa, centrada nessa categoria teórico-clínica não identitária – o estrangeiro –, tem orientado atendimentos em grupo e individuais realizados pelo Projeto Causdequê? (Casa do Adolescente/SUS), voltados atualmente para questões de classe, gênero e raça. É membra do grupo de trabalho (GT) de Filosofia da Psicanálise da Associação Nacional de Pós-graduação em Filosofia (Anpof), do Grupo de Estudos, Pesquisas e Escritas Feministas (Gepef) e da International Society of Psychoanalysis and Philosophy (ISPP).

**Aléxia Bretas**

Professora adjunta na Universidade Federal do ABC, onde leciona nos cursos de Filosofia e Ciências & Humanidades. Tem mestrado e doutorado em Filosofia pela USP (2010), pós-doutorado em Teoria Literária pela Unicamp (2014) e estágios de pesquisa na Freie Universität Berlin (2009) e na Université Paris 8 (2013). Tem experiência na área de Filosofia contemporânea, com ênfase em teoria crítica; estética e filosofia da arte; estudos de gênero, raça e colonialidade. É autora dos livros *A constelação do sonho em Walter Benjamin* (Humanitas/Fapesp, 2008), *Do romance de artista à permanência da arte* (Annablume/Fapesp, 2013), *Fantasmagorias da modernidade* (Ed. Unifesp, 2017) e *Aquém do homem* (EdUFABC, 2022). É membro do grupo de trabalho Filosofia e Gênero da Anpof, da Rede Brasileira de Mulheres Filósofas, do Núcleo de Estudos de Gênero Esperança Garcia e da Rede Nexos: Teoria Crítica e pesquisa interdisciplinar.

**Aline Souza Martins**

Psicanalista e psicóloga. Prof(a). Dr(a). de Psicologia na Universidade de São Paulo. Doutora e mestre em Psicologia Clínica pela Universidade de São Paulo. Estágio: Birkbeck University of London. Participa do Laboratório de Psicanálise e Política de USP (PSOPOL), da Rede Interamericana de Psicanálise e Política (REDIPPOL) e do Grupo de Estudos, Pesquisas e Escritas Feministas (Gepef). Escreve sobre feminismo e psicanálise, adolescência e psicanálise e política. Ganhadora do Prêmio Marcus Vinícius com o artigo "O Outro lado da Violência", organizadora da série Psicanálise e Política do PsiBR e participou em

2024 do Dossiê Onde está a Vulva?, organizado por Alessandra Affortunati Martins.

**Ana Carolina Minozzo**

Psicanalista e pesquisadora em Londres, Reino Unido. Doutora e mestre em Psychosocial Studies, pela Universidade de Londres, Birkbeck. Pós-doutoranda no projeto de pesquisa FREEPSY, na University of Essex, também no Reino Unido. Sua pesquisa cruza os campos das Humanidades Médicas, práxis Feministas, Filosofia e Psicanálise. Membra do Grupo de Estudos, Pesquisas e Escritas Feministas (Gepef).

**Érico Andrade**

Psicanalista e filósofo. Doutor em filosofia pela Sorbonne (Paris IV, 2006). Atualmente é professor associado da Universidade Federal de Pernambuco (UFPE). Presidente da Associação Nacional de Pós-graduação em Filosofia (Anpof). Autor de vários artigos científicos, traduções, críticas de cinema e vários livros. Tem experiência na área de filosofia moderna. Hoje atua na área de política com enfoque em abordagens contemporâneas, sobretudo ligadas aos estudos sobre racismo, afetos e singularidade. Atualmente pesquisa problemas ligados à relação entre negritude e identidade. Atua como psicanalista na Rede de Escutas Marginais e no Coletivo Pontes da Psicanálise. Crítico de cinema e colunista na Revista Humanitas. Foi e é membro de diversas comissões nacionais, dentre as quais a comissão Base Nacional Curricular Comum (BNCC/MEC), comissão nacional do livro didático (PNLD), Comissão do Qualis Capes periódicos, Qualis CAPES PTTs, Comissão da Avaliação Quadrienal da CAPES, foi da diretoria da Anpof na gestão 2012-2014 e foi diretor de Comunicação da Anpof no biênio 2021-2022. É coordenador do GT Filosofia e Raça da Anpof. Foi Coordenador do PIBID da UFPE.

**Guilbert Kallyan da Silva Araújo**

Psicólogo clínico, psicanalista, mestrando do Programa de Pós-graduação em Filosofia da Universidade Federal de Pernambuco (PPGFil – UFPE). Coordenador do Grupo de Estudos Frantz Fanon (GEFF – UFPE), membro do Coletivo Pontes da Psicanálise e pesquisador do Núcleo de Estudos em Filosofia Política e Direito (NEFIPE – UFPE), do Grupo de Pesquisa DesAiyê (UFPE) e do Grupo de Pesquisa Reflexo dos Palmares (Unifesp).

**Inara Luisa Marin**

Professora colaboradora do Departamento de Filosofia da Universidade Estadual de Campinas (Unicamp) e pesquisadora do Centro Brasileiro de Análise e Planejamento (Cebrap). Realizou a graduação em Filosofia pela Unicamp (1995), mestrado em Filosofia pela Universidade de São Paulo (1999) e doutorado em Psychanalyse et Psychopathologie – Université Paris Diderot (2009). Tem experiência na área de Psicologia, com ênfase em Psicanálise. Realizou pesquisa de pós-doutorado no Cebrap sobre a possibilidade de atualização da relação entre psicanálise e teoria crítica da sociedade pela via dos conceitos de angústia e autonomia.

**Jéssica Kellen Rodrigues**

Doutoranda do programa de Pós-graduação em Filosofia da Universidade Estadual de Campinas (Unicamp) com a pesquisa: "As noções de movimento e de criação divina na filosofia cartesiana" (em andamento). Mestra em Filosofia pela Unicamp com a pesquisa: "Metafísica e matemática: a relação das ideias evidentes da intuição e o fundamento primeiro do conhecimento na filosofia cartesiana" (dissertação defendia em setembro/2018). Licenciada em Filosofia pela Universidade Federal de Lavras (UFLA, 2015), tendo como trabalho de conclusão de curso o tema: "A verdade do cogito no sistema cartesiano". Foi bolsista do Programa Institucional de Bolsas de Iniciação à Docência/Filosofia (PIBID) de agosto de 2012 a junho de 2015. Integrou o Núcleo de Estudos Gênese e crítica da modernidade. Foi presidente do Centro Acadêmico de Filosofia da UFLA de 2012 a 2014. Atualmente é membra do Grupo de Pesquisa Metafísica e Política, do Grupo de Estudos, Pesquisas e Escritas Feministas e do Grupo de Estudos Filosofia em Perspectiva. Os temas de interesse são: Filosofia e Raça, Feminismos, Feminismo Negro, Mulherismo, Filosofia Africana, Filosofia Afrodiaspórica, Filosofia Moderna, Descartes e o Cartesianismo e História da Filosofia da Natureza.

**João Vitor Rodrigues**
Graduado em Filosofia (Licenciatura Plena) pela Universidade Federal de Lavras (UFLA), membro do Grupo de Estudos Amerifricanos Zacimba Gaba (GEAZ). Possui interesse em Filosofia Contemporânea, Política e Decolonial.

**Léa Silveira**
Professora de Filosofia da Universidade Federal de Lavras (UFLA), membra do GT de Filosofia e Psicanálise da Anpof, membra do Gepef e do comitê executivo da International Society of Psychoanalysis and Philosophy (SIPP-ISPP), autora de *A travessia da estrutura em Jacques Lacan* (Blucher, 2022), bolsista de produtividade em pesquisa do CNPq.

**Lívia Santiago Moreira**
Psicanalista e Psicóloga. Doutoranda em História e Teoria Literária (Unicamp). Mestre em Psicologia Clínica (IPUSP). Psicóloga pela Universidade Federal de Minas Gerais (UFMG) e Especialista em Teoria Psicanalítica (UFMG). Integrante do Grupo de Pesquisa em Direitos Humanos, Democracia e Memória IEA/USP. Membro do Gepef.

**Michelle Ulloa Gamboa**

Graduada em Filosofia (licenciatura) pela Universidade Federal de Lavras (UFLA). Suas áreas de interesse são: Filosofia e Psicanálise, Teoria Crítica e Feminismo.

**Pedro Ambra**

Professor do Curso de Psicologia da Pontifícia Universidade Católica de São Paulo (PUC-SP), docente colaborador e orientador no Programa de Pós-graduação do Departamento de Psicologia Social da Universidade de São Paulo (USP). Graduado em Psicologia pela USP, mestrado (Bolsa Fapesp) e doutorado (Bolsa CNPq) em Psicologia Social pela mesma instituição, e doutorado em dupla-titulação (Bolsa CAPES-PDSE) em Psychanalyse et Psychopathologie pela Université de Paris. É coordenador da Escola Tamuya de Formação Popular, pesquisador associado do Centre de Recherches Psychanalyse, Médecine et Société (CRPMS) da Université de Paris, membro da Sociedade Internacional de Filosofia e Psicanálise (SIPP) e pesquisador do Laboratório de Teoria Social, Filosofia e Psicanálise (Latesfip-USP). É editor da Psicologia USP, da Psicologia Revista (PUC-SP) e da Lacuna: uma revista de psicanálise. É autor das obras *O ser sexual e seus outros: gênero, autorização e nomeação em Lacan* (Blucher, 2022), *O que é um homem? Psicanálise e história da masculinidade no Ocidente* (Annablume, 2015), *Lêtre sexué chez Lacan: normativité, genre et autorisation* (Generis, 2020) e organizador dos livros *Histeria e gênero: o sexo como desencontro* (nVersos, 2014), *Cartografias da masculinidade* (Cult, 2021), *Provocações para a psicanálise no Brasil: racismo, políticas identitárias, violências e colonialismo* (Zagodoni, 2021) e *As subversões do erótico* (Cult, 2022). Suas publicações e áreas de interesse acadêmico concentram-se na relação entre psicanálise e sociedade, englobando questões de gênero, sofrimento, identidade, racismo e seus impactos subjetivos, políticos e epistemológicos.

**Stéphanie Queiroz Jobst**

Psicanalista, fundadora e diretora executiva há 9 anos do Instituto D'Alma – Escola de psicanálise, filosofia e arte. Formada em Comunicação Social pela Universidade Presbiteriana Mackenzie. É docente de psicanálise. Atende e oferece supervisões clínicas. Atriz formada pela escola de teatro Macunaíma. Multiartista e palestrante. Estudiosa sobre questões interseccionais.

**Suely Aires**

Graduada em Psicologia pela Universidade Federal da Bahia, mestrado e doutorado em Filosofia (bolsista CNPq) pela Universidade Estadual de Campinas e pós-doutorado em Estudos Psicanalíticos pela Universidade Federal de Minas Gerais (UFMG). Foi docente de teoria e clínica psicanalítica na Universidade Federal do Recôncavo da Bahia no período de 2007 a 2018. Atualmente, é professora adjunta no Instituto de Psicologia da Universidade Federal da Bahia (IPS-UFBA) e compõe o quadro docente permanente do Programa de Pós-graduação em Psicologia do IPS-UFBA. É professora-tutora na Residência Multiprofissional em Saúde HUPES/UFBA. Atua nos grupos de pesquisa "Filosofia e Psicanálise" e "Psicanálise: clínica, política e cultura" (líder). É membro do Colégio de Psicanálise da Bahia e membro fundador do Centro de Pesquisa Outrarte: psicanálise entre ciência e arte (Unicamp). Faz parte do grupo de sustentação do GT de Filosofia e Psicanálise (Anpof).

# Conteúdo

# Prefácio

*Miriam Debieux Rosa*

## *Por uma psicanálise implicada com os restos da colonização e do patriarcado na cena social e política*

O livro é organizado e composto por um grupo de psicanalistas, pensadoras/es críticos que bebem da filosofia, da ciência política, de autoras/es feministas e de estudos das relações raciais e nos convida a debater sobre os desafios contemporâneos da psicanálise.

O desafio proposto é tensionar os fundamentos teóricos, epistemológicos e clínicos da psicanálise, construídos em outro tempo e espaço, outros impasses sociais e políticos, outras modalidades de guerra e processos de subjetivação. A questão posta é que, diante da elucidação das principais fontes de sofrimento, dos processos violentos da colonização, do patriarcado, da organização social neoliberal que incita uma gestão na lógica da guerra com outras estratégias de poder, a psicanálise sustenta-se sem concessões, como metodologia, clínica, ética e política?

O significante *limiares* presente no título cria uma suspensão, um suspense sobre onde cada um dos capítulos vai chegar: seria no fim ou no resgate aos mínimos pilares que se asseguram na aposta no inconsciente e na escuta, ou pretendem uma ultrapassagem, uma transformação necessária na psicanálise que pode descaracterizar o seu norte ético-político que nos orienta a práxis? Será a perda das fronteiras, dos litorais que nos dão um lugar a partir do qual trabalhar e/ou o convite para caminhar de modo menos narcísico e mais entremeado aos outros saberes?

Se o leitor espera algo como "psicanálise: ame-a ou deixe-a", não é um livro para você. Mas se aceita o desafio de conhecer outras perspectivas iluminadas por autores de campos diversos de conhecimento, acompanhar as perguntas que incitam, coloca em suspensão saberes constituídos na psicanálise com releituras teóricas e clínicas, vale a pena se embrenhar na leitura que pode ser incômoda em alguns momentos, mas pela qualidade e fundamentação do texto, é instigante.

No decorrer do livro, vamos nos inteirando dos desafios que, para serem enfrentados, exigem uma posição em que se desenham os limiares que não pretendem nem garantir o futuro da psicanálise, nem convencer o leitor e nem defender o seu atual estatuto.

Três dos limiares são destacados: a abordagem epistêmica dos feminismos, as funções do reconhecimento e as questões das relações raciais. Tais perspectivas interpelam a psicanálise, incitando tanto a interlocução com as ciências políticas, filosofia, movimentos sociais e políticos, como interrogando a sua clínica, sua teoria e sua política.

Os capítulos são rigorosos na posição crítica ao retomar, sob tais perspectivas, o método, a clínica e a política da psicanálise não para, a meu ver, derrubar, mas para fazer avançar em termos fundamentais e sem deixar de lado a ferramenta que a distingue enquanto campo de saber – a escuta sob transferência, as relações de poder, as fontes do sofrimento e a política da falta – que reconhece a dignidade das variadas formas de subjetivação sociais, culturais, sexuais. Como Butler tão bem pontuou, a política parte da ética de respeitar a dignidade e o direito de cada sujeito com sua diferença.

A primeira parte aborda os limiares entre psicanálise e feminismos. Considero que Freud avançou frente à moral sexual de sua época na medida em que escutou as mulheres destinadas à confinação e à morte precoce nos manicômios como loucas e degeneradas. Pôde escutar o aspecto moral em jogo e reverteu a dimensão da patologia em um modo de funcionamento que permitiu reconhecer um funcionamento comum a todos e para além da racionalidade – a dimensão inconsciente, o conflito, as defesas. Mas apesar dos muitos casos clínicos de mulheres, declara que sabe que não sabe o que quer a mulher, o continente negro.

Ao ler os capítulos dessa parte, vamos constatando que, ao descrever a dinâmica feminina, o masoquismo feminino e a degradação da vida amorosa dos homens, Freud toma o particular de uma cultura, tempo histórico e a modalidade de poder do patriarcado pelo universal do funcionamento das mulheres, de sua sexualidade, de seu desejo. Vale dizer que não apenas Freud, mas os seus sucessores – até nossos dias, tal naturalização opera na clínica e na cultura pela via da diferença de sexos e do silenciamento do desejo da mulher. Tais posições, muitas vezes, não refletem a densidade teórica da obra, o questionamento do lugar da norma e a tematização da lógica da diferença na sexualidade e na modalidade de gozo.

A problemática abordada na segunda parte trata dos limiares da teoria do reconhecimento recorrendo aos autores que enfatizam a luta pelo reconhecimento como eixo da política. Os capítulos do livro deslocam o reconhecimento do lugar exógeno à psicanálise, trazendo a política para a prática clínica, em seus vários planos e voltas. As questões da identificação, a constituição do sujeito, o complexo de Édipo, entre outros apoios teóricos, são retomados para além do drama familiar e conflito interno com a autoridade, ressaltando as relações de poder presentes na cena social, assim como na cena transferencial.

Por fim, na terceira parte, o livro debate o modo como as questões raciais interpelam a psicanálise. Demonstram como a colonização comparece na construção do eu negro, explicitam a hipótese da neurose colonial e visam à direção clínico-política da descolonização dos afetos. Às teses do mal-estar social freudianas, acrescenta-se o mal-estar do racismo, debate que interroga o pacto civilizatório subsumido pelo pacto narcísico da branquitude e questiona o ponto mais fundamental da clínica psicanalítica: a escuta. A política da clínica questiona a qual pacto o analista se vincula e sua resistência na escuta quando o outro ocupa lugar subalternizado a ele na sociedade.

O livro enfrenta o desafio ético e técnico da psicanálise e passa pela revisão epistemológica de como o mal-estar da civilização atinge os sujeitos de modo diferenciado, afinal, nem todos pagam o mesmo preço pela pertença à civilização. Todos têm restrições pulsionais exigidas em troca da proteção e pertença. Porém, enquanto uma parcela da população tem maior proteção, menores restrições e menos infortúnios, a outra tem menor proteção, maiores restrições e sobre ela recai uma carga importante de sofrimentos sociopolíticos, o que inclui na clínica o tema da desigualdade, promovendo, para além do mal-estar social, sofrimento e silenciamento.

A pertença e a segurança do sujeito no campo social incidem de modo diverso sobre o sujeito e seu sofrimento, a depender das modalidades de governança e de inscrição social. O fato é que há um impasse para a clínica psicanalítica: o sofrimento que silencia, sofrimento sociopolítico, observado nos casos em que os sujeitos se encontram em posições desqualificadas socialmente, por fatores econômicos, raciais, culturais, religiosos, de gênero, entre outros.

Assim, outras tradições epistemológicas ganham relevância na articulação entre psicanálise, sofrimento e política, contribuindo para o avanço teórico da psicanálise, ao demonstrarem as estratégias que incidem sobre o sentido da vida e a fragilização da existência compartilhada que marca a historicização do sujeito e da comunidade.

A violência das relações coloniais e raciais que perduram questionam outro dos fundamentos – pode a psicanálise escutar a violência a partir unicamente da vertente da fantasia e da cena familiar? Freud chega a tematizar as neuroses atuais, principalmente frente às questões traumáticas observadas nos soldados nas guerras, mas recua, mesmo diante da interpelação de seus colegas, como fez Ferenczi. Considerar a cena social e política que promove sofrimento abala os fundamentos da psicanálise?

A consideração de que o sofrimento tem raízes sociopolíticas é um ponto de debate entre os psicanalistas. Considero um dos pontos cegos importantes que gera debates e dissidências entre os psicanalistas, mesmo depois do alerta de Lacan de que a Outra cena é a política. Consideramos um recalque da política na clínica psicanalítica reafirmar a neutralidade política do psicanalista, a universalidade do dispositivo clínico fundado por Freud e o entendimento de que a psicanálise trabalha exclusivamente na dimensão intrapsíquica – o sujeito e o desejo seriam como uma abstração sem corpo, raça ou classe social.

A passagem freudiana da hipótese traumática para a clínica da fantasia orienta tais psicanalistas na direção de que, independentemente dos acontecimentos factuais, a psicanálise trata da fantasia, ou seja, a fantasia de uma violência, por exemplo, é equivalente à experiência da violência. Por sua vez, o sintoma emerge da fantasia gerando a transferência que sustenta a demanda do tratamento analítico. Trata-se de uma construção do funcionamento de uma neurótica que, se responde a algumas situações clínicas, não é suficiente em outras – no caso das psicoses, por exemplo, não há resistência em admitir que há necessidade de mudanças substantivas no dispositivo clínico.

No entanto, quando se trata dos efeitos da desigualdade social e dos discursos discriminatórios que possibilitam toda sorte de exploração e violências e operam um desamparo discursivo, há resistências em considerar a especificidade desse sofrimento e em reconhecer e situar a dor advinda dos excessos do outro.

Quando racismos e sexismos comparecem como discurso do Outro em clara manipulação do imaginário para o simbólico, constatamos que a construção da fantasia, uma teoria de como estabelecer um laço com o outro, pode ser dificultada ou inoperante, dado o abalo narcísico que desarticula o sujeito de seu lugar de fala, naturaliza o lugar subalternizado e os processos de constituir uma demanda ao outro, um desafio para o modelo clínico da neurose. A consideração do efeito traumático das violências discursivas e de ocupar um lugar de resto na estrutura social, fora do pacto social, incita-nos a buscar outras formas de construção do laço transferencial para operar na clínica.

Por vezes, os marcadores sociais são aquilo que não foi representado e recaem sobre o sujeito como uma sobrerresponsabilização individual, falha (não falta), fracasso ou vergonha inominável. Nesse caso, comparecem, às vezes, como pano de fundo, identificados pela adesão identificatória que veda o lugar do sujeito; outras vezes, a marca do sujeito vem encoberta pelos marcadores sociais, seja como uma identificação imaginária e definitiva, seja como uma explicação ou ressentimento, ou mesmo como ideal. Isto é, os marcadores sociais podem participar como aquilo que obtura ao sujeito interrogar-se ou como ponto de ancoragem que permite reconfigurar a história. A escuta será fundamental nessa tramitação.

É nessa medida que manter um discurso homogêneo para toda a prática psicanalítica pode mascarar um conflito de fidelidades entre a ética psicanalítica e o lugar social que o psicanalista ocupa. Ou seja, há casos em que escutar o sofrimento e suas modulações sociais implica para o psicanalista na quebra de um pacto com a sua própria classe social, que naturaliza a desigualdade social. Esse é o dilema ético que está a serviço da resistência do psicanalista em escutar o sofrimento sociopolítico, o que o implicaria em uma crítica social que abala a sua própria posição no laço social.

A psicanálise implicada inclui a cena social e os atravessamentos discursivos dos marcadores sociais na construção do caso clínico e na sua teorização. Trata-se não de ignorar ou explicar, mas de subverter as estratégias de oprimir ou explorar que fazem das diferenças marcadores.

A psicanálise comparece no livro como deve ser – em construção permanente a partir das interrogações de seu tempo, como fizeram os seus fundadores. O livro é um convite a uma posição implicada da psicanálise com a cena social e política.

# Apresentação

*Olhe atentamente para o presente que você está construindo:*
*ele deve se parecer com o futuro com o qual você está sonhando.*
Alice Walker

Este livro reúne as falas realizadas no evento online "Limiares: desafios contemporâneos da psicanálise", organizado por Alessandra Affortunati Martins, Érico Andrade e Léa Silveira em setembro de 2021 como parceria entre a Universidade Federal de Lavras (UFLA), a Universidade Federal de Pernambuco (UFPE) e o Grupo de Estudos, Pesquisas e Estudos Feministas (Gepef). O evento teve como objetivo repensar a psicanálise a partir de um conhecimento crítico e político no debate com a filosofia, os feminismos, o antirracismo e o campo do gênero.[1]

Entendendo que essa psicanálise crítica precisa ser divulgada dentro do debate acadêmico e psicanalítico, decidimos reunir os textos inéditos dos autores e das autoras neste livro. O registro do nosso

1 As mesas estão disponíveis no site da UFLA pelo link https://www.youtube.com/watch?v=zybvBMLFmfQ&ab_channel=Filosofia-UFLA.

encontro é uma forma de contribuir para o fomento desse campo teórico e prático que se nutre do diálogo com outras áreas, fazendo a disputa da narrativa dos limiares e das interlocuções que queremos demarcar no campo psicanalítico.

Nesse sentido, propomos três grandes grupos de discussão: limiares entre psicanálise e feminismos (Parte 1), limiares da teoria do reconhecimento na clínica (Parte 2) e limiares das questões raciais interpelando a psicanálise (Parte 3). Na Parte 1, temos o belíssimo texto de Aléxia Bretas que, no diálogo com Paul Preciado, critica o lugar de monstros e monstras que a psicanálise tradicionalmente coloca homens e mulheres trans, hermafroditas, homossexuais e todos os não cis ou não héteros. Para além da localização dos não homens como outro, diversidade ou objeto, a autora critica a tradicional divisão sexual binária da psicanálise como base epistemológica. Para ela, citando Preciado,

> *a psicanálise, tanto na França quanto em ultramar, estaria de fato diante de uma encruzilhada decisiva: 'ou ela continua a trabalhar com a antiga epistemologia da diferença sexual e legitima de facto o regime patriarco-colonial que a sustenta, tornando-se assim responsável pelas violências que produz, ou se abre a um processo de crítica política de seus discursos e de suas práticas.' (Preciado* apud *Bretas, 2024*[2]*)*

Alessandra Affortunati Martins ousa em sua forma irreverente ao falar do inferno como esse demônio da repetição traumática. Mal como gozo, gozo como mal de sempre repetir na teoria o que não se inscreve, o que escapa à formulação lacaniana sobre amor e desejo, o

2 BRETAS, Aléxia. Podem as monstras falar? Reenquadrando a norma nos limiares da psicanálise. *In:* MARTINS *et al.* (orgs.) *Limiares: desafios contemporâneos da psicanálise.* São Paulo: Blucher, 2024.

que insiste em não se inscrever nos textos psicanalíticos: a dominação masculina e a expropriação do trabalho feminino. Segundo a autora,

> *há coisas que escapam a essa formulação lacaniana sobre amores e desejos: a dominação pela violência e o suor do trabalho explorado, não reconhecido e não remunerado que é feito em nome de um amor ao Outro. Quem tem feito essa espécie de trabalho? São perguntas. Não pretendo respondê-las aqui. Freud tem razão: em nome do amor ao próximo muitas formas de maldade se tornaram justificáveis.*

E ainda sobre temas que insistem no mal, Lívia Santiago Moreira retoma sua formulação de 2019 sobre o mito do masoquismo feminino a partir da crítica feita por Paula Caplan ao conceito freudiano. A autora demonstra como tal conceito foi formulado a partir do que é a fantasia masculina sobre as mulheres, tendo sido usado para justificar violências médicas e falta de compreensão das manifestações sintomáticas do trauma. Em uma análise conceitual também sobre esse tema, Léa Silveira faz uma densa recuperação da teoria do masoquismo em Freud, demonstrando como o conceito não se sustenta como algo inato do feminino, como quiseram muitos pós-freudianos. Defende que insistir nessa abordagem é dar à psicanálise um caráter essencialista, o que contraria seus próprios princípios. E ainda sobre o masoquismo, dialogando com o ecofeminismo, Ana Carolina Minozzo e Lívia Santiago Moreira retomam a importância do trabalho de Rosi Braidotti no diálogo com a psicanálise lacaniana e destacam o difícil trabalho de mudar os paradigmas psicanalíticos.

Na continuação do diálogo com as feministas na Parte 2, a teoria do reconhecimento é recuperada por Aline Souza Martins como forma de repensar a clínica em suas diferentes voltas e tempos, partindo da teia de relações de dominação e poder que localizam os sujeitos na história do mundo e nos seus contextos. Em sua primeira volta, ela toma Jessica Benjamin como interlocutora para repensar o Édipo, o desejo como forma de lidar com o que não se inscreve. Na segunda volta traz a possibilidade do encontro com o inesperado da alteridade e, finalmente na terceira, abre um diálogo com Amy Allen e Kelly Oliver para pensar a possibilidade do novo.

Na sequência, Michelle Ulloa Gamboa faz uma revisão da teoria do reconhecimento mútuo em Jessica Benjamin, apontando limites e se perguntando: "podemos realmente apostar nossas 'esperanças pela transformação social' no reconhecimento?". Ainda nessa teoria, Inara Luisa Marin recupera os frankfurtianos e se pergunta sobre as possibilidades críticas da pulsão de morte, posicionando-se em uma importante retomada da primeira onda e da recuperação do "próprio conceito freudiano de pulsão como capaz de romper um dualismo posteriormente criado entre intersubjetivo e intrapsíquico".

Articulando as questões políticas que envolvem o reconhecimento com a clínica, Suely Aires retoma a apresentação de caso descrito por Lacan como M. H. A autora faz uma crítica aos termos patologizantes utilizados pela equipe, que compreende prontamente o discurso dessa mulher trans como doença e disfunção antes de escutar seu desejo, não lhe dando espaço para ser sujeito. Ela insiste que retomar esse caso nesse momento tem várias funções, dentre elas:

> *para que a nomeação "transexualismo", como enunciado por Lacan no período, não venha recobrir – em um gesto de violência – o não saber sobre o singular por meio da afirmação geral de um saber ou discurso já instituído. Não é recobrindo a clínica com a teoria que avançamos em relação à ética que sustenta a psicanálise e que é exercida por cada analista em sua prática.*

Nesse último limiar (Parte 3), as questões raciais fazem um papel incontornável de interpelação da psicanálise e abertura para que a teoria avance. Nesse sentido, Jéssica Kellen Rodrigues retoma autores e autoras negras, como Grada Kilomba, Lélia González e Franz Fanon na demonstração do impacto dos processos de colonização e racismo na construção do eu negro. Segundo a autora, na busca do ideal do eu como algo universal encontramos uma diferença, pois "para os negros essa busca essencial para a construção do 'eu' é impedida, ou seja, a própria busca de ser, isso porque a existência do 'eu branco' nega a existência do 'eu negro'". E a autora continua com um alerta, "é essa estrutura racista que precisamos romper e o seu rompimento começa com o conhecimento da existência dela e da lógica que a alimenta".

Nesse mesmo sentido, João Vitor Rodrigues retoma a história de Franz Fanon e Neusa Santos Sousa, que impactaram a psicanálise com suas teorias demonstrando como a neurose colonial é uma questão social e política para a psicanálise, e que a luta contra o racismo é necessária para a mudança social tanto dentro dos consultórios como fora deles, "de modo coletivo e com a transformação material e política do mundo".

Ainda nesse tópico, Stephanie Queiroz Jobst faz uma revisão das teorias sobre a decolonização dos afetos, convocando psicanalistas brasileiros a colaborar para a construção de uma sociedade mais justa, que perceba as questões de raça, classe e gênero como problemas estruturais, que embora sejam escutados de forma singular nos consultórios, fazem parte da história da psicanálise no nosso país.

Nesse sentido, Pedro Ambra retoma o trabalho importantíssimo de Cida Bento e Lélia Gonzales para destacar o pacto da branquitude que denegou a existência do racismo no Brasil por muito tempo, enfraquecendo a possibilidade de luta. O autor destaca a atualidade da questão e invoca o que outrora se chamou revolução como saída política. Em um tom semelhante, Guilbert Kallyan da Silva Araújo faz um ensaio que também convoca a psicanálise a se reinventar por meio da escuta atenta do povo negro que fala da sua realidade no rap dos Racionais MCs e via autores e autoras negros e negras como Isildinha Nogueira, Clóvis Moura e Kabengele Munanga, que denunciam o racismo brasileiro como advertências à psicanálise.

Finalizando essa sessão, e também o livro, Érico Andrade parte de um excerto de caso clínico, demonstrando como é negado a homens e mulheres negras a possibilidade de singularidade, encurralando-os sempre a se apoiarem no "nós" para se defenderem da violência racista. Para o autor, o problema da demanda de pessoas negras por psicanalistas negros ou negras demonstra que é possível reconhecer que a singularidade da experiência de sofrimento das pessoas negras está ligada ao corpo negro. Entretanto, a elaboração desse sofrimento não se reduz à partilha de uma experiência estética comum. Assim, o que é decisivo para o acolhimento clínico de pessoas negras é o compromisso da psicanálise com a pauta antirracista no sentido de compreender que o racismo não é um aspecto marginal na vida das pessoas negras, mas aquilo que constitui as pessoas negras no que diz respeito a sua subjetividade.

Com esse encontro tão frutífero de textos, pensamentos e afetos, esperamos contribuir com a crítica necessária para construir o futuro das nossas práticas a partir dos solos férteis dos territórios limiares.

**Aline Souza Martins**
**Alessandra Affortunati Martins**
**Érico Andrade**
**Léa Silveira**
**Lívia Santiago Moreira**

# PARTE I
# Limiares entre psicanálise e feminismos

# 1. Podem as monstras falar? Reenquadrando a norma nos limiares da psicanálise

*Aléxia Bretas*

*Por que eles nos combatem? Por que pensam que somos monstros perigosos? Por que somos monstros perigosos? Porque desequilibramos e muitas vezes rompemos as confortáveis imagens estereotipadas que os brancos têm de nós.*

Gloria Anzaldúa, Falando em línguas: uma carta para as mulheres escritoras do terceiro mundo

*Os monstros não revelam apenas certas condições materiais de produção do horror, mas também tornam estranhas as categorias de beleza, humanidade e identidade a que ainda nos apegamos.*

Judith (Jack) Halberstam, Skin shows: o horror gótico e a tecnologia dos monstros, 2020

A presença do "monstro" nos estudos de raça, gênero e sexualidade não é nova.[1] Gloria Anzaldúa nos anos 1980 e Jack Halberstam nos anos 1990 já se valeram dessa inquietante figura para colocar em xeque os modos pelos quais são representadas, enquadradas e falsamente reconhecidas as pessoas racializadas e/ou de sexualidade fora da cis-heteronorma – grosso modo, delimitada em meados do século XIX a partir dos estudos de Krafft-Ebing, Havelock Ellis, Karl Heinrich Ulrichs e Magnus Hirschfeld.

Em intervenção polêmica no Palácio do Congresso em Paris, é a vez de Paul Beatriz Preciado se apresentar como monstro na 49ª Jornada da Escola da Causa Freudiana, realizada entre 16 e 17 de novembro de 2019. "Chegou a hora de botar o divã na praça e de coletivizar a palavra, de politizar o inconsciente" (Preciado, 2019), foram as palavras de encerramento de sua famigerada conferência. Entre um burburinho crescente, um desassossego palpável e aplausos incontidos, ele arrisca um *grand finale*:

> *Uma última coisa: penso que a tarefa que nos resta por fazer é começar um processo de despatriarcalização, de des-heterossexualização e de descolonização da psicanálise [aplausos]. Talvez somente este processo de transformação*

1 A publicação de *O monstruoso-feminino: cinema, feminismo e psicanálise* de Barbara Creed (1993) e de *Teoria monstro* de Jeffrey Cohen (1996) contribui, cada qual a seu modo, para estabelecer conexões importantes entre a crítica de arte, os estudos culturais e a psicanálise e, assim, apreender e traduzir um imaginário monstruoso espetacularizado pelas novas tecnologias da imagem. Soma-se a eles *Monstros no armário* de Harry Benshoff, obra que, em 1996, iria destacar a relação entre a homossexualidade e os filmes de terror, oferecendo uma interessante genealogia *queer* da história do terror no cinema. Já do ponto de vista médico-jurídico, pelo menos desde 1953, a anomalia descrita como "quimerismo" conversa, de certo modo, com as pesquisas arqueológicas de Michel Foucault (2010) sobre a associação histórica entre a condição intersexo – na época chamada de "hermafroditismo" – e o domínio do monstruoso.

> *— por mais terrível e desmantelador que lhes possa parecer — mereça hoje, de novo, ser chamado de "psicanálise". (Preciado, 2019)*

Ovacionado por uns, desdenhado por outros, o autor de *Um apartamento em Urano* despertou reações inflamadas na França e também no Brasil (Silveira e Affortunati, 2020; Ianini e Lima, 2021), tanto a favor quanto contra seu clamor transfeminista por uma psicanálise mutante – ou "monstra" – em condições de fazer jus à mudança de paradigma epistêmico, estético, ético e político em curso.

Suas palavras ressoam nas entrelinhas o libelo de Monique Wittig contra a mentalidade hétero, expresso no artigo de mesmo nome, *The straight mind*; ensaio incontornável no qual afirma que a psicanálise é parte indelével do chamado "pensamento *straight*" – um conjunto de conceitos "naturais" ou "primitivos" que conseguiram sobreviver mais ou menos incólumes à virada linguística do estruturalismo francês (Lévi-Strauss, Lacan, Barthes) e, na sequência, ao levante desconstrutivista do pós-estruturalismo (Deleuze, Guattari, Derrida).

Nesse texto de 1980, que alguns leem como a célula-mãe da teoria queer, Wittig – a quem (Paul) Beatriz Preciado dedicou seu *Manifesto contrassexual* –, questiona:

> *Quem forneceu aos psicanalistas seu conhecimento? Por exemplo, para Lacan, o que ele chama de "discurso psicanalítico" ou de "experiência analítica", ambos lhe "ensinam" algo que ele já sabe. [...] Mas quem irá negar que Lacan reconheceu cientificamente, por meio da "experiência analítica" (de alguma forma um experimento) as estruturas do Inconsciente? Quem será irresponsável o suficiente para desconsiderar os discursos das pessoas psicanalisadas deitadas no divã? Na minha opinião, não há dúvida de que Lacan encontrou no inconsciente as*

> *estruturas que ele disse haver encontrado ali, uma vez que ele mesmo as havia colocado lá.* (Wittig, 2017, p. 55)

Apesar do acerto dos ataques de Wittig à mentalidade hétero, a autora parece ter perdido de vista nuances irredutíveis na teoria e na prática psicanalíticas – fato que poderia levar à necessidade não de rejeitar seus argumentos *in toto*, senão de dar continuidade aos debates cabíveis para se chegar – ou não – a formulações mais precisas e atualizadas em relação aos campos aos quais se aplica.

Leitor crítico de Wittig, Preciado, por sua vez, parece ter tido bastante cuidado ao validar sua estratégia desconstrutiva com uma discussão rigorosa e circunstanciada do axioma da diferença sexual e de seus corolários psicanalíticos. Assim é que três perguntas maiores pontuam a trajetória do presente capítulo:

1. Poderíamos – como têm feito alguns – simplesmente virar para o lado e ignorar a fala de Paul Beatriz no Palácio do Congresso como "mera" performance, tomando o "gênero" de seu discurso como pura e simples "lacração"?
2. Se esse não for o caso – e não é! –, quais as implicações de seus questionamentos, decerto radicais, dentro e fora dos meios acadêmico e psicanalítico?
3. E finalmente qual o sentido de o autor se autoidentificar como "mutante" ou, indo além, como "monstro" justamente para falar sobre "As mulheres na Psicanálise"?

## *O monstro falante*

Em crônica publicada apenas dez dias após a emissão de sua nova certidão de nascimento, Paul Beatriz Preciado compartilha seu espanto – filosófico? – diante da condição híbrida, paradoxal, que parece ser a sua nesse momento: é, ao mesmo tempo, um cadáver e um recém-nascido legal. Intitulado "A destruição foi minha Beatriz", o texto autobiográfico recupera a expressão de Stéphane Mallarmé (1842-1898) ao referir-se à origem de sua *Opus* literária. Evocando a descida de Dante ao inferno como símile do processo de destruição como *a priori* de toda criação digna do nome, o poeta registra: "Isso é bem o que observo sobre mim – criei minha Obra por eliminação, e toda verdade adquirida nasceu apenas da perda de uma impressão que, após cintilar, foi consumida, permitindo, graças às trevas desobstruídas, avançar mais profundamente na sensação das Trevas Absolutas. *La Destruction fut ma Béatrice*".[2]

De modo análogo, o ritual dantesco de iniciação de Paul B. Preciado inclui uma temporada compulsória no Hades médico-jurídico como experiência de "quase-morte" ou "viagem astral epistêmica" enquanto uma diáfana fantasmagoria do gênero.

> *Sinto como se tivesse embarcado agora numa espécie de viagem astral epistêmica ou numa forma de quase-morte semiótico-legal. Saio da ficção biopolítica e histórica que encarnava [...] e observo de fora a sua destruição física e a construção administrativa e legal de uma nova ficção biopolítica, na qual meu corpo é negado e ao mesmo tempo reconhecido como "homem". Há aqui coerção e agência; sujeição e distorção da norma. Assino eu mesmo a autorização para a destruição de minha própria certidão de nascimento e o pedido de emissão de uma nova. Como um monstro que aprendeu a falar, sinto-me no centro da máquina administrativa barroca que produz a verdade do sexo e aperto todas as teclas até que o sistema entre em blecaute. Sinto vertigem. (Preciado, 2020a, p. 245)*

2. Correspondência endereçada a Eugène Lefébure e datada de 27 de maio de 1867.

Ora, no epicentro da "máquina administrativa barroca" encarregada de gerir os dispositivos coloniais, racistas e cis-heterossexistas que regulam os fluxos, as partilhas e as trocas que têm como norte a Europa pós-iluminista, o que significa se comparar a "um monstro que aprendeu a falar"? Aliás, lendo Michel Foucault com Gayatri Spivak e Jota Mombaça, podem as monstras falar? Se sim, são escutadas? Se são escutadas, são entendidas? Se não podem falar, ser escutadas ou entendidas, o que diriam? Mas antes disso: quem são as monstras, essas criaturas excepcionais ou limítrofes destinadas a transgredir – mas também a fundar – o domínio da norma, que paradoxalmente as deprecia e as exclui como erro e como desvio?

## *O impossível e o proibido*

Na aula de 22 de janeiro de 1975, Foucault caracteriza o monstro humano como uma das três figuras a demarcar o território da "anomalia" como complexo médico-legal. Isso porque até pelo menos a aurora do século XIX, a configuração do "monstro" era indissociável da constatação de uma dupla infração: às leis da natureza, mas também às leis da sociedade e a seus regimes de representação, visibilidade e enunciação. De acordo com os arquivos históricos, a figura do monstro aparece nos interstícios ou limiares entre a natureza e a cultura, o silêncio e a linguagem, o animal e o homem. Pois "ele [o monstro] é o limite, o ponto de inflexão da lei e é, ao mesmo tempo, a exceção que só se encontra em casos extremos, precisamente. Digamos que o monstro é o que combina o impossível com o proibido" (Foucault, 2010, p. 47).

É assim, com o intuito de elucidar os fatores que tornaram estável a conjunção entre o "proibido" e o "impossível", que Foucault irá rastrear suas origens jurídicas e médico-científicas. Conforme explica em *Os anormais*, da Idade Média ao século XVIII, o signo do monstruoso fora marcado, nas culturas herdeiras do Ocidente greco-romano, pela ocorrência de uma "mistura". É o misto de dois reinos, o animal e o humano – por exemplo, no caso do Minotauro, com a cabeça de touro e o corpo de homem, ou da Quimera, com cabeça de leão, corpo de cabra e cauda de serpente e, segundo uma outra versão, três cabeças: uma de leão, uma de cabra e uma de serpente, que lançava chamas pelas narinas (Brandão, 1991, p. 354).[3] Ou ainda um misto de vida e de morte, como no caso do feto que nasce prematuramente com uma morfologia inviável, conseguindo sobreviver apenas por alguns instantes. Ademais, é também o misto de dois sexos, masculino e feminino, que desorganiza as balizas de um quadro biológico, epistemológico e estético. Nos três casos citados, a ocorrência de um ou mais hibridismos indica que os limites naturais foram borrados, rompendo-se com isso o próprio quadro das hierarquias encarregado de identificar, classificar e enquadrar, estabilizando assim a ordem entre os seres e os reinos.

Seja como for, é precisamente esse terceiro tipo de "monstros" que, aqui, mais nos interessa: os "hermafroditas" – como então eram designadas as pessoas intersexo. Durante muito tempo, indivíduos com órgãos de ambos os sexos e/ou com genitálias ambíguas ou malformadas eram considerados aberrações sub-humanas a serem exterminadas sem concessão. Como os documentos históricos confirmam, foram – em números imprecisos – "julgados", queimados e desaparecidos de modo injusto, desumano e violento, sendo suas cinzas imediatamente lançadas ao vento – como se não houvesse lugar na terra que pudesse abrigar seus corpos quase humanos, mesmo quando mortos e destruídos. Prenunciando a noção butleriana de "*ungrievable*" ou não passível de luto (Butler, 2019), Foucault cita o caso de uma pessoa que fora queimada viva, em 1599, depois de confessar, sob tortura, ter mantido relações carnais com Satanás – o que explicaria o surgimento de um

---

3 Quimerismo ou quimeras humanas.

segundo órgão sexual além do primeiro. O filósofo ainda recorre ao exemplo do "hermafrodita de Rouen" para indicar uma das primeiras ocorrências da consideração do hermafroditismo como monstruosidade, logo no início do século XVI.

> *Isso se encontra no discurso de Riolan, em que se diz que o hermafrodita é um monstro porque é contra a ordem e a regra ordinária da natureza, que separou o gênero humano em dois: machos e fêmeas. Portanto, se alguém tem os dois sexos ao mesmo tempo, deve ser dado e reputado por monstro. (Foucault, 2010, p. 61)*

Outro aspecto digno de nota no supracitado caso de Rouen é que podemos perceber ali o início de uma mudança bastante significativa na configuração do monstro, que resultará, apenas no século XIX, em um domínio específico da criminalidade: o do monstro moral. De qualquer maneira, ao comentar sobre os primórdios dessa transformação, Foucault observa:

> *Temos aqui, de um lado, a exigência claramente formulada de um discurso médico sobre a sexualidade e seus órgãos e, de outro, a concepção ainda mais tradicional do hermafroditismo como monstruosidade, mas uma monstruosidade que, apesar disso, escapou de fato à condenação, que era de regra outrora. (Foucault, 2010)*

Muito antes, portanto, da patologização da condição "trans", quando irrompe a monstruosidade, o direito e a moral são postos em xeque, incapazes de funcionar normalmente – como se inoperantes em face de uma aporia. Ou se interrogam sobre seus próprios fundamentos e práticas, ou são obrigados a se calar e a renunciar, apelando para outro sistema de referências, pois aquele se (de)monstrou insuficiente diante de uma disfunção ou anormalidade extrema.

## *O médico e o monstro*

Feitas essas considerações preliminares, é bastante elucidativo que, no discurso realizado diante de 3.500 psicanalistas franceses reunidos para as jornadas internacionais da Escola da Causa Freudiana, Paul B. Preciado se apresente formalmente como "monstro". O livro com o texto completo da fala proferida apenas em parte nessa ocasião recebe, a propósito, o título instigante de *Eu sou o monstro que vos fala: relatório para uma academia de psicanalistas*. Logo no subtítulo, o filósofo convoca uma outra figura inquietante com a qual compartilha semelhanças incontornáveis: o macaco Pedro Vermelho, personagem de Franz Kafka no conto "Um relatório para uma academia".

> *Eminentes senhores da Academia:*
>
> *Conferem-me a honra de me convidar a oferecer à Academia um relatório sobre a minha pregressa vida de macaco. Não posso infelizmente corresponder ao convite nesse sentido. Quase cinco anos me separam da condição de símio; espaço de tempo que medido pelo calendário talvez seja breve, mas que é infindavelmente longo para atravessar a galope como eu o fiz, acompanhado em alguns trechos por pessoas excelentes, conselhos, aplauso e música orquestral, mas no fundo sozinho, pois, para insistir na imagem, todo acompanhamento se mantinha bem recuado diante da barreira. Essa realização teria sido impossível se eu tivesse querido me apegar com teimosia às lembranças de juventude. Justamente a renúncia a qualquer obstinação era o supremo mandamento que eu me havia imposto; eu, macaco livre, me submeti a esse jugo. (Kafka, 2011, p. 113)*

Seja como "macaco-humano" ou "disfórico do gênero", fica claro que Paul B. Preciado não se sente à vontade nem com a tarefa de falar sobre

"As mulheres na psicanálise", nem com o uso da linguagem de Freud e Lacan, a língua do "patriarcado colonial". Em todo caso, assim como o símio Pedro Vermelho concorda em, de livre e espontânea vontade, expor sua transição da condição animal para o mundo dos homens, Preciado aceita o convite para compartilhar algo não menos estranho (*queer*): a mudança de sua "jaula" de mulher fora da norma para uma outra, a "jaula" de "homem trans" – na qual concorda em entrar, dessa vez, por iniciativa própria.

> *Eu, corpo marcado pelo discurso médico e jurídico como "transexual", caracterizado pela maioria de vossos diagnósticos psicanalíticos como sujeito de uma "metamorfose impossível", de acordo com a maior parte de suas teorias, situado além da neurose, à beira ou mesmo já na psicose, incapaz de resolver corretamente um complexo de Édipo ou tendo sucumbido à inveja do pênis. É, portanto, a partir desta posição de doente mental em que me colocam que me dirijo aos senhores enquanto macaco-humano de uma nova era. Eu sou o monstro que vos fala. O monstro que construíram com seus discursos e práticas clínicas. Eu sou o monstro que se levanta do divã e toma a palavra não como paciente, mas como cidadão, como vosso igual monstruoso. (Preciado, 2021)*

Antes de mais nada, Preciado faz questão de distinguir sua "posição de sujeito" da de seu público imediato, marcando, com a devida ênfase, seu peculiar "lugar de fala" (Ribeiro, 2019) como "homem trans" e "corpo não binário" – isto é, como *outsider* da matriz médico-legal que até pelo menos o século XVIII o enquadraria como "monstro". Daí o conferencista se equiparar a um monstruoso "mutante" – já que "o monstro é aquele que vive em transição. Aquele cujo rosto, corpo e práticas não podem ainda ser consideradas verdadeiras em um regime de saber e de poder determinados" (Preciado, 2021).

Feito isso, o autor recupera parte de sua autobibliografia sexual, destacando o papel desempenhado pela leitura de *Safo e Sócrates* de Magnus Hirschfeld, *Orlando* de Virginia Woolf, *O desejo homossexual* de Guy Hocquenghem, *O homem feminino* de Joanna Russ, *O corpo lésbico* de Monique Wittig e *Em meu quarto* de Guillaume Dustan, além dos textos teóricos de Donna Haraway, Anne Fausto-Sterling, Gayle Rubin, Susan Sontag, Teresa de Lauretis, Eve K. Sedgwick, Jack Halberstam e Judith Butler em sua formação cultural – desde a infância, fora dos padrões.

Graças a esses livros "heréticos", e não às sessões de terapia pagas pela família, ela – na época, Beatriz – teria encontrado forças para sobreviver a um regime binário heteropatriarcal em cujo seio as mulheres eram permanentemente instadas a atuar ora como "belas", ora como "submissas" – não raro, exercendo ambos os papéis ao mesmo tempo. Motivo pelo qual (Paul) Beatriz teria desistido de ser mulher, abandonando a "feminilidade", paradoxalmente, como "estratégia fundamental do feminismo" (Preciado, 2021).

Em seguida, o filósofo explicita as três proposições que alicerçam as premissas de seu opúsculo "problemático" dedicado a Judith Butler e redigido com o apoio incondicional de Virginie Despentes:

1. O regime da diferença sexual com o qual a psicanálise trabalha não é nem uma "natureza", nem uma "ordem simbólica", mas uma "epistemologia política do corpo" – e como tal, é histórico e sujeito a transformações.
2. Essa epistemologia binária e hierarquizada se encontra em crise, precipitada, desde os anos 1940, não só pelos movimentos de contestação protagonizados pelas minorias dissidentes, como também pela aparição de novos dados morfológicos, cromossômicos e bioquímicos, que fazem da atribuição binária do sexo um processo, se não impossível, ao menos, conflitante.

3. Nesse interregno, está em curso uma nova epistemologia mutante, cujos indícios podem ser rastreados na ação dos coletivos transfeministas, no surgimento de novos arranjos de parentalidade e filiação, de relações amorosas e sexuais, de desejo e de reconhecimento – os quais florescem, em irredutível diversidade, como signos de outras formas de vida voluntária ou involuntariamente compartilhada.

Finalmente, Paul Beatriz insiste que a psicanálise deve ser submetida, com urgência, a uma espécie de "revolução copernicana", com o descentramento do sujeito universal e o estabelecimento de novas órbitas cujos centros possam ser ocupados pelo monstro, ou melhor, pela monstra – aquela que atravessa tudo isso para roubar o lugar outrora desenhado para o "eu" transparente da modernidade colonial, via de regra, pré-configurado como homem, cis-heteronormativo e branco.

Preciado, contudo, adverte: não se trata, aqui, de sucumbir a anacronismos ingênuos, modismos inconsistentes ou ressignificações inócuas. Trata-se, antes, e acima de tudo, de uma interpelação lúcida e coerente de "um monstro que aprendeu a falar" às instituições normativas encarregadas justamente de escutar suas palavras. Afinal:

> *Ninguém tem que ser fiel aos erros do passado. Nem os senhores, nem ninguém. Não denuncio aqui a misoginia de Freud, nem o racismo ou a transfobia de Lacan. O que denuncio é a fidelidade da psicanálise, elaborada ao longo do século XX, à epistemologia da diferença sexual e à razão colonial dominante no Ocidente. (Preciado, 2020b, p. 86)*

Finalmente, não é supérfluo ponderar que as críticas preciadistas possuem caráter epistemológico, performativo e até ético-político, mas não rigorosamente psicanalítico ou clínico. Ainda assim, a psicanálise, tanto na França quanto em ultramar, estaria de fato diante de uma encruzilhada decisiva:

> *ou ela continua a trabalhar com a antiga epistemologia da diferença sexual e legitima de facto o regime patriarco-colonial que a sustenta, tornando-se assim responsável pelas violências que produz, ou se abre a um processo de crítica política de seus discursos e de suas práticas.* (Preciado, 2020b, p. 125)

O que expresso em outros termos seria o mesmo que afirmar: ou bem a psicanálise – enquanto discurso, instituição e prática clínica – cria condições para reenquadrar um novo "lugar de escuta" a partir do qual possa se situar, ou bem assume, de vez, seu fracasso em lidar com questões trazidas pelas sujeitas (Rodrigues, 2021) "desobedientes" que "bagunçam" a grade normativa encarregada de conformá-las, contê-las e/ou prescrutá-las como aberrantes ou monstruosas – como é o caso da *performer* Jota Mombaça, por exemplo.

Assumindo os riscos de ser excluída ou, pior, "capturada" pelos tentáculos do saber institucional e, indo além de Paul Beatriz, incorporando em sua própria carne as marcas da violência colonial, ela descreve a passagem da monstra como a irrupção de uma força "complicadora" a bagunçar os processos de sujeição socialmente normalizados. Presença inexoravelmente corporificada, sua vocação é "deformar", "desfigurar" e "problematizar indefinidamente" as condições de possibilidade para a inteligibilidade e o reconhecimento de um/a sujeito/a – qualquer ele/a que seja.

> *A monstra que atravessa isso aqui não é um além, mas sim uma presença, uma materialidade, uma rebelião antissocial que se instala aquém da sujeição social e por isso a complica de baixo para cima, e nunca da maneira inversa. Não é sobre aprender a ser mais que sujeito, não é sobre se abrir ao movimento do mundo, transcender barreiras e permitir-se ser múltiplo, diverso, "multicultural sem rótulos" – esses são, aliás, rótulos altamente valorizados no*

> *quadro das "subjetividades flexíveis" do "capitalismo antropofágico" contemporâneo. É, isto sim, sobre não completar os processos de sujeição, sobre um não-saber fundamental que desarticula o sujeito antes mesmo que ele se apresente; um ruído, uma pane, um vírus que se apodera – sempre momentaneamente – de um corpo e o impede de existir como corpo; que se apodera de uma ontologia e a impede de existir como ontologia. (Mombaça, 2017, pp. 19-20)*

## *Referências*


BENSHOFF, Harry. *Monsters in the closet*: homosexuality and the horror film. Manchester: Manchester University Press, 1996.

BRANDÃO, J. S. *Dicionário mítico-etimológico da mitologia grega*. 2 v. Petrópolis: Vozes, 1991 e 1992.

BUTLER, Judith. *Vida precária*: os poderes do luto e da violência. Tradução: LIEBER, Andreas. Belo Horizonte: Autêntica, 2019. 189 p.

COHEN, Jeffrey Jerome. Monster culture (seven theses). *In:* ______. (org.). *Monster theory*: reading culture. Minneapolis: University of Minnesota Press, 1996.

CREED, Barbara. *The monstrous-feminine*: film, feminism, psychoanalysis. London; New York: Routledge, 1993.

FOUCAULT, Michel. *Os anormais*. São Paulo: Martins Fontes, 2010.

HALBERSTAM, Jack. *Skin shows*: gothic horror and the technology of monsters. Durham: Duke University Press, 2020.

IANNINI, Gilson; LIMA, Vinícius Moreira. Encontros à beira do abismo: psicanálise, gênero e estudos queer. *Revista Cult*, jun. 2021. Disponível em: https://revistacult.uol.com.br/home/dossie-encontros-a-beira-do-abismo-psicanalise-genero-e-estudos-queer/

KAFKA, Franz. Um relatório para uma academia. *In: Franz Kafka essencial*. São Paulo: Penguin Classics; Companhia das Letras, 2011.

KRISTEVA, Julia. *Powers of horror*: an essay on abjection. New York: Columbia University Press, 1984.

MOMBAÇA, Jota. Não se nasce monstra, tampouco uma se torna. *In*: ______. *Cidade queer, uma leitora*. São Paulo: Aurora; Publication Studio, 2017.

PRECIADO, Paul B. Um apartamento em Urano (Conferência). *Revista Lacuna*, n. 8, dez. 2019. Disponível em: https://revistalacuna.com/2019/12/08/n-8-12/. Acesso em: 31/8/2021.

______. *Je suis un monster qui vous parle*: rapport pour une accadémie de psychannalystes. Paris: Grasset, 2020a.

______. *Um apartamento em Urano*. Rio de Janeiro: Zahar, 2020b.

______. Eu sou o monstro que vos fala. *Cadernos PET Filosofia*, v. 22, n. 1, p. 278-331, 2021 (2022). Tradução: Sara Wagner York. Disponível em: http://dx.doi.org/10.5380/petfilo.v22i1.88248

RIBEIRO, Djamila. *Lugar de fala*. 3ª reimpressão. São Paulo: Sueli Carneiro; Pólen, 2019.

RODRIGUES, Carla. Os feminismos e suas sujeitas. *In:* ______. *O luto entre clínica e política*: Judith Butler para além do gênero. Belo Horizonte: Autêntica, 2021.

SILVEIRA, Léa; MARTINS, Alessandra Parente. Paul B. Preciado e sua epistemologia mutante. *Revista Cult*, jan. 2020. Disponível em: https://revistacult.uol.com.br/home/paul-b-preciado-psicanalise/

WEINSTOCK, Jeffrey Andrew. *The monster theory reader*. Minneapolis; London: University of Minnesota Press, 2020.

WITTIG, Monique. The straight mind. *In:* ______. *O pensamento hétero e outros ensaios*. Tradução: GALVÃO, Maria Mendes. Belo Horizonte: Autêntica, 2017. p. 55.

# 2. O inferno existe?

*Alessandra Affortunati Martins*

Tão logo o título deste trabalho foi anunciado no canal de WhatsApp do Grupo de Estudos, Pesquisas e Escritas Feministas (Gepef), certa perturbação irradiou-se. Ao espanto súbito seguiram-se piadas diversas com *stickers* e memes aludindo ao Diabo em meio a imagens bruxuleantes das trevas. Embora divertida, não pude deixar de surpreender-me com a reação das membras do grupo. A mim, a representação do inferno parece incontornável em nossos tempos. Seja como for, o alvoroço em torno da palavra inferno indicou ali a necessidade de situá-la – o que seria o inferno neste mundo?

Antes de buscar qualquer espécie de definição, exponho brevemente o território sobre o qual minha análise será desdobrada. Esse solo é evidentemente o do feminismo: "É hora de se voltar ao que o feminismo tem a nos dizer" (p. ix), diz Jacqueline Rose em *Mulheres em tempos sombrios* (2014). De modo radical, ela sugere, mulheres são aquelas a indicarem os perigos deste mundo. Para elas, não se trata simplesmente de reafirmar o direito à igualdade ou de argumentar sobre o fato de que são devidamente qualificadas para ocupar instituições representantes da lei ou para subir degraus do poder. Essas importantes reivindicações, que devem reverberar amplamente, não podem ocorrer em detrimento de outro tipo delas: aquela disposta a retirar a casca ilusória pela qual formas mortíferas de poder se sustentam e se congratulam no universo patriarcal que nos circunda. Essa ideia trazida por Jacqueline Rose indica que minha crítica feminista à tradição psicanalítica freudo-lacaniana não se limitará a um pequeno ajuste em relação a supostos desvios misóginos que ocasionalmente ocorreram nela. Se preciso for, minha crítica abalará algumas bases de sua estrutura teórico-conceitual; embora evidentemente reconheça o caráter incontornável de tal estrutura e seja dela herdeira até o último fio de qualquer crítica que possa tecer, não serão meias palavras ou certas concessões que poderão preservar a força e a verdade que existem na psicanálise. Diante da tarefa que nos cabe enquanto feministas, ante o fato de que não seja mais possível deixar de enxergar a misoginia entranhada no arcabouço teórico psicanalítico, resta-nos o trabalho dialético de examinar criticamente e separar o joio do trigo.

Vale ainda notar como amiúde muitas/os/es psicanalistas e/ou filósofos/as/es preferem desqualificar a análise crítica formulada a levá-la minimamente em consideração. Com esse fim em vista, frequentemente escavam, nas obras dos mestres, partes que possam salvar seu todo da articulação crítica que buscou indicar certos limites de conceitos e formulações teóricas. Gostaria de reconhecer que, sim, essa é uma estratégia possível de ler as obras de nossos mestres. Diferentemente desse prisma judicativo de leitura, porém, quero sugerir que a articulação e o trabalho de uma crítica dirigida a determinados recortes da obra jamais se limitam apenas às partes especificamente indicadas na crítica. Dito de outra maneira: uma crítica detidamente articulada não expressa apenas alguns limites observados em determinados pedaços de uma obra ou de um pensamento. Ainda que existam partes do conjunto da obra que possam contradizê-la, o viés pelo qual se faz uma análise crítica de um fragmento da obra também pode ressoar em muitos outros capazes de confirmá-la. Por isso, o que está em jogo aqui é antes uma forma particular de ler as obras de nossos mestres. Não se trata de um campo decisório que possa definir qual é o olhar "certo ou errado" para os escritos de um/a autor/a. Trata-se antes de admitir que existe uma escolha epistemológica: fazer uma leitura crítica que possa deixar os olhos vagarem para além das letras e linhas escritas pelo/a autor/a lido/a ou deter-se a explorar aquilo que está nas próprias linhas e letras do/a autor/a lido/a.

***

Em suas releituras de Freud, Jacques Lacan conclui que o mal é o Gozo – o caráter demoníaco da repetição compulsiva do traumático. Aquilo que insiste inapelavelmente e não cessa de não se inscrever. Repetimos automaticamente essa frase – o Gozo é o impossível, é aquilo que não cessa de não se inscrever (Lacan, 1985, p. 81). Mas será que precisamos reiterar a própria frase e repeti-la *ad infinitum* da mesma forma como se repete um sintoma que causa dor, *além de todo princípio de prazer*?

Deus está morto, eis a verdade freudiana na leitura de Lacan. Todavia, ainda que desfeita, a interdição, erguida pelas leis de Deus, perpetua-se. O Gozo segue tão proibido quanto antes – é o mal. Na versão de Freud (1930/2010), em *O mal-estar na civilização*, o mal articula-se em relação ao próximo. Jacques Lacan (1959-1960/1997) reproduz o que está em jogo nas letras de Freud com acréscimo de alguns breves comentários:

> *Aqueles que preferem os contos de fada fazem ouvidos moucos quando se fala da tendência nativa do homem* à maldade, à agressão, à destruição, e, portanto, também à crueldade. *E não é só [...]* O homem, com efeito, é tentado a satisfazer no próximo sua agressividade, a explorar seu trabalho sem compensação, utilizá-lo sexualmente

> sem o seu consentimento, apropriar-se de suas posses, humilhá-lo, causar-lhe sofrimento, torturá-lo e matá-lo. *(p. 226, grifos do original)*

Interessante destacar a expressão *tendência nativa* colocada na citação. Deixemos provisoriamente esse ponto também de lado. Antes dele, vale lembrar que, ao recuperar a problemática do "amor ao próximo", levantada por Freud (1930/2010), Lacan evoca o mal nas obras de Marquês de Sade. O mal, transfigurado a partir da ausência de Deus, coincide com as dores de uma determinada espécie de prazer. Jacques Lacan diz que o moralista tradicional se empenha em atar um nó impossível entre bem e prazer. Conjugar este com aquele, porém, seria parte de uma cilada: "Quem é que, em nome do prazer" pergunta provocativamente Lacan, "não afrouxa desde o primeiro passo um pouco sério em direção a seu gozo? Não é o que todos os dias sentimos de perto?" (Lacan, 1959-1960/1997, p. 226).

Seguindo ainda seu retorno a Freud, Jacques Lacan se posiciona de forma contrária às correntes filosóficas que condicionam a moral ao hedonismo. A notação é curiosa, mas a aceitemos por enquanto. Lacan formula, assim, outras questões perturbadoras: o bem seria realmente capaz de sustentar o mandamento *Amarás teu próximo como a ti mesmo?* Como querer incondicionalmente o bem ao próximo? O próximo pode ser um mal ao representar a aniquilação de minha própria existência. Além disso, insiste, o amor é um trabalho libidinal precioso e "não vou dá-lo inteiramente a cada um que se apresente como sendo o que é, só porque ele se aproximou" (Lacan, 1959-1960/1997, p. 227). Trata-se de um bem que não há como ser simplesmente distribuído a quem quer que seja.

Vendo-as por outro prisma, as formulações freudianas também recebem uma crítica de Lacan. Ele percebe que não se trata de conservar o amor enquanto um bem, como se faz em relação a algum tipo de propriedade privada. O bem se mostra de modo altruísta. Amar ao próximo, contudo, não é exatamente essa espécie de manifestação. Daí advém o famoso axioma lacaniano: *Amar é dar o que não se tem* (Lacan, 1957-1958/1999, p. 218).

Mas também esse axioma, repetido aos quatro ventos e de maneira tão contundente, deve mesmo ser compulsivamente repetido e às cegas? O que mulheres e outras populações espoliadas têm dado daquilo que já não têm? É certo que amor não é comércio, é certo que amor não é escambo de afetos e favores, mas importa perguntar o que exatamente o Outro faz com a entrega cega de certas expressões de amor. Não se trata, em absoluto, de moralizar histórias amorosas ou desejos que nos coloquem em risco nos encontros eróticos. O risco de desencontros dolorosos é parte inescapável de toda história que se efetiva pelo desejo. Mas há coisas que escapam a essa formulação lacaniana sobre amores e desejos: a dominação pela violência e o suor do trabalho explorado, não reconhecido e não remunerado que é feito em nome de um amor ao Outro. Quem tem feito essa espécie de trabalho? São perguntas. Não pretendo respondê-las prontamente.

Freud tem razão: em nome do amor ao próximo, muitas formas de maldade se tornaram justificáveis. Jacques Lacan (1959-1960/1997) segue essas linhas e conclui: o mal habita o sujeito em seu gozo, ou seja, o mal está naquilo de que os homens não ousam se aproximar.

É importante destacar o gênero empregado nas formulações lacanianas e perguntar: de que exatamente os homens não ousam se aproximar, sr. Jacques Lacan? O mal, ele diz, assenta-se no próprio sujeito em sua relação com o Outro. Defendendo-se de seu próprio mal, o sujeito arma estratégias psíquicas que dirigem a agressividade contra si mesmo. O ataque masoquista e melancólico contra o próprio eu é uma defesa psíquica contra a própria agressividade, mas também é a realização sintomática – isto é, amputada – de desejos. De que natureza são esses desejos, sr. Lacan? E como a agressividade tem retornado nas próprias entranhas das articulações teóricas psicanalíticas – que são feitas por sujeitos da psicanálise, vale lembrar

– que se formulam como defesas caracterizadas como desmentidos? São perguntas e para elas tenho apenas minhas hipóteses – mas deixo-as para outra ocasião.

Fato é que Lacan formula o lugar da Lei incontornável, que barra o Gozo, em um lugar vazio; o Gozo é, então, o impossível, que não cessa de não se inscrever. Vejamos de novo: a Lei barra o Gozo – mas será? No inferno em que vivo, enquanto muitos morrem e são violentados, outros gozam assentados no próprio corpo das Leis escritas. Essas Leis têm servido não para barrar o Mal, associado por Lacan ao Gozo da repetição traumática, mas para reiterá-lo infinitamente.

Em *O seminário, livro 7, A ética da psicanálise*, Lacan (1959-1960/1997) aborda a Lei ao tratar da Coisa (*das Ding*), parcela inabsorvível ou indigesta de cenas traumáticas. Sabe-se que Lacan considera impossível atingi-la, tocá-la, penetrá-la; bordejá-la torna-se, então, função da linguagem. Mas outra dúvida se coloca: que linguagem ronda infinitamente tal Coisa? Qual é a consistência marcadamente social e histórica dos significantes eleitos para elevarem o objeto à dignidade de tal Coisa? Em suma: quais palavras exatamente bordejam infinitamente os contornos dessa Coisa? Se a Lei é o Inferno, não teria chegado o momento de invadir essas fronteiras impenetráveis que deixam intacta a Coisa? Fazê-las limiar para invadir um espaço no qual supostamente está concentrado todo o mal? O que é exatamente esse mal?

É curioso notar que o mal deve manter-se impenetrável, mas, ao mesmo tempo, é por isso que se mantém intensamente sedutor. Lacan segue a tradição filosófica da estética, colocando *das Ding* no mesmo registro do sublime kantiano, reiterado com modificações pelos românticos do século XIX. Mas como caracterizar o sublime? Em vez de recorrer à crítica do juízo kantiana ou a alguma bela definição romântica, vejamos uma passagem de *Doutor Fausto*, de Thomas Mann:

> *A volúpia secreta, a segurança, do Inferno consiste justamente no fato de ele ser indefinível e conservar-se impenetrável às tentativas da língua; consiste no fato de ele limitar-se a existir [...]. [No Inferno] se acaba tudo — não só a palavra indicadora, mas tudo, tudo, simplesmente! [...] é penoso falar dessas coisas que se passam muito além e fora da língua [...]. Não se esqueça o imenso suspiro de volúpia que se intromete, pois um tormento sem fim, ao qual não se estabeleceu o limite de uma remissão do sofrimento, de um colapso, de um desmaio, degenera em vez disso em vergonhoso prazer, e assim se explica que aqueles que disponham de alguma noção intuitiva falem da "volúpia infernal". (Mann, 2015, p. 331)*

A incapacidade da linguagem em apreender o Inferno e a volúpia, o tormento, o terror, o temor acompanham as descrições do sublime em diferentes tratados da Estética. Quem define esse lugar em Dr. Fausto é evidentemente o pobre – pobre? – diabo. A ela acrescentam-se ainda outras duas características do inferno que transcrevo com minhas próprias palavras: o sadismo e a tortura que produzem um "vergonhoso gozo" nos condenados ao abismo infernal. Eles se veem obrigados a "inventarem insultos especialmente abjetos" (Mann, 2015, p. 332) ao Outro. E pergunto: quem tem escutado esses insultos abjetos na história moderna? Quem?

Nesse ponto, abala-se aquela tendência nativa do homem à maldade, à agressão, à destruição, e, portanto, também à crueldade antes mencionada. Elementos que não são características expressas de maneira espontânea, como ocorre com alguns fenômenos da natureza. O Gozo do mal não é gozo. Chama-se dominação e opressão para exploração do trabalho e manutenção de poderes. O gozo está em outro lugar. Quero preservá-lo lá.

Outra coisa ainda é a manifestação de raiva e revolta em momentos específicos, nos quais conformações de força estão histórica e materialmente situadas. Essa dimensão sincrônica da linguagem exige que se penetre a Coisa – ou Coisas, sei lá – e que dela aflorem significantes capazes de dar corpo e voz precisa aos afetos de raiva e prazer que se apresentam nos meandros da história.

## *Invadindo zonas impenetráveis*

Anne McClintock foi uma das mulheres que ousou penetrar os limiares da psicanálise freudo-lacaniana. Ela rompeu as bordas do significante fálico. Ao invés de deixá-lo escapar enquanto resto opaco, agarrou-o e colocou-o frente a frente até que seu olhar atravessasse tal objeto supostamente vazio. "Quero desafiar a primazia do falo no âmbito do fetichismo e abrir as teorias freudiana e lacaniana do fetichismo a uma história mais complexa e variada em que a classe e a raça desempenham um papel tão formador quanto o gênero" (McClintock, 2010, p. 208), ela diz. O que ela viu, afinal? Nada muito surpreendente desde que existe Marx: o falo é puro fetiche. Ou seja, o objeto causa do desejo, o falo, nos captura pela sua forma-mercadoria. Na psicanálise, queriam nos vender o objeto fálico, minha gente. É evidente que aproximar-se do desejo exige a decomposição da linguagem do fetiche da mercadoria e de seu valor de troca. É evidente que o desejo exige uma confrontação com as fissuras do objeto, com suas cicatrizes e, ao mesmo tempo, com a nossa falta. Mas o que tudo isso tem a ver com o falo? E por que inseriram essa mercadoria e registraram seu valor de troca no cerne da psicanálise? Por que não formular uma psicanálise não comprometida com fetiches da mercadoria? São mais perguntas. Quem nos dá muitas pistas é Lélia Gonzalez (1984; 2018) ao expor o exato lugar da mais barata mercadoria no mercado humano: a mulher negra. Ela causa o desejo e a ela se devem muitos dos mais preciosos afetos de amor e ódio que formaram a classe média e alta branca brasileira, mas o desejo e os afetos que a ela são dirigidos devem ser continuamente apagados, repudiados, desmentidos, denegados em nome da continuidade da dominação patriarcal branca. Não é possível que a teorização da psicanálise continue a se prestar a tais apagamentos em suas escolas de formação.

Queria ainda trazer um último elemento de reflexão. Nunca apostei minhas fichas nos jogos livres da imaginação, como queria Kant na experiência do sublime que só o gênio é capaz de experimentar. Freud abarca muito melhor o problema do que o espírito ilustrado kantiano ao tratar do inquietante. Entretanto, o vício sintomático freudiano capaz de enxergar castração e Édipo em toda parte o fez enquadrar essa maravilhosa descoberta também na chave edípica. Evidentemente que a elaboração de seu conceito se preserva, ainda que tenhamos que perdoar seu antigo cacoete. De qualquer modo, vejamos o vício freudiano dentro do contexto infernal aqui explorado.

Sabemos que os olhos são parte central da história de E. T. A. Hoffmann (2019), *O homem de areia*. O Homem de Areia é o Sr. Coppelius, mas é também aquele que joga areia nos olhos das crianças até que os globos oculares caiam ensanguentados. O velho senhor do mal os reúne em um saco e os leva para a lua. Entrega-os aos netinhos que estão famintos à espera de comida com seus bicos de coruja. Já em outro contexto da história fantástica, temos o Sr. Coppola que vende lunetas e óculos. Os olhos de Olímpia, por sua vez, caem e é com o barulho da queda que Natanael perceberá o caráter inanimado de sua amada. Muitas formulações poderiam ser retiradas desse condensado grupo de imagens, entretanto, insistirei na versão freudiana que enxerga nela apenas a angústia de castração:

> *a noção de incerteza intelectual [de Jenscht] não nos ajuda a compreender esse efeito inquietante. A experiência psicanalítica nos diz, por outro lado, que o medo de ferir ou perder os olhos é uma terrível angústia infantil. [...]*

> *Não há o costume de dizer que uma pessoa cuida de algo como "a menina de seus olhos"? O estudo dos sonhos, das fantasias e dos mitos nos ensinou que o medo em relação aos olhos, o medo de ficar cego, é frequentemente um substituto para o medo da castração. O ato de cegar a si mesmo, do mítico criminoso Édipo, é apenas uma forma atenuada do castigo da castração, o único que lhe seria apropriado, conforme a lei de Talião. Pode-se procurar rejeitar, pensando de maneira racionalista, a derivação do medo relacionado aos olhos do medo da castração [...]. Mas assim não se leva em conta a relação substitutiva entre olho e membro viril, manifestada em sonhos, fantasias e mitos, e não se pode contrariar a impressão de que um sentimento bastante forte e obscuro dirige-se precisamente contra a ameaça de perder o membro sexual [...]. Não aconselharia a um opositor da concepção psicanalítica evocar justamente essa história de Hoffmann para sustentar a afirmação de que o medo relativo aos olhos é algo independente do complexo da castração. (Freud, 1919/2010, pp. 346-347)*

Apesar de minha alegria pelas suas articulações em torno do inquietante, devo dizer que jogar fora essa teoria barata da castração ligada aos olhos é exatamente o que farei aqui, após ter notado que a exaltação do falo nada mais é do que o valor de troca de uma determinada mercadoria. Recorro, então, a um comentário feito por Marcus Mazzari (2019) ao *Fausto* de Goethe (2016).

No capítulo "A cozinha da bruxa", Fausto vai em busca dos conhecimentos de uma "bruxa" e pede-lhe uma poção capaz de devolver-lhe o erotismo da vida. É o capítulo que antecederá o famoso encontro de Fausto com a formosa Margarida. Nas suas notas introdutórias é que diz Mazzari (2019):

> *Razão e sensatez são, portanto, despachadas nessa cena que sintomaticamente se segue à renúncia da ciência. "Ai de mim! Sinto que enlouqueço", exclama assim o Fausto vidrado na imagem feminina que lhe oferece o espelho da bruxa, e nessa mesma chave exprime Mefisto a impressão que lhe causa o pandemônio protagonizado pelos monos: "Gira-se-me também o miolo aos quatro ventos"; e a própria bruxa, sucumbindo à escalada dos acontecimentos: "Perco a razão, perco o sentido"! ["Ao ver Dom Satanás de novo aqui metido!" (Goethe, 2016, p. 257)]. A "mágica infernal" a que faz referência Fausto é a imagem de uma mulher e é a poção de uma bruxa que o faz enxergá-la sob nova luz refletida em um espelho. Entretanto, no capítulo subsequente Fausto começará a converter seu encanto em dominação de mais um dos objetos de sua coleção e explorá-lo até sua destruição. (p. 239)*

Entretanto, o olhar que algumas mulheres devolvem da imagem do espelho não traz mais a ingenuidade de Margarida. O temor foi espanado pelas vozes, afetos e pensamentos que compartilharam e elas devolvem um olhar desafiador, sem recuos amedrontados e perguntam: "Quem, afinal, tem incessante e automaticamente produzido o mal?".

## *Referências*

FREUD, Sigmund (1919). O inquietante. *In:* ______. *História de uma neurose infantil ("O homem dos lobos"), além do princípio do prazer e outros textos (1917-1920)*. São Paulo: Companhia das Letras, 2010. p. 328-376. (Obras completas, Vol 14).

______. (1930). O mal-estar na civilização. *In:* ______. *O mal-estar na civilização, novas conferências introdutórias à psicanálise e outros textos (1930-1936)*. São Paulo: Companhia das Letras, 2010. p. 13-122. (Obras completas, Vol 18).

GOETHE, Johann Wolfgang von. *Fausto:* uma tragédia (primeira parte). 6. ed. São Paulo: Editora 34, 2016.

GONZALEZ, Lélia. *Primavera para as rosas negras*. São Paulo: Diáspora Negra, 2018.

______. Racismo e sexismo na cultura brasileira. *Revista Ciências Sociais Hoje*, Anpocs, p. 223-244, 1984. Disponível em: https://edisciplinas.usp.br/pluginfile.php/5509709/mod_resource/content/0/06%20-%20GONZALES%2C%20L%C3%A9lia%20-%20Racismo_e_Sexismo_na_Cultura_Brasileira%20%281%29.pdf. Acesso em: 23/08/2022.

HOFFMANN, Ernst Theodor Amadeus. *O homem de areia*. São Paulo: Companhia das Letras, 2019.

LACAN, Jacques (1957-1958). *O seminário, livro 5:* as formações do inconsciente. Rio de Janeiro: Jorge Zahar, 1999.

______. (1959-1960). *O seminário, livro 7:* a ética da psicanálise. Rio de Janeiro: Jorge Zahar, 1997.

______. *O seminário, livro 20*: mais, ainda. Rio de Janeiro: Jorge Zahar, 1985.

MANN, Thomas. *Doutor Fausto*: A vida do compositor alemão Adrian Leverkühn narrada por um amigo. São Paulo: Companhia das Letras, 2015.

MAZZARI, Marcus Vinicius. *A dupla noite das tílias*: história e natureza no Fausto de Goethe. São Paulo: Editora 34, 2019.

MCCLINTOCK, Anne. *Couro imperial*: raça, gênero e sexualidade no embate colonial. Campinas: Editora da Unicamp, 2010. Capítulo 3.

ROSE, Jacqueline. *Women in dark times*. London: Bloomsbury Publishing, 2014.

# 3. O mito do masoquismo feminino

*Lívia Santiago Moreira*

*Se você mentir para si mesma sobre sua própria dor, você será morta por aqueles que irão afirmar que você gostou.*

Alice Walker, Possessing the Secret of Joy, 1992

Tendo em vista o limite de tempo desta apresentação, decidi citar argumentos que não poderão ser minuciosamente demonstrados neste trabalho, mas que podem ser facilmente encontrados em qualquer artigo ou trabalho que tenha como tema a dinâmica e a economia do masoquismo na teoria psicanalítica.[1] De início, partirei da definição do que seria o masoquismo:

Como bem exposto no artigo de Carolina Nassau Ribeiro, é:

> *Nos Três ensaios sobre a teoria da sexualidade (Freud, 1905/1974), o autor nos informa que decidiu lançar mão do termo masoquismo, assim sugerido pelo psiquiatra Krafft-Ebing, pois esse termo, extraído da literatura de Sacher-Masoch, indica não só o prazer na dor, [...] mas*

---

1 Texto apresentado pela primeira vez no dia 27 de setembro de 2019 no *Colóquio Deleuze: desejo e política*, realizado na Universidade de São Paulo.

> *também o prazer obtido em qualquer forma de sujeição ou humilhação. (Ribeiro, 2017, p. 478)*

Nesse momento de sua formulação teórica, Freud entende que as raízes do sadismo e do masoquismo pertencem "às características universais da vida sexual" (Freud, 1905/1976) e que não se limitam à perversão.

Com a teoria mais madura, Freud, em seu consagrado artigo "O problema econômico do masoquismo", de 1924, sistematiza três tipos de masoquismo: o erógeno, o feminino e o moral. Irei recuperar as palavras do próprio Freud para defini-los:

> *O masoquismo apresenta-se à nossa observação sob três formas: como condição imposta à excitação sexual, como expressão da natureza feminina e como uma norma de comportamento (behavior). Podemos, por conseguinte, distinguir um masoquismo erógeno, um masoquismo feminino e um masoquismo moral. O primeiro masoquismo, o erógeno – prazer no sofrimento –, jaz ao fundo das outras duas formas. Sua base deve ser buscada ao longo das linhas biológicas e constitucionais e ele permanece incompreensível a menos que se decida efetuar certas suposições sobre assuntos que são extremamente obscuros. A terceira, e sob certos aspectos a forma mais importante assumida pelo masoquismo, apenas recentemente foi identificada pela psicanálise, como um sentimento de culpa que, na maior parte, é inconsciente; ela, porém, já pode ser completamente explicada. O masoquismo feminino, por outro lado, é o mais acessível às nossas observações e o menos problemático, e pode ser examinado em todas as suas relações ajustadas ao restante de nosso conhecimento. (Freud, 1924/1996, p. 179)*

Nas palavras de Freud, o masoquismo feminino é retratado como sendo, por um lado, uma "expressão da natureza feminina"[2] (Freud, 1924/1974, p. 201), e por outro, ele traz a ressalva de que isso não significa que ele esteja nas mulheres, ele também é encontrado em indivíduos do sexo masculino. Cito Freud: "Possuímos suficiente familiaridade com esse tipo de masoquismo nos homens" (Freud, 1924/1974, p. 202). O que ele aponta é que as fantasias masoquistas transportam o indivíduo para uma "*situação caracteristicamente feminina*; elas significam, assim, ser castrado, ou ser copulado, ou dar à luz um bebê" (Freud, 1924/1974, pp. 202-203, grifo nosso).

Em seu artigo "Feminilidade", de 1933, Freud afirma que:

> *A supressão da agressividade das mulheres,* que lhes é instituída constitucionalmente e lhes é imposta socialmente, *favorece o desenvolvimento de poderosos impulsos masoquistas que conseguem, conforme sabemos, ligar eroticamente as tendências destrutivas que foram desviadas para dentro. Assim, o masoquismo, como dizem as pessoas, é verdadeiramente feminino. (Freud, 1933/1996, pp. 143-144, grifo nosso)*

Como é impossível revisar a extensa bibliografia indispensável das críticas feministas a Freud, que ainda conta com discretos esforços de tradução, veremos, pontualmente, como o próprio Freud nos confirma que "O masoquismo chamado de feminino é uma fantasia do homem, e é assim caracterizado por representar-se

2 Lemos em Caplan (1985/1993): "O complexo de inferioridade feminino que, para Freud seria sentido pela menina como falta do pênis, seria acompanhado da culpabilização da mãe por essa inferioridade, e por qual motivo a culpa não recairia no pai? Freud diz que as mulheres constitucionalmente suprimem sua agressão. Destrutividade dirigida para o interior" (p. 73).

por meio do que Freud nomeia como sendo um traço negativo" (Ribeiro, 2017, p. 483).[3]

Na tradição da crítica psicanalítica e das análises sobre o enigma do masoquismo feminino (que encontramos, por exemplo, no primoroso livro *Bonds of love*, de Jessica Benjamin, de 1988) está a análise do controverso livro de Anne Desclos sobre "A história de O", texto escrito como resposta a um desafio de seu amante, que à época era diretor da conceituada editora francesa Gaston Gallimard e reconhecido escritor que afirmava que mulheres não sabiam escrever literatura erótica de boa qualidade.

Em "A história de O" acompanhamos a personagem principal, nomeada com a sugestiva letra O, que aceita o convite de seu amado de entrar num castelo afastado da cidade onde é submetida a todo tipo de sevícias, estupros e violações das mais inimagináveis espécies que são feitas por seu amante e também por outros homens. Suportava o sofrimento e o aceitava reiteradamente como prova de amor ao seu "senhor". A escandalosa genialidade desse livro está na decifração do que caracteriza a fantasia masculina e mostra como sua fonte de satisfação e gozo está no sadismo (essa lógica que tem fixação com a analidade) e no desejo de reconhecimento de seu poder por outros homens. Assim, "não se trataria ali da fruição da dor, mas do lugar que o amor ocupa para ela".

Joana Maia Simoni (2011) analisa a relação do masoquismo da mulher com o semblante, retomando a leitura que Deleuze faz sobre Sacher Masoch e Marques de Sade. Segundo ela, Deleuze nos mostra

3 Nas palavras de Freud: "Por essa razão, chamei essa forma de masoquismo, a *potiori* por assim dizer [isto é, com base em seus exemplos extremos], de forma feminina, embora tantas de suas características apontem para a vida infantil. Essa estratificação superposta do infantil e do feminino encontrará posteriormente uma explicação simples. Ser castrado — ou ser cegado, que o representa — com frequência deixa um traço negativo de si próprio nas fantasias, na condição de que nenhum dano deve ocorrer precisamente aos órgãos e aos olhos" (Freud, 1924/1974, p. 203).

que o fato de o homem ser perverso — seja sádico ou masoquista — não implica necessariamente que a mulher com quem ele se relaciona e encena sua perversão também o seja.

Ela nos traz a famosa anedota de Deleuze que explicita,

> *ainda que grosseiramente, a impossibilidade do encontro entre essas duas posições. O masoquista pediria ao sádico: "Bata em mim", ao que o sádico responderia: "Não bato". Um masoquista não convém a um carrasco sádico, por isso um sádico jamais aceitaria uma vítima masoquista!* (apud *Deleuze, 1967/2009, p. 41)*

Ela chega à importante conclusão de que "tais elaborações tornam evidente para nós que há algo de fundamentalmente ativo na perversão — tanto sádica quanto masoquista — que nos indica um caminho para pensarmos as relações entre a feminilidade e o masoquismo" (Simoni, 2011, p. 53).

A autora também recupera do *Seminário 23* de Lacan a preciosa assertiva: "O par sado-masoquista só é possível no par pai-filho". Ou seja, o sadomasoquismo pai-filho é a única forma possível de sadomasoquismo, nas palavras de Lacan: "O sadismo é para o pai, o masoquismo é para o filho. Freud, de todo modo, tentou se desprender desse sadomasoquismo. Esse é o único ponto onde há uma relação suposta entre o sadismo e o masoquismo"[4] (Lacan, 1975-1976/2007, p. 82).

É possível então afirmar com Freud, Lacan e Deleuze que: "O masoquismo da mulher é uma fantasia do desejo do homem" (Lacan,

---

4 "A imaginação de ser o redentor, pelo menos na nossa tradição, é o protótipo da pai-versão. Na medida em que há relação de filho com pai, surge essa ideia tresloucada do redentor, e isso há muito tempo. O sadismo é para o pai, o masoquismo é para o filho. Freud, de todo modo, tentou se desprender desse sadomasoquismo. Esse é o único ponto onde há uma relação suposta entre o sadismo e o masoquismo" (Lacan, 1975-1976/2007, p. 82).

1958/2003, p. 740). "Os perversos masoquistas é que encenariam uma posição feminina em suas fantasias levadas a cabo e não o contrário" (Simoni, 2011, p. 74). Talvez possamos dizer que a máscara para velar a falta do homem seja sua crença no masoquismo feminino?

## *O mito do masoquismo feminino*

Minha principal fonte para este trabalho é o livro intitulado *O mito do masoquismo feminino*, publicado pela primeira vez 1985 e republicado com novo prefácio em 1993. A autora desse livro, ainda não publicado no Brasil, é a canadense Paula J. Caplan, que, entre várias outras importantes titulações, é responsável pelas mais importantes denúncias do esquema criminoso entre a indústria farmacêutica e a construção do Manual Diagnóstico de Saúde Mental (DSM).[5]

No prefácio da nova edição, ela comenta as respostas das mulheres leitoras do livro e recolhe seus efeitos. O que ficou claro para ela é

> *quão pouco tempo e esforço leva para catapultar a mulher para fora de seu desespero e de seu desamparo/desesperança/impotência que elas muitas vezes sentiram por anos, acreditando que elas estavam em situações terríveis porque elas estariam "inconscientemente gostando (gozando) de estar ali". Muitas vezes, bastava ouvir as palavras: "Mulheres não são masoquistas". (Caplan, 1985/1993, tradução nossa)*

Nesse livro, a partir de uma investigação minuciosa da literatura disponível sobre o masoquismo e de seus próprios achados clínicos,

5 Caplan é psicóloga clínica e pesquisadora, ativista, defensora da justiça social e dos direitos humanos, escritora de não ficção, dramaturga premiada, roteirista, atriz e diretora.

Paula J. Caplan considera que o designado "masoquismo feminino", em vez de ser a procura de prazer por meio da dor e do sofrimento é, antes, uma estratégia para evitar a dor. Segundo Caplan, o comportamento masoquista pode ser atribuído, por um lado, "à crença, baseada em experiência passada, de que é melhor ter expectativas limitadas e [por outro] ao esforço de evitar a punição, a rejeição ou a culpa" (1985/1993, tradução nossa).

O mito do masoquismo feminino faz com que as mulheres vejam a si mesmas como doentes, e essa crença produz a destruição da capacidade de acreditar em si mesmas, como bem descreve a lógica traumática descrita por Sándor Ferenczi (1933/1992).

Na necessária recuperação que o psicanalista húngaro faz da teoria do trauma, o modelo da chamada "progressão traumática" acontece quando a criança, ao ser abusada por um adulto, recorre a outro adulto para entender o que se passou e tem como resposta o desmentido do acontecido, o adulto não reconhece que algo aconteceu. A consequência é a negação do próprio sujeito, que, como mecanismo defensivo, identifica-se com seu agressor. É frequente, assustador e de conhecimento público quantas mães e famílias, por não poderem reconhecer as próprias circunstâncias de abuso, desautorizam as denúncias de suas filhas e repetem o coro: "Você buscou isso".

Aqui, as teorias edípicas acabam sendo convocadas no imaginário do senso comum para justificar a culpabilização da mulher pela violência que seria cometida contra si. As teorias edípicas são invocadas também porque servem para fortalecer o esforço em manter a coerência de suas próprias convicções – isto é, confirmar o mito do masoquismo feminino – e normalizar o que é da ordem do insuportável.

Muitas vezes não fica clara a conivência da práxis psicanalítica e sua responsabilidade direta em fazer prevalecer o mito e fazer, perpetuando em sua clínica, a repetição de que os "traços masoquistas" encontrados no sofrimento das mulheres seja uma comprovação dos fundamentos da teoria freudiana.

Parece haver uma espécie de condição para as mulheres serem reconhecidas como sujeitos de sua própria história e ter sua capacidade intelectual reconhecida: a mulher enquanto sujeito só se afirmaria quando ela se torna capaz de aceitar ou acreditar no próprio masoquismo.

Ciente da impossibilidade de tratar ponto a ponto os meandros da metapsicologia nesse curto período, gostaria de relembrar o paradigmático Caso Dora, publicado por Freud em 1905. O caso é o emblema da capacidade de Freud de ignorar a realidade do trauma sexual real, insistindo que os sintomas histéricos da paciente (que envolviam uma profunda depressão, enxaquecas, afonia e tosse nervosa) eram uma expressão de sua culpabilização pela verdade de seu desejo inconsciente, qual seja, o apaixonamento por aquele que parecia a ela ser seu agressor. Apesar de estar claro e explícito na escrita do caso que Dora tentara diversas vezes comunicar à família o assédio que sofria do respeitável Sr K., a família não acredita nela. Ela insiste e, então, a família pergunta ao Sr. K o que se passou. Imediatamente ele transforma a cena numa confusão de uma menina que está contaminada pelos romances que lê. Os sonhos de Dora, que poderiam ter sido interpretados como sonhos traumáticos, são insistentemente interpretados como sonhos de realização de desejo recalcado. O sintoma da mudez da jovem em nenhum momento é tomado como uma desistência em falar para quem não quer ouvir, ou não lhe crê. Ao mesmo tempo, está claro para Freud que o pai sifilítico de Dora sabia das investidas do Sr. K e, nitidamente, oferece Dora para esse homem em troca dos cuidados íntimos que a Sra. K lhe dispensava.

O horror e o nojo que Dora sentia eram sempre interpretados como recusa e negação ao próprio desejo. Não há como desmentir esse homem Freud, que já precisou convencer-se de que suas histéricas "mentiam", já que não era possível crer que haveria tantos adultos perversos. Para Freud, a moralidade feminina sempre foi inferior, já que elas não teriam nada a perder, já são castradas. Ele entende que a única razão de ser dessas mulheres é ter para si um pênis que contém anexado um homem, ou conseguir seu substituto, um bebê. As releituras do Caso Dora geralmente orbitam em torno da famigerada pergunta: "o que quer uma mulher?". Entende-se, de forma geral, que o caso revela o modelo da investigação feminina sobre o que significa ser mulher, tendo seu foco na relação de Dora com a Sra. K e suas habilidades de sedução.

Os casos reais de abuso dos meninos e das meninas – tanto de investidas sexuais quanto da violência real dos adultos na "educação das crianças" – estão presentes em todos os casos clínicos analisados por Freud e são sistematicamente amenizados e perdem sua relevância quando substituídos pela "realidade psíquica" das fantasias edípicas e a eterna fixação no falo e horror ao feminino. Nos círculos psicanalíticos, Freud é sempre "perdoado" pelos excessos misóginos e conservadores, sem que os derivados de seus pressupostos sejam questionados. Mas Freud consegue ser honesto, ele sabe que o masoquismo feminino é uma fantasia masculina. Contudo, as estratégias retóricas da psicanálise de dissociar o feminino da mulher, transformando o feminino em sinônimo do que é da ordem da passividade é, no mínimo, ingênuo, para ser bastante eufemista.

Vemos como o erotismo feminino, como bem coloca Audre Lorde (2019), passa a ser uma ameaça para a própria mulher, é retirada dela essa fonte de poder, que se volta contra ela como confirmação de que ela busca ser "dominada" pelo homem. Novamente, essa é uma fantasia claramente masculina e expressão direta do caráter típico da neurose obsessiva. No texto de 1912, Freud descreve já no título de seu artigo "Sobre a tendência universal à depreciação na esfera do amor: contribuições à psicologia do amor", que o rebaixamento da mulher a objeto depreciado é condição para que a vertente erótica possa ser estabelecida, já que a vertente afetiva ameaça a fantasia incestuosa de ocupar o lugar do pai com a mãe. Está claro o lugar onde a mulher entra na economia amorosa desses homens que inscreveram o "nome do pai", submeteram-se à condição civilizatória da lei imposta com a violência característica à transmissão da masculinidade. Como nos disse há tempos Simone de Beauvoir em *O segundo sexo* (1949/1980) – referência que parece ainda estar longe do repertório bibliográfico na transmissão da psicanálise – a famigerada "inveja do pênis" torna-se verdadeira quando interpretamos o que significa ter um pênis numa sociedade patriarcal organizada em torno da heterossexualidade.

É escandaloso como o mito do masoquismo feminino é responsável por inúmeros casos de negligência médica dos sintomas físicos apresentados pelas mulheres, sinais que imediatamente são localizados dentro da lógica da queixa, característica típica das "poliqueixosas malcomidas" que sofrem pelas más escolhas na vida e só conseguiriam atenção por meio de sua histeria. Tragicamente, as próprias mulheres estão convencidas disso e ignoram seus próprios sintomas, sentindo-se novamente culpadas por sua fraqueza mental que encontra expressão no corpo. O corpo, novamente, em vez de um lugar de potência, torna-se a prova de que ela é mais frágil, menos capaz de "simbolização", inferior na expressão de seu sofrimento.

Dentro dessa lógica, fica claro como a consagração do sadismo, e talvez seu principal objetivo, é fazer com que a mulher acredite que "foi ela mesma quem pediu".

Na análise que Caplan faz de uma enorme quantidade de artigos publicados pelas associações psicanalíticas, ela observa como a tradição psicanalítica é diretamente responsável por essa leitura retraumatizante:

> *A paciente chega contando das situações de abuso que viveu ou está vivendo e o analista diz: "Você vê como você causa o sofrimento para si mesma?", culpando a paciente por sua própria miséria. E a paciente que porventura ousar dizer: "Mas eu não tento fazer essas coisas acontecerem*

> *e eu não tenho satisfação com elas" tem como resposta do analista: "Não conscientemente, mas isso significa que os motivos de sua autodestruição são inconscientes". As pacientes saem dessa situação sentindo-se incapazes e desesperançadas com as próprias vidas. Acreditar no próprio masoquismo, muitas disseram, fez com que elas desistissem de tentar ter uma vida melhor. Uma delas diz: "Mesmo se eu me separar, meu inconsciente irá me levar a buscar outros homens abusivos, então, é melhor ficar com o que eu tenho". (1985/1993, tradução nossa)*

Os analistas não gostaram nada do livro. Para Caplan, "o que mantém as mulheres em situações de abuso são vários fatores terrificantes, não seu próprio masoquismo" (1985/1993, tradução nossa). Há o medo (real) de ser morta, de perder a guarda das crianças, o medo da miséria, a culpabilização da família pelo próprio sofrimento, além da própria desmoralização, humilhação e fragilização que acompanham o abuso. Ela ainda nos diz que:

> *Dentre os esforços de se manter o mito vivo está a ideia de que o masoquismo é a arma do fraco. Mas não se escuta o que está implicado nessa frase. Uma arma é usada para conseguir o que o "portador" da arma quer ou para evitar o que ele quer evitar. Conseguir o que queremos e evitar o que queremos evitar é o oposto exato do masoquismo. (Caplan, 1985/1993)*

## A inumanidade das mulheres com as mulheres

Contudo, creio ser necessário também recuperar o trabalho da psicanalista Phyllis Chesler, em seu precioso livro *A inumanidade das mulheres com as mulheres*, de 2009, ainda não publicado em português.

Ali ela traz à tona o que é ainda considerado um tabu dentro do movimento feminista: "as mulheres são apenas seres humanos com profundas limitações, também internalizaram valores sexistas e julgam outras mulheres aos modos patriarcais" (2009, tradução nossa).

As conclusões a que chega nesse trabalho é de que requer muito esforço encontrar um equilíbrio não idealizado e reconhecer que a mulher "é capaz de agressão, competição, preconceito, servidão astuta, vaidade insuportável, inveja, ciúme, crueldade e mesquinharia" (2009, tradução nossa). Chesler ressalta que, nesse movimento de reconhecer a estrutura opressora, não se pode "esperar amor, aprovação ou apoio automático ou incondicional de outras mulheres" (2009, tradução nossa), e, de certa forma, podemos esperar encontrar sua "desaprovação, inveja, concorrência não reconhecida, amizade nos tempos onde tudo vai bem, oportunismo, covardia ou indiferença" (2009, tradução nossa). Além de uma análise profunda dos labirintos da relação mãe e filha, ela observa como

> *as mulheres raramente admitem que são mais duras com outras mulheres do que com os homens e não admitem ou se lembram como elas podem ter traído ou se juntado a uma difamação ou condenação de outra mulher. (2009, tradução nossa)*

Reitero as palavras de Chesler de que é preciso reconhecer que essa estrutura não irá mudar tão cedo e saber que será necessário uma disciplina psicológica e um constante exercício ético para não repetir os esperados modos de perpetuação das práticas opressivas.

Partindo para a conclusão, trago outro expoente do movimento de libertação das mulheres que escapa às dicotomias esterilizantes e repito as palavras de bell hooks (*apud* Chesler):

> *Devemos desafiar a noção simplista de que o homem é o inimigo, a mulher, a vítima.*
>
> *Todos nós temos a capacidade de agir de maneiras que oprimem, dominam e ferem (quer esse poder seja institucionalizado ou não). É necessário lembrar que devemos resistir primeiro ao potencial opressor interno – e à potencial vítima interna que devemos resgatar – caso contrário, não podemos esperar o fim da dominação para que haja libertação. (2009, tradução nossa)*

Assim, concordo com Caplan que talvez "a coisa mais revolucionária seja acreditar que nós e outras mulheres não gostamos do sofrimento" (1985/1993, tradução nossa).[6]

Termino aqui com as palavras de Audre Lorde:

> *O medo de que não podemos crescer além de quaisquer distorções que possamos achar em nós mesmas nos mantém dóceis e leais e obedientes, externamente definidas, e nos leva a aceitar muitas facetas da opressão que passamos enquanto mulheres. (2019, p. 72)*

## *Referências*

BEAUVOIR, Simone (1949). *O segundo sexo – a experiência vivida.* Tradução: Sérgio Millet. 4. ed. São Paulo: Difusão Europeia do Livro, 1980.

BENJAMIN, Jessica. *The bonds of love*: psychoanalysis, feminism and the problem of domination. New York: Pantheon Books, 1988.

6 Alice Walker diz: "Sobretudo, resista à tentação de pensar que o que te aflige é peculiar a você. Tenha fé de que o que está na sua consciência pode ser comunicado à consciência de todos. E em muitos casos, já está lá."

CAPLAN, Paula (1985). *The myth of woman's masochism*. Toronto: University of Toronto Press, 1993.

CHESLER, Phyllis. *Woman's inhumanity to woman*. Chicago: Chicago Review Press, 2009.

DELEUZE, Gilles (1967). *Sacher-Masoch*: o frio e o cruel. Tradução: Jorge Bastos, Revisão Técnica: Roberto Machado. Rio de Janeiro: Zahar, 2009.

FERENCZI, Sándor (1933). Confusão de língua entre os adultos e a criança. Tradução: A. Cabral. *In: Psicanálise IV.* São Paulo: Martins Fontes, 1992. p. 97-106.

FREUD, Sigmund (1905). Três ensaios sobre a teoria da sexualidade. *In*: ______. *Edição standard brasileira das obras psicológicas completas de Sigmund Freud, Vol. VII*. Rio de Janeiro: Imago, 1976.

______. (1924). O problema econômico do masoquismo. *In*: ______. *O ego e o id e outros trabalhos (1923-1925)*. Direção-geral da tradução: Jayme Salomão. Rio de Janeiro: Imago, 1996. p. 177-188. (Edição standard brasileira das obras psicológicas completas de Sigmund Freud, Vol. 19)

______. (1924). O problema econômico do masoquismo. *In*: ______. *Edição standard brasileira das obras psicológicas completas de Sigmund Freud, Vol. XIX*. Tradução: Jayme Salomão. Rio de Janeiro: Imago, 1974. p. 199-216.

______. (1927). Fetichismo. *In*: ______. *Edição standard brasileira das obras psicológicas completas de Sigmund Freud, Vol. XXI*. Rio de Janeiro: Imago, 1976.

______. (1933). Conferência XXXIII: feminilidade. *In*: ______. *Edição standard brasileira das obras psicológicas completas de Sigmund Freud, Vol. XXII*. Tradução: Jayme Salomão. Rio de Janeiro: Imago, 1996.

LACAN, Jacques (1958). Diretrizes para um Congresso sobre a sexualidade feminina. *In: Outros escritos*. Rio de Janeiro: Jorge Zahar, 2003.

______. (1975-1976). *O Seminário, Livro 23*: O sinthoma. Rio de Janeiro: Jorge Zahar, 2007.

LORDE, Audre. Usos do erótico, o erótico como poder. *In:* ______. *Irmã outsider*. Belo Horizonte: Autêntica, 2019. p. 67-74.

RIBEIRO, Carolina Nassau. A metapsicologia do masoquismo: o enigma do masoquismo feminino e sua relação com a fantasia masculina. *Ágora*, Rio de Janeiro, v. XX, n. 2, p. 477-490, mai/ago 2017.

RODRIGUES, Juliana Martins. A leitura de Deleuze sobre o masoquismo e o sadismo na teoria freudiana. *Cad. Psicanál.*, Rio de Janeiro, ano 30, n. 21, p. 303-315, 2008.

SIMONI, Joana Maia. Do masoquismo da mulher ao semblante. *Latusa*, v. 8, p. 44-45, 2011.

SIMONI, Joana Maia; BASTOS, Angélica. *O masoquismo das mulheres*: fantasia masculina, semblante feminino. Rio de Janeiro: UFRJ, 2011.

# 4. Por que "masoquismo feminino"?

*Léa Silveira*[1]

Começo com a advertência de que o título deste capítulo não foi escolhido como uma promessa de resposta, mas somente como sinalização de uma pergunta, não apenas possível, mas flagrantemente óbvia, que se apresenta diante de um texto específico que Freud publica em 1924: o célebre "O problema econômico do masoquismo" (Freud, 1924/2016).

Além disso, é preciso observar logo de início que discutir o tema do masoquismo envolve tantos riscos e armadilhas que a própria decisão de fazer isso constitui-se a si mesma como algo bastante exigente. De modo alheio a qualquer intenção de meramente aplainar contradições que nos movem e nos põem em questão, creio ser possível mencionar de saída ao menos duas dessas armadilhas: o risco do moralismo e o risco de desenxergar o território próprio à psicanálise.

---

1 Professora de Filosofia na Universidade Federal de Lavras, autora de *A travessia da estrutura em Jacques Lacan* (Blucher, 2022), membra do GEPEF, do Grupo de Trabalho Anpof Filosofia e Psicanálise e da Sociedade Internacional de Psicanálise Filosofia (SIPP), bolsista de produtividade em pesquisa do CNPq. Agradeço à amiga gepefiana Lívia Santiago por ter trabalhado esse tema comigo, sugerindo bibliografia e perspectivas, incitando o avanço das questões e trocando inúmeras longas mensagens de áudio sem as quais eu não teria conseguido tatear essa paisagem.

Evidentemente, não pretendo esgotar, neste breve texto, sequer o escopo de um assunto tão complexo. Meu intuito é apenas, inicialmente, levantar alguns elementos dessas duas armadilhas para, na sequência, situar a pergunta do título, passando, no meio-tempo, por uma contextualização de certos momentos em que o tema do masoquismo comparece na obra de Freud.

## *Duas armadilhas*

A primeira armadilha é a do moralismo.[2] Quando acompanhamos Paula Caplan (1993) no questionamento a respeito do caráter mítico do "masoquismo feminino" – ou, em sua expressão, do "masoquismo das mulheres" (*women's masochism*) –, mito mera e amplamente suposto como fenômeno, não podemos assumir, em nossa crítica, nenhum tipo de correspondência entre "masoquismo feminino" e "masoquismo erógeno", pois, se, de um lado, considero legítimo e necessário pôr em xeque a equação entre mulher e dor, fundante do(s) patriarcado(s), de outro lado, seria nada mais que embuste pôr sob escrutínio moral o uso da dor para obtenção de prazer ou como possibilidade de prazer ela mesma. Nas aventuras factíveis para um ser humano das relações entre prazer e dor, sejam elas ou não veiculadas pela erotização da culpa, cada sujeito, como declarou Freud a propósito da própria psicanálise, "*farà da sé*".[3] Ademais, seria provavelmente inconcebível, do ponto de vista psicanalítico, a própria viabilidade da excitação psíquica, se afastado o masoquismo. Isso é argumentado, por exemplo, por Benno Rosenberg (1991/2003), quando ele diz que "é o masoquismo erógeno primário que mostra a possibilidade de erotizar a dor e o desprazer em geral, e é a partir do masoquismo que a

---

2 Uma reflexão interessante sobre esse ponto pode ser encontrada em Rubin, 1982/2011.

3 Expressão empregada por Freud em carta a Jung em 30 de novembro de 1911. A expressão significa "fará por si".

via está aberta para a compreensão da possibilidade de erotização de toda excitação, qualquer que seja." (pp. 89-90).

Um segundo tipo de risco seria, como eu dizia, o de desenxergar o território próprio em que se move a psicanálise. Com relação a isso, parece instrutivo considerar o caso das reflexões de Karen Horney. Devido, sobretudo, à forte crítica que Adorno lhe endereçou em "A psicanálise revisada" (1952/2015), Horney é, talvez, em nossos meios e discussões, dispensada de modo demasiado rápido.

Tudo indica que a psicanálise, de fato, se torna ideologicamente orientada quando recusa a ideia de pulsão de morte, afastando-se da negatividade que a inscreve como paradoxo no cerne de nossa cultura. Apesar disso, poderíamos perguntar a Adorno se o conceito de inconsciente, tendo se revelado em sua leitura pródigo para a crítica do antissemitismo e da propaganda fascista, não poderia, de modo semelhante, nos servir para um mergulho mais profundo no entendimento das estruturas de opressão do patriarcado, e se Horney não teve mesmo algo a nos dizer a esse respeito.

Em "The problem of feminine masochism", Horney (1935/1967) desenvolve uma crítica importante à reificação procedida (também) pela psicanálise no que diz respeito à junção das ideias de feminino e de masoquismo, e essa crítica não pode simplesmente ser relegada ao esquecimento sob o pretexto da acusação de culturalismo. Um dos elementos estruturantes dessa junção é, para ela, a suposição de que, em meninas, prevalecem fantasias sádicas cuja agressividade seria então invertida em relação a si mesmas na constituição do masoquismo. A autora extrai, então, três componentes dessa argumentação:

1. Essas fantasias sádicas seriam geradas pelo investimento libidinal ativo do clitóris.
2. A menina renunciaria à masturbação clitoridiana em virtude de reconhecer que não possui um pênis e de tomar isso como uma ferida narcísica.
3. A libido sádica automaticamente se direcionaria para dentro.

E, então, comenta:

> *As três suposições parecem altamente especulativas. É sabido que as pessoas podem ficar com medo de suas agressões hostis e, posteriormente, preferir o papel do sofredor, mas parece misterioso o modo como um investimento de libido em um órgão pode ser sádico e depois voltar-se para dentro. (p. 217)*

Veremos mais adiante que, para Freud, no cenário do primeiro dualismo pulsional, esse redirecionamento, na verdade, não possui o caráter do mistério na medida em que seu operador seria o sentimento de culpa. Já no segundo dualismo, o problema irá se dissipar, uma vez que Freud aí assume o masoquismo como originário. O que permanece, no entanto, "misterioso" é que essa movimentação da agressividade seja vinculada ao feminino por um suposto elo de "essência".

Diz-se que, para bem enxergar uma ilha, é preciso sair dela. Quando abordamos certos fenômenos psíquicos – seja de que ângulo for – aceitamos, de certo modo, a aposta de nos afastarmos de ilhas conectadas (sobredeterminadas?) em barcas irremediavelmente furadas. A água inunda, paralisa, afunda. Mas isso significa também que não se deixa lá muito conter.

Nesse mar, no inconsciente que é nosso, não poderíamos pensar aspectos e desdobramentos da acusação de culturalismo, especialmente na medida em que isso incorre em silenciamento sobre questões decisivas, como um dos últimos redutos de uma ideologia patriarcal na psicanálise?

## *Contextualização*

Na obra freudiana, até 1920, ano da consolidação da virada para o segundo dualismo pulsional, o masoquismo não podia ser originário porque isso contestaria a vigência do princípio de prazer. Ele é, então, localizado como destino do sadismo, especificamente como retorno do sadismo na direção da própria pessoa. Nesse contexto, o do primeiro dualismo pulsional, e no que diz respeito ao par sadismo/masoquismo, duas hipóteses se encontram.

A primeira é a da coexcitação, que diz respeito à possibilidade de surgimento da excitação sexual a partir de outros processos do organismo, quando estes apresentam certa intensidade. No segundo dos "Três ensaios sobre a teoria da sexualidade", dedicado às fontes da sexualidade infantil, Freud afirma: "no organismo estão presentes arranjos que acarretam que a excitação sexual surja como efeito colateral em toda uma gama de processos interiores, *tão logo a intensidade desses processos ultrapasse determinados limites quantitativos*" (1905/2016, pp. 117-8, grifo meu).[4]

A segunda hipótese, apresentada principalmente em 1915, é a de que um dos destinos da pulsão sexual pode ser seu retorno na direção da própria pessoa, numa série que inclui, além desse tipo de retorno, a reversão da pulsão em seu contrário, o recalque e a sublimação.

A reversão de uma pulsão em seu contrário envolve, por sua vez, duas transformações: a mudança da atividade para a passividade (por exemplo, do sadismo para o masoquismo ou do voyeurismo para o exibicionismo) e a reversão de seu conteúdo (como a transformação do amor em ódio). O retorno em direção à própria pessoa pode ser visto no fato de que o masoquismo é o sadismo que se redireciona

4 Para Benno Rosenberg (1991/2003), a partir do texto de 1924, é o masoquismo originário que explica a coexcitação, e não o contrário. Escreve o autor: "*é o masoquismo que pode nos colocar na via da resolução de um problema que ultrapassa em seu próprio princípio as possibilidades de explicação da teoria da coexcitação: é o fato de o ser humano poder suportar a excitação sexual mesmo antes que a descarga se produza.* A coexcitação pode explicar tudo, a erotização de tudo, salvo ela mesma, isto é, a excitação sexual" (p. 90, grifo do autor).

e de que o exibicionismo implica olhar o próprio corpo. Sobre essa reversibilidade, Freud afirma:

> *A observação analítica não deixa dúvidas quanto ao fato de que o masoquista também frui da fúria contra sua própria pessoa e de que o exibicionista também frui do próprio desnudamento. O essencial nesse processo é, portanto, a troca do objeto com a invariância da meta. (1915/2013, p. 37)*

Tanto na pulsão para a crueldade quanto na pulsão escópica, há a convergência do retorno em direção à própria pessoa e da mudança da atividade para a passividade.

Nesse momento, para se aprofundar na compreensão do sadismo e do masoquismo, Freud propõe que sejam admitidas três fases no processo de construção desse par de opostos e faz isso sob clara influência dos desenvolvimentos então alcançados a respeito do narcisismo. A indicação dessas fases marca certo avanço no tratamento do tema que é fornecido aqui com relação àquele que encontrávamos nos "Três ensaios...". Freud as apresenta do seguinte modo:

> *(a) O sadismo consiste em atividade de violência, dominação sobre outra pessoa como objeto.*
>
> *(b) Tal objeto é abandonado e substituído pela própria pessoa. Com o retorno em direção à própria pessoa, também se realiza a transformação da meta ativa da pulsão em uma meta passiva.*
>
> *(c) Novamente, outra pessoa é procurada como objeto, a qual, em decorrência da transformação da meta ocorrida, terá que assumir o papel do sujeito. (1915/2013, p. 37)*

Em (b), o segundo momento, trata-se da posição reflexiva, ou seja, da autotortura e da autopunição, e não mais do desejo de torturar presente em (a).[5] A fase (c) é o que se constitui como masoquismo e Freud deduz daí a não existência de um masoquismo primário, ou seja, ele só se manifestaria como uma transformação do sadismo. Essas três posições, apesar de discernidas, imiscuem-se, já que o sujeito na posição sádica também goza masoquisticamente pela via de sua identificação com quem sofre a dor, tanto quanto a direção ativa persiste mesmo quando o sujeito busca a satisfação a partir de uma finalidade passiva. No jogo pulsional, os polos da atividade e da passividade misturam-se, substituem-se, convivem, abrindo-se para vários caminhos de configuração.

Alguns desses caminhos são, então, trazidos por Freud no texto *Bate-se numa criança* (Freud, 1919/2016). Freud acompanha sequências de desdobramentos das fantasias de espancamento sugerindo a hipótese de que elas teriam estruturas específicas e seriam distintas no caso do menino e da menina. No caso da menina, o primeiro momento, sádico, da fantasia – mais acessível à consciência – caminha para um segundo momento, que é inconsciente e masoquista, e a passagem entre as duas etapas seria promovida pelo sentimento de culpa. No entanto, quando Freud expressa esse ponto específico, não fica mais claro se ele está se referindo a algo característico das meninas ou de todas as crianças porque, no entretempo, ele insere diversas observações sobre transformações da fantasia de espancamento em meninos. É nesse lusco-fusco que o papel da culpa na transformação do sadismo em masoquismo vem a ser destacado:

---

5 Para o modo como a fase (a) já implica, por sua vez, uma etapa narcísica anterior, cf. Filla, 2022, pp. 117-8.

> *a fantasia da segunda fase – ser surrado[6] pelo próprio pai – se transforma em expressão direta do sentimento de culpa, diante do qual sucumbe agora o amor pelo pai. Portanto, a fantasia tornou-se masoquista; pelo que sei, é sempre assim:* o sentimento de culpa é o fator que transforma o sadismo em masoquismo. *(Freud, 1919/2016, p. 135, grifo meu)*

Assim, Freud reitera a ideia do texto de 1915, afirmando que o masoquismo não parece constituir "uma manifestação pulsional primária, mas se origina de uma reversão do sadismo contra a própria pessoa" (Freud, 1919/2016, p. 141).

Com essas anotações, vemos que, no contexto do primeiro dualismo, o masoquismo tinha plenamente seu lugar de direito no cenário da metapsicologia, fosse como desdobramento da coexcitação ou do retorno do sadismo para a própria pessoa, este indicado como destino pulsional possível. O que permanecia como corpo estranho na teoria era o masoquismo originário.

Esse quadro altera-se – e o corpo estranho é, enfim, assimilado – com a publicação de *Além do princípio de prazer*, texto em que Freud introduz, primeiro, o tema do sadismo e, depois, o do masoquismo, por meio do vínculo entre agressividade e pulsão de morte. Ele esboça, à guisa de pergunta, a hipótese de que o sadismo resultaria de uma operação do Eu que, sob "influência da libido narcísica", empurra a pulsão de morte para fora de si de forma tal que ela "só apareça no objeto" (Freud, 1920/2020, p. 177). O sadismo pôr-se-ia a serviço da função sexual ao ser direcionado ao objeto; ele é expulso do Eu, exteriorizando a pulsão de morte no objeto agredido pela via da erotização. Ora, mas

---

6 Na versão da editora Autêntica, o termo consta no masculino. O texto em alemão não permite supor gênero para esta palavra: "*So würde die Phantasie der zweiten Phase, selbst vom Vater geschlagen zu werden, zum direkten Ausdruck des Schuldbewutseins, dem nun die Liebe zum Vater unterliegt*" (Freud, 1924/2000, p. 240).

ocorre que a questão aqui – como em qualquer paisagem metapsicológica – é econômica, ou seja, trata-se de considerar que montantes de pulsão de morte podem não chegar a ser defletidos para o exterior. Isso significa que a passagem do texto de 1920 sobre o sadismo (no capítulo VI), à qual me refiro aqui, antecipa a exigência teórica motriz de "O problema econômico do masoquismo". Na verdade, o próprio *Além do princípio de prazer* expressa essa exigência, embora de um modo não desenvolvido, no trecho que diz assim:

> *O masoquismo, o retorno da pulsão contra o próprio Eu, seria então, na realidade, uma volta a uma fase anterior dessa pulsão, uma regressão. Em um ponto, a exposição que fizemos na época [em* As pulsões e seus destinos*] sobre o masoquismo precisaria ser corrigida naquilo que ela tem de demasiado exclusiva;* o masoquismo poderia também, o que lá eu queria contestar, ser um masoquismo primário. *(Freud, 1920/2020, pp. 179-81, grifo meu)*

Cabe observar, então, que a introdução do conceito de pulsão de morte altera o lugar do sentimento de culpa com relação ao masoquismo. Se no texto de 1919 ele era responsável pela transformação do sadismo em masoquismo na fantasia de espancamento, no texto de 1924, ele passa a ser responsável diretamente por um dos tipos de masoquismo: o masoquismo moral.

À luz dessas observações, parece possível afirmar que Freud, diante do adulto que quer ser tratado como "uma criança pequena, desamparada, dependente, mas, em especial, como uma criança malcomportada" (Freud, 1920/2020, p. 290), trança essas mechas da pulsão de morte com as da hipótese da coexcitação, estipulada nos "Três ensaios...", na construção do texto de 1924, podendo, então, escrever seu último parágrafo:

> *É assim que o masoquismo moral passa a ser a testemunha clássica da existência da fusão pulsional. Sua periculosidade se deve ao fato de derivar da pulsão de morte, de corresponder àquela sua parcela que escapou de ser voltada para fora como pulsão de destruição. Mas como, por outro lado, ele tem o valor de um componente erótico, a autodestruição da pessoa também não pode se realizar sem uma satisfação libidinal. (1924/2016, p. 301)*

Esse ponto de vínculo entre coexcitação e pulsão de morte, estruturado agora em torno do masoquismo moral e amplamente retomado, parece oferecer, por sua vez, as condições de possibilidade centrais da escrita de "O mal-estar na cultura" (Freud, 1930/2020) e da construção de sua hipótese mais proeminente em torno do redirecionamento da agressividade rumo ao próprio Eu na gênese do sentimento inconsciente de culpa.

## *Pergunta*

Aos dois tipos de risco antes mencionados podemos acrescentar um terceiro, talvez o mais insidioso: o risco de não chegar a questionar o bastante, como se fosse plausível cultivar a inibição diante dos notórios desafios. É com isso em vista que quero propor uma passagem algo mais detida pelo texto "O problema econômico do masoquismo".

Quando Freud finalmente encontra uma porta de saída para a charada econômica do masoquismo originário, a chave que lhe permite abri-la, como vimos, é o conceito de pulsão de morte.[7] Isso é algo que ele deixa muito claro nesse texto exatamente ao dizer que, no masoquismo, tudo se passa como se o guardião dos processos

7 Conforme indicado por Filla (2022, p. 145), diversos autores e autoras sustentam que um dos principais motores da construção do conceito de pulsão de morte foi o enigma do masoquismo.

psíquicos – o princípio de prazer – estivesse narcotizado. A obtenção do prazer na dor entrega ao princípio de prazer um bilhete para que ele faça uma bela viagem. Por causa desse estonteante enigma, Freud se pergunta, então, aqui, qual poderia ser o estatuto metapsicológico do masoquismo originário.

É, entretanto, absolutamente estranho e significativo que Freud, nesse texto, insira o "masoquismo feminino" como um dos três tipos de masoquismo, entre o erógeno e o moral. Ele escreve que o masoquismo

> *se oferece à nossa observação em três configurações: como uma contingência da excitação sexual, como* a expressão da essência feminina *e como uma norma da conduta de vida [behaviour]. Correspondentemente, podemos distinguir um masoquismo* erógeno, *um* feminino *e um* moral. *(1924/2016, p. 289)*

E a pergunta óbvia que surge aqui é: por que não seria suficiente se referir a dois tipos de masoquismo: o erógeno e o moral? A estranheza torna-se ainda mais aguda por três motivos:

1. Freud diz "Conhecemos esse tipo de masoquismo no homem" (1924/2016, p. 290) e que vai se limitar a esse tipo de expressão do fenômeno por causa do material de que dispõe (1924/2016, p. 290). Ou seja: o material clínico de que Freud dispõe para falar do suposto masoquismo feminino, que ele considera corresponder à essência feminina, é um material que tem origem em pacientes do sexo masculino.
2. O segundo motivo é o fato de ele dizer: "O masoquismo feminino que descrevemos baseia-se inteiramente no masoquismo primário, erógeno, no prazer da dor" (1924/2016, p. 291). Ou seja: se o masoquismo erógeno responde inteiramente por aquilo que Freud pretende chamar aqui de masoquismo feminino, então podemos nos

perguntar novamente que tipo de necessidade teórica poderia ainda restar para sustentar o masoquismo feminino como um tipo.

3. O terceiro motivo é que, apesar de todos esses evidentes imbróglios, Freud afirma, surpreendentemente, que "O masoquismo feminino [...] é o mais acessível à nossa observação, o menos enigmático, e pode ser examinado em todas as suas relações" (1924/2016, p. 290).

O fio ao qual Freud pretende se agarrar para sair dessa confusão é a expressão latina "*a potiori*". Em nota do editor para a versão do texto publicada pela Autêntica, lemos "Definir algo *a potiori* é definir algo considerando aquilo que é mais importante, mais relevante naquela coisa" (Iannini, 2016, p. 303). Para Freud, isso significa que, apesar dos pesares, o "masoquismo feminino" constitui um tipo porque envolveria caracteristicamente fantasias de "ser castrado, ser possuído sexualmente ou dar à luz" (1924/2016, p. 291), fantasias que ele percebe serem características de homens masoquistas. E, então, comenta assim: "É por isso que eu chamei de feminina, de certo modo *a potiori*, essa forma de manifestação do masoquismo, apesar de tantos de seus elementos apontarem para a vida infantil" (1924/2016, p. 291). Muitas camadas da teoria psicanalítica se sobrepõem nessas linhas. Mas, em que medida elas não são camadas de um patriarcalismo ainda reproduzido, muitas vezes inadvertidamente?

Lembremos que Lacan soube destacar, em "Diretrizes para um congresso sobre a sexualidade feminina" (1958/1998), o "masoquismo da mulher", que ele situa no contexto do "problema do masoquismo feminino" (p. 739), como uma fantasia masculina, como "uma fantasia do desejo do homem" (p. 740). Ora, será que este enigma não residiria de fato na natureza mítica – e ideológica – de um fenômeno que é, então, suposto a partir dessa fantasia?

Lacan traz aqui uma afirmação que, por sua complexidade e riqueza, vale a pena ser retomada. Ele diz que a qualificação do "masoquismo feminino" como pré-genital – o que, enquanto tal, sinaliza para um comportamento regressivo –

> *não pode ser tomada como simplesmente homônima de uma passividade, ela mesma já metafórica, e sua função idealizadora, inversa a sua nota regressiva, evidencia-se por se manter indiscutida, ao contrário da acumulação,* que talvez seja forçada na gênese analítica moderna, *dos efeitos castradores e devoradores, desarticuladores e sideradores da atividade feminina.* (Lacan, 1958/1998, p. 740, grifo meu)

O que lemos aqui? Não custa fazer um rápido exercício de desdobramento: o "masoquismo feminino" não corresponde a uma passividade; a passividade erótica cumpre uma função metafórica e idealizadora; esse lugar idealizado se opõe (poderíamos pensar: por defesa?) a um movimento regressivo; a idealização da passividade não costuma ser discutida em psicanálise; é exagerada a vinculação do feminino a efeitos castradores, devoradores etc.

Carolina Ribeiro, no artigo "A metapsicologia do masoquismo: o enigma do masoquismo feminino e sua relação com a fantasia masculina", mostra como, para Lacan, isso diz respeito às diferenças de circuito do desejo no caso do homem e no caso da mulher: enquanto no homem esse circuito seria fetichista, na mulher, a forma prevalecente do desejo seria a erotomania. Ao lado disso, Ribeiro considera ter, no artigo de sua autoria, levado a cabo a tarefa de "demonstrar [...] que os elementos encontrados no texto freudiano nos fornecem subsídios para afirmar que o fato de um dos tipos de masoquismo ser por ele nomeado de feminino não significa que se esteja fazendo uma equivalência entre os termos" (2017, pp. 483-4). Para ela, Freud afirma, não apenas nesse texto, mas também em outros, que o masoquismo é feminino, e não que o feminino é masoquista, o que, a seu ver, sugere a conclusão de que a pesquisa sobre a sexualidade feminina teria permitido aprofundar o esclarecimento da gênese do masoquismo, e não o contrário (Ribeiro, 2017, p. 485). O trecho de Freud mobilizado para esse argumento, no entanto, desenha uma direção distinta. Trata-se da seguinte passagem, escrita por Freud na conferência "A feminilidade":

> *A repressão [Unterdrückung] à sua agressividade, que é prescrita constitucionalmente e imposta à mulher socialmente, favorece a formação de intensas moções masoquistas, que conseguem vincular eroticamente as tendências destrutivas voltadas para dentro. O masoquismo é, portanto, como se diz, legitimamente feminino. (1933/2018, p. 318)*

Ora, se na segunda parte desse trecho encontramos de fato a afirmação de que o masoquismo é feminino, na primeira temos outra direcionada a um sentido que se coloca claramente na direção contrária – apesar de problematicamente relacionada tanto a um fator constitucional quanto a um elemento de imposição social: a de que o desenvolvimento de impulsos masoquistas é favorecido nas mulheres em virtude da supressão da agressividade. Além disso, líamos, no texto de 1924, Freud dizer que uma das configurações pelas quais o masoquismo se oferecia à sua observação era "como a expressão da essência feminina".[8] Parece seguro, então, afirmar que, para Freud, o feminino contém o masoquismo em seu cerne. Isso talvez seja assim no pensamento de Freud porque ele não consegue sair do roteiro tecido em sua argumentação ao longo de décadas entre feminilidade e passividade, diferentemente daquilo que Lacan vislumbra e denuncia. É apenas muito tarde – exatamente na conferência de 1933 – que Freud se permite questionar-se sobre isso, indicando, nesse contexto de reflexão sobre a feminilidade, que, afinal, assumir metas pulsionais

---

8 Vide citação anterior.

passivas exige "uma grande porção de atividade" (1933/2018, p. 317), algo que ele, curiosamente, já de longa data, assumia sobre o masoquismo, mas não sobre a feminilidade. Isso não chegou, contudo, a retroagir sobre suas afirmações de que "a exigência feminista por igualdade entre os sexos não nos leva muito longe, pois a diferença morfológica vai se expressar em distinções no desenvolvimento psíquico" (1924/2018, p. 252),[9] ou de que a diferença que caracteriza os complexos femininos de Édipo e de castração "imprime o caráter da mulher como ser social" (1931/2018, p. 292).[10]

Feito esse breve percurso, o que quero propor aqui é um certo avanço para a pergunta de que me servi para o título – uma pergunta inspirada na leitura daquele texto de Karen Horney, mas que afinal parece se impor pela estrutura de algo que o próprio Freud escrevera. Ele pode ser formulado do seguinte modo: de um lado, parece importante assumir, junto com Freud, a presença de processos masoquistas na própria constituição do aparelho psíquico, o masoquismo como destino pulsional possível e, mais tarde, como algo mesmo originário no ser humano; porém, de outro lado, não fica claro, sob diversas frentes, o caráter desnecessário e mesmo inconsistente da noção de "masoquismo feminino" assim como apresentada no texto de 1924? Parece ser preciso enfrentarmos essa questão sobretudo em virtude do modo como tal noção certamente também alicerça o horror ao feminino, ainda tão central na psicanálise e tão pervasivo em nossas culturas.

---

9 A versão desse texto publicada pela Companhia das Letras registra "igualdade de direitos", em vez de apenas "igualdade": "a exigência feminista de igualdade de direitos entre os sexos não vai longe, a diferença morfológica tem de manifestar-se em diferenças no desenvolvimento psíquico" (Freud, 1924/2011, p. 211). O termo empregado por Freud é "*Gleichberechtigung*" (Freud, 1924/2000, p. 249).

10 Trecho na versão da Companhia das Letras: "marca indelevelmente o caráter da mulher como ser social" (1931/2010, p. 379).

## *Referências*

ADORNO, Theodor (1952). A psicanálise revisada. *In:* ______. *Ensaios sobre psicologia e psicanálise.* Tradução: V. Freitas. São Paulo: Unesp, 2015.

CAPLAN, Paula. *The myth of women's masochism.* Toronto: University of Toronto Press, 1993.

FILLA, Munique. *A ambiguidade do eu na teoria freudiana*: um estudo a partir do conceito de narcisismo. 2002. Tese (Doutorado). Departamento de Filosofia, Universidade Federal de São Carlos, 2022.

FREUD, Sigmund (1901-1905). Três ensaios sobre a teoria da sexualidade. *In:* ______. *Três ensaios sobre a teoria da sexualidade, análise fragmentária de uma histeria ("O caso Dora") e outros textos (1901-1905).* Tradução: P. C. de Souza. São Paulo: Companhia das Letras, 2016. (Obras completas, Vol. 6)

______. (1915). *As pulsões e seus destinos.* Tradução: P. H. Tavares. Belo Horizonte: Autêntica, 2013.

______. (1919). Bate-se numa criança: contribuição para o estudo da origem das perversões sexuais. *In:* ______. *Neurose, psicose, perversão.* Tradução M. R. S. Moraes. Belo Horizonte: Autêntica, 2016.

______. (1919). Ein Kind wird geschlagen (Beitrag zur Kenntnis der Entstehung sexueller Perversionen). *In:* ______. *Studienausgabe: Zwang, Paranoia und Perversion.* Frankfurt am Main: Fischer Taschenbuch Verlag, 2000.

______. (1920). *Além do princípio de prazer.* Tradução M. R. S. Moraes. Belo Horizonte: Autêntica, 2020.

______. (1924). A dissolução do complexo de Édipo. *In:* ______. *Obras completas, Vol. 16.* Tradução P. C. de Souza. São Paulo: Companhia das Letras, 2011.

______. (1924). Der Untergang des Ödipuskomplexes. *In:* ______. *Studienausgabe: Sexualleben.* Frankfurt am Main: Fischer Taschenbuch Verlag, 2000.

______. (1924). O declínio do complexo de Édipo. *In:* ______. *Amor, sexualidade, feminilidade.* Tradução M. R. S. Moraes. Belo Horizonte: Autêntica, 2018.

______. (1924). O problema econômico do masoquismo. *In:* ______. *Neurose, psicose, perversão.* Tradução M. R. S. Moraes. Belo Horizonte: Autêntica, 2016.

______. (1930). O mal-estar na cultura. *In:* ______. *Amor, sexualidade, feminilidade.* Tradução M. R. S. Moraes. Belo Horizonte: Autêntica, 2020.

______. (1931). Sobre a sexualidade feminina. *In:* ______. *Obras completas, Vol. 18.* Tradução P. C. de Souza. São Paulo: Companhia das Letras, 2010.

______. (1931). Sobre a sexualidade feminina. *In:* ______. *Amor, sexualidade, feminilidade.* Tradução M. R. S. Moraes. Belo Horizonte: Autêntica, 2018.

______. (1933). A feminilidade. *In:* ______. *Amor, sexualidade, feminilidade.* Tradução M. R. S. Moraes. Belo Horizonte: Autêntica, 2018.

HORNEY, Karen (1935). The problem of feminine masochism. *In:* ______. *Feminine Psychology.* New York: Norton & Company, 1967.

IANNINI, Gilson *et al.* Notas. *In:* FREUD, Sigmund. *Neurose, psicose, perversão.* Tradução M. R. S. Moraes. Belo Horizonte: Autêntica, 2016.

LACAN, Jacques (1958). Diretrizes para um congresso sobre a sexualidade feminina. *In:* ______. *Escritos.* Tradução V. Ribeiro. Rio de Janeiro: Jorge Zahar, 1998.

RIBEIRO, Carolina. A metapsicologia do masoquismo: o enigma do masoquismo feminino e sua relação com a fantasia masculina. *Ágora*, Rio de Janeiro, v. XX, n. 2, p. 477-490, mai/ago 2017.

ROSENBERG, Benno (1991). *Masoquismo mortífero e masoquismo guardião da vida.* Tradução C. Gambini. São Paulo: Escuta, 2003.

RUBIN, Gayle (1982). The leather menace: Comments on politics and S/M. *In:* ______. *Deviations: a Gayle Rubin reader*. Durham: Duke University Press Books, 2011.

# 5. Psicanálise e mudança de paradigma: dói?

*Lívia Santiago Moreira*
*Ana Carolina Minozzo*

Neste capítulo, elaborado a quatro mãos, em diferentes tempos, buscamos apontar a relevância – e urgência – do ecofeminismo às críticas ontoepistêmicas e políticas dentro do campo psi. Em nosso campo, ainda falamos em Édipo, papai e mamãe, ainda há analistas chocados com pessoas trans e não binárias (querendo sempre encaixá-las em nossos arcaicos textos clássicos) e, com toda nuance, ainda defendemos que o modelo da "separação" (*se-parire*, para Lacan, em seu seminário XI) é necessário para uma psique saudável e autônoma, das formas que tal sujeito possa vir a tomar. Se a psicanálise nos oferece uma plataforma para ouvir, atravessar e compreender o sofrimento sempre em conjunto com as modulações e produções do inconsciente, dos campos de relações e afetos e de referenciais simbólicos, reorientá-la a partir de um diálogo com a ética ecofeminista se faz ainda mais potente nesse cenário apocalíptico, material e politicamente, da emergência climática e pandemia da Covid-19.

Mais especificamente: o que perguntamos e desejamos pensar-junto é sobre a potência da compreensão de sintomas, e também do neologismo *sinthôme* na clínica do Real de Lacan em relação ao tornar-se no mundo e do mundo apontado por ecofeministas e feministas afins (Puleo, 2008; Haraway, 2016; Federici, 2019; Braidotti, 2021). O que a potência deste conceito psicanalítico tão teórico nos traz para a prática clínica e o quanto é interessante para uma reorientação subjetiva frente à crise climática como denuncia o ecofeminismo? Ao final, propomos que nossa leitura instigue uma ferida narcísica na epistemologia psicanalítica, junto ao chamado urgente de subtrair a dependência na falta e em tal capital narcísico para apostas em outras formas de vida e do viver.

## *Irrupção do mundo*

Em uma concomitância de eventos que marcam o período extraordinário que atravessamos, as vozes, as experiências e as perspectivas de vários outros explodem à nossa volta. O poder das formações virais tornou-se manifesto na pandemia, enfatizando a atuação de forças não humanas e a importância geral de Gaia como um planeta vivo e simbiótico. Ao mesmo tempo, uma revolta global contra o racismo endêmico – e, de fato, viral – decolou no fatídico ano de 2020, liderada pelo movimento BLM. A mobilização de massa feminista simbolizada pelos movimentos NiUnaMenos e MeToo continua a lutar globalmente. À medida que essas múltiplas crises se desenrolam, a política de minorias sexualizadas, racializadas e naturalizadas – os "outros" – está se movendo para o centro do palco, empurrando o "homem" dominante (ou *Anthropos*) para fora do centro (Braidotti, 2021, p. 5).[1]

Para alguns estudiosos da emergência climática, a era geológica atual, o Antropoceno, reverte o contrato moderno no qual há um abismo ontológico entre o humano e a natureza, esse que constrói um "nós" racional a partir da delineação da diferença, a partir de um

1 Nossa tradução. No que segue todas as citações de obras publicadas em inglês nas Referências são traduções livres das autoras.

transcendente imposto como único, e da seguinte separação daquilo que escapa dessa abstração fixa (Latour, 1993, 2017; Stengers, 2015). Esse humano, o *anthropos* em questão, seria um "Eu transparente", como escreve Denise Ferreira da Silva (2007, 2016, 2019). O "Eu transparente" dá as condições do pensamento europeu pós-Iluminista, realizando uma abstração dessa figura ontológica universalista que cruza o pensamento filosófico e científico desde o século XVII (passando por Descartes, Kant, Hegel... e pela psicanálise). Frente à emergência climática, algo fundamental dessa divisão ontológica que caracteriza a abstração da vida na Terra em uma forma de diferenças, separações e extrações de valor dentro de um sistema patriarcal, colonial e extrativista, "cai por Terra" (Mbembe, 2015). Afinal, o mundo, em sua viralidade ativa, responde às tentativas de sufocamento sistemáticas como experienciamos de formas concretas e subjetivas. Assim, não podemos mais bancar (se é que alguma vez algum tipo de "nós" pôde, sem que isso fosse catastrófico a quem pagasse com a carne e o corpo) esse delírio de pensar em um Antropoceno do Eu-Transparente separado de uma Natureza fixa. Com as irrupções do mundo, e com companheiras feministas de ondas particulares, dispersas e diversas, passamos a tentar abstrair a vida na Terra como uma vida emaranhada e em constante transformação (Barad, 2007). Em questão está um materialismo que nada tem a ver com a fluidez que, às vezes, de forma negativa, é chamada de "pós-moderna", resumido a uma superfície lisa da linguagem e dos planos da imaginação com ignição identificatória; mas, ao contrário, um materialismo ético, ecofeminista, onde "ser", "ser-sujeito", é ser "coisa do mundo" (Alaimo, 2014) em vez de ser-parido/se-parado no mundo.

Com essa necessidade em mente, perguntamos: será que os modelos ontológicos de Freud e Lacan ou os modelos relacionais em sua pluralidade nos dão uma abertura ampla o suficiente para repensar a subjetividade diante dessa chamada ecofeminista, ou será que os modelos psi apenas repetem, suturam ou teimam nas bases de um "antropocentrismo" patriarcal, colonial e extrativista do "Eu Transparente" que se eleva ao excluir e dividir? Somos ao nos separar ou há espaços para sermos-do-mundo, e não apenas no-mundo?

Entendemos que esse é um assunto longo, mas algo podemos conversar se trouxermos nossas lentes para momentos-chave de nossos textos psi e, a partir daí, pensarmos juntas. A seguir, trazemos dois momentos da clínica lacaniana para considerarmos, pensando no status da materialidade e dos transcendentais universalizantes aparentes em nossa prática. E claro, nas consequências brutais dessas abstrações. Nossa proposta aqui parte das intervenções de Rosi Braidotti (1994; 2006) sobre o sujeito psicanalítico: este que, apesar de destituir alguns fantasmas humanistas, ainda apoia-se em universalizações como o significante-mestre, a lógica da falta e da castração e a construção subjetiva baseada em um modelo de "Mesmo" e seu "Outro". Braidotti, no princípio de sua obra na década de 1990, aprende com Luce Irigaray (1985) a pensar nas consequências, violências e apagamentos de tais universalizações conceituais, a começar a redução da "mulher" ao "espéculo", miragem no espelho. E o que resta?

## *No divã, Lacan*

Aqui, propomos pensarmos nesses dois momentos da obra lacaniana a fim de atender a esse chamado ecofeminista em relação ao Real, o materialismo afetivo, o sujeito analítico e seus possíveis devires, tornar-se e possíveis reorientações criativas.

Quando Lacan, em 1957, no auge do seu estruturalismo no *Seminário V* (2017), caracteriza o inconsciente como o discurso do Outro, a subjetividade está explicitamente orientada a um Outro em par com a Lei, a linguagem e a alteridade radical. O Outro é um "outro" não limitado a identificações ou projeções do nível do ego, mas uma presença mais abrangente esculpida no Simbólico sobre a qual uma dialética deixa um vão, um espaço, no qual o sujeito vem a tornar-se. Se o inconsciente é o discurso do Outro, o Real, aquele impossível excessivo, fica ainda subsumido a seus limites, ainda que como excesso-de, e "ser" ("*being*") não deixa muito espaço para novos devires ("*becomings*"). Se o Real é um Real do "ser", e não do "tornar-se", uma alienação do nível da "separação" humanista ainda se faz valer. Estamos aqui dando conta ainda da aposta na linguagem, como se nela coubesse aquilo que chamamos de inconsciente.

A partir do *Seminário XX* (1998),

> *Lacan desvaloriza o Complexo de Édipo, vendo-o como uma versão mítica – e, portanto,* imaginarizada *– da organização inconsciente. E é com essa* des-imaginarização *de Édipo que decifrar o inconsciente torna-se menos central ao tratamento analítico. (Voruz & Wolf, 2007, p. x)*

A análise se transforma de sua versão que almejava decifrar e dar significado a um quebra-cabeças para uma versão voltada à produção criativa de algo novo, uma nova forma de viver. Vemos um movimento pós-estruturalista mais claro, uma aposta no que sobra, no que não cabe mesmo no corpo, em sua materialidade polimorfa.

Nesse deslocamento em direção ao Real na obra de Lacan, uma similaridade emerge com a questão da afirmação, da multiplicidade e da criatividade que Deleuze e Guattari conferem ao devir ("*becoming*") – e quem sabe aqui, mais ressonâncias com nossa questão de hoje, a de pensar e existir enquanto coisa do mundo. Com esse movimento para além do Édipo, da Lei Simbólica e além da interpretação como técnica fundamental da clínica,

> *a relação com significado e verdade é menos valorizada, e para o Lacan deste período final, o tratamento analítico é orientado pela redução do sintoma. O sintoma tem que ser esvaziado do gozo buscado em sua articulação com a*

> *fantasia para que, assim, o sujeito possa pôr em prática seu* sinthôme *para amar, trabalhar e desejar. (Voruz & Wolf, 2007, p. x)*

*Sinthôme*, portanto, é um neologismo usado para reescrever sintoma (um jogo com as palavras "santo" e "homem", em francês), o qual Lacan introduz em 1975, no *Seminário XXIII*. Trata-se de uma solução criativa na montagem dos excessos do gozo para além da lógica da castração edipiana e um quarto elemento do nó borromeano, amarrando Simbólico e Real juntos em uma solução criativa da organização da libido/gozo ou um gozo que não faz uso do Imaginário. Em simples termos, uma solução criativa para continuar vivendo. Como tal, não apela à técnica clínica de interpretação, pois situa-se fora do diagnóstico estrutural, apelando a um engajamento clínico singular por meio de construções e pontuações, ou do "corte" na sessão. Nessa onda, o sintoma é corporal, afetivo, de repetição excessiva e, para trabalhar através deste na análise, seguindo essa lógica, é necessário que se encontre uma saída poética – uma saída para fora das armadilhas das repetições que não produzem diferenças.

O foco no significante que corta o corpo e delimita o gozo sem nenhuma significação traz a linguagem de volta para sua materialidade. A clínica borromeana, ou a clínica do Real, foi a tentativa de Lacan de formular um Outro para quando não há Outro, ou, como nossa leitura talvez muito generosa indique, o que seria esse sujeito do mundo ao fim da análise. Como sabemos, o nó borromeano foi introduzido nos ensinamentos de Lacan *apropos* de Joyce e de sua solução criativa para a psicose. Tais intervenções teóricas feitas a partir da metade dos anos 1970 veem um Lacan que não mais "se baseia apenas na clínica diferencial e, introduzindo os nós borromeanos, abre espaço para a consequente produção de novas avaliações sobre o sintoma" (Brousse, 2007, p. 83). Isso significa que pensar no sintoma apenas na matriz do diagnóstico diferencial – e as possibilidades estruturais de neurose (histeria, obsessão e fobia), psicose (paranoia, melancolia e esquizofrenia) e perversão (sadismo, masoquismo e fetichismo) – já não se sustenta mais, pedindo que se dê mais atenção aos arranjos singulares do sintoma. O *sinthôme* já não é mais reduzido à determinação estrutural e é na materialidade da linguagem, no Real do sintoma, no corpo e no gozo que os indicadores de novos "tornar-se" ("*becomings*") são lançados (Brousse, 2007). Dessa forma, o Imaginário é o corpo, é a Vida, é a matéria e não necessita do Simbólico como forma de saber (Soler, 2014).

Essa leitura, no entanto, não é necessariamente convencional. Adrian Johnston (2019), por exemplo, ao resgatar aquilo que ele chama de "Lacan final", após o Lacan "tardio", sugere que Lacan retoma a necessidade de um Outro transcendental no fim das contas, revisando não só pensamentos sobre deus e religião no âmbito da psicanálise, como também o estatuto do *sinthôme* ao fim da análise. De acordo com nossa leitura, triste fim, mas nada surpreendente se considerarmos como Lacan, talvez em sua limitação patriarcal, branca, europeia, etc. e tal, ou talvez apenas burguesa demais, teve chances de encontrar-se com feministas e revolucionários anticapitalistas e anticoloniais, mas "preferia não fazê-lo" (Dosse, 2010).

Tudo muito bem.

Como recorre dentro dos nichos psicanalíticos (ou cultos, partidos ou igrejas), o final da análise é esse momento mítico, quase místico, e o acesso a tal "patamar" dar-se-ia por uma análise muito bem feita. Mas claro, como já nos disse Félix Guattari (2009), nada do inconsciente é propriedade da psicanálise. Dessa forma, pegando nas mãos nossa chamada ecofeminista, lá do começo, e essa linha possível de aparecimento de uma materialidade pulsante além dos delírios do sujeito Eu-Transparente e de seus restos e outros especulares, parece que o movimento é outro: um no qual janelas se abrem nos veículos psi para dar conta do simples fato de que a ideologia do Eu-Transparente foraclui: somos do mundo, corpo e alma.

## *Por que ainda* se-paridos?

Quando Braidotti (2006) articula a possibilidade ética de uma subjetividade nômade em *Transpositions*, ela mobiliza os conceitos de *bios* e *zoe*, elaborados por Giorgio Agamben, dentro de seu modelo pós-humanista e feminista de imanência. Esse é um artifício teórico que a ajuda a não liberalizar o conceito de multiplicidade – um tropeço de muitos trabalhos inspirados em Deleuze que veem a proliferação infinita de uma positividade nas suas mãos, propondo um desejo infinito e onipotente que nada tem a ver com a política anticapitalista e ecológica de Deleuze e Guattari. Com *zoe*, Braidotti integra os mecanismos históricos e políticos de isolamento, destruição e alienação "desse tipo" de vida – dividindo a vida em "vida" e "vida nua", como Agamben. A diferença é que ela aciona *zoe* agora como essa força brutal, não humana, como uma categoria produtiva, agindo como uma chave para sair do arranjo subjetivo e da organização biopolítica que depende de uma constituição binária do "mesmo" (*sameness*). Essa ética ecofeminista proposta por Braidotti é ancorada em termos de *zoe*, ou em uma vida não logocêntrica e generativa: uma micropolítica do afeto. Em outras palavras, ao romper a dependência no significante fálico – ou seja, da economia política do Mesmo e dos seus Outros constitutivos pela lógica de um espelho e de um binarismo –, é possível tomar uma posição ética enquanto um sujeito não unitário, feminista e nômade, responsável (*accountable*), facilitando esse laço de empatia e interdependência com outros humanos e não humanos. Não somente esse modelo se afasta drasticamente da dissolução do outro prevista no modelo hegeliano e ainda presente, com muita nuance, pelo recurso ao Simbólico em Lacan, como nos oferece possíveis diálogos com outras vertentes do feminismo, marcadamente os feminismos anticoloniais.

Os argumentos de Braidotti (2006) estão próximos da discussão sobre a psicanálise como produtora e reprodutora dessa "foraclusão" de *zoe*, do emaranhamento interdependente de Gaia, ou da potência irruptiva de um Real afetivo que ecoa aquilo que Guattari descreve em *As três ecologias* (1990). A fórmula de Braidotti envolve ir além do sujeito dividido de Lacan, disputando a centralidade do Um e a dependência no Nome-do-pai como regulador da Lei Fálica que dá acesso ao chão comum, ao Simbólico, no qual o sujeito é, por meio da diferença sexual, situado em relação a esse Um que é "Todo". A criatividade de Braidotti e sua contribuição está em delinear tão bem aquilo que ampara o excepcionalismo humano, o Antropoceno (ou a emergência climática) com a questão do sujeito dividido, da diferença sexual e as possibilidades daquilo que Lacan e lacanianos chamam de *Not-all*/Não-todo. Acadêmicas feministas da psicanálise vêm oferecendo ideias parecidas durantes as últimas quatro décadas, amarrando as críticas pós-estruturalistas da psicanálise lacaniana com o conceito da diferença sexual. Posto que esse assunto já é antigo, a questão da necessidade de compreender a subjetividade a partir da diferença sexual dentro dos círculos lacanianos é ainda bastante problemática (Preciado, 2020).

Ao ir além do binarismo da diferença sexual (tanto do feminino e do masculino como as duas únicas posições, quanto da diferença que suscita uma dialética do sujeito em relação ao Outro atravessada pela lógica do falo) e levando a sério os mecanismos de produção e reprodução que engendram tal arranjo ainda limitado ao Édipo (o que quer dizer um humanismo universalista, moderno, ancorado na dominação e na extração), Braidotti se alinha ao trabalho iniciado em *Anti-Édipo*, de Deleuze e Guattari, conferindo uma inclinação ecofeminista mais clara. Assim, podemos pensar em uma ética do emaranhamento, da interdependência e da multiplicidade, em que o referencial transcendental é a simbiótica e caótica Gaia em vez desse universalismo fixo do Um que a psicanálise reproduz nessa transcendência do binarismo, da dominação e da exclusão presentes no

Édipo, no "Pai" transcendente e universal – que serve tão bem para o delírio colonial, patriarcal e capitalista.

Para Braidotti (2006), o monismo de Spinoza e sua teoria dos afetos, que inspira a metafísica de Deleuze e Guattari, é o que permite pensar muito além da necessidade da diferença sexual como amparo ao desejo. Nessa lógica, não é necessário pensar a partir da diferença sexual e da miragem desse Um que é Todo (seguindo o mito freudiano de *Totem e Tabu*), nem pensar em um "Não-todo" (o feminino em Lacan) como seu contrário binário, sempre travado nos olhos do Mestre... Pelo contrário, ao sair dessa miragem ontoepistêmica que é o contrato moderno, o "Todo" desaba por completo. Partimos do "ser" ("*being*") para diversos "tornar-se" ("*becomings*"). Ninguém "é", pois nada "é", apenas torna-se, o tempo todo e de forma conjunta, coletiva, comum.

E o que fazer com esse tanto na clínica e, ainda, para navegar a força do capital narcísico, das repetições até o nada, de ressentimentos, tristezas e dores firmadas, tudo bem, no espelho, mas que doem ainda no corpo?

Lisa Baraitser (2010) lê *Transpositions*, a obra de 2006 de Braidotti, pensando na pulsão de morte, nas repetições e no que ela chama de "covardia dos maus hábitos" – ou defesas e limitações psíquicas que agem como obstáculos a uma possível ética do comum, nômade e afirmativa. Nossos hábitos, inclusive os de pensamento, estão sempre comprometidos com uma materialidade que depende dos jogos de poder que habitam também a linguagem.

Braidotti escreve: "Projetos transformativos envolvem um reposicionamento radical da parte dos sujeitos que sabem, o que não é óbvio, nem livre de dor" (Braidotti, 2013, p. 19). E continua:

> *A des-identificação envolve a perda de hábitos de pensamento e de representação estimados, queridos, o que*

> *também pode produzir medo, um senso de insegurança e de nostalgia. A mudança é certamente um processo doloroso, mas isso não justifica uma posição conservadora que toma como perigosa qualquer mudança. O ponto, o motivo de ressaltar as dificuldades e a dor envolvidas na busca por processos transformativos visa nos alertar tanto para as complexidades deste processo quanto para os paradoxos que nos esperam. (Braidotti, 2013, p. 19)*

Essa transformação, essa transposição metamórfica nômade, que des-centraliza as necessidades de repetição do delírio do Eu-Transparente, no entanto, dói.

## *Dói?*

Se por um lado encontramos nesse segundo Lacan um outro estatuto para o condenado imaginário do primeiro Lacan estruturalista, isto é, se podemos conceber que o imaginário é a Vida, por outro lado, certamente, não temos uma noção comum em nosso imaginário cultural daquilo que entendemos como Vida.

Braidotti (2020) nos traz a pergunta: se o pensamento forma a matéria do mundo, "como pensar novos pensamentos e entender que estamos todos juntos nesse enfrentamento do fim do mundo, mas não somos um, nem iguais?".

Sim, dói muito abandonar formas já conhecidas de explicação do mundo e de ordenação da nossa existência. Sabemos do verdadeiro desastre psíquico que pode ocorrer quando perdemos aquilo que orienta nossas relações e precisamos desinvestir nossos ideais que condicionam nossos modos de desejar. A psicanálise nos mostra como esse processo é fundamental para que possamos nos desalienar dos imperativos que vêm do Outro. Mas parece impossível que, de dentro de nossos referenciais hegemônicos tão impregnados em nossas subjetividades, possamos conceber relacionalidades para além do modelo que faz com que o Édipo ainda faça sentido (como única e inevitável forma de organização do universo simbólico).

Mas como entra a lógica ecofeminista nessa torção que propomos na maneira de escutar o sujeito, tal sujeito descentrado não só pelo próprio inconsciente, como também pelo seu lugar de ápice da evolução das espécies, parâmetro para julgamento de quem merece sobreviver no planeta. A lógica do progresso que orienta a formação das nossas subjetividades e nossos ideais de eu é denunciada pelo ecofeminismo, e talvez possamos dizer que essa perspectiva nos mostra como somos afetados pelo retorno da vontade de domínio infantil, que encontra mais formas de satisfações nas diversas formas de subjugação do que na potência da diversidade dos possíveis agenciamentos desejantes que não estão submetidos à lógica da falta, mas da afirmação.

Como experimento de pensamento, considerem: seria possível não conceber o mundo a partir da ideia de progresso?

Puxar o freio do progresso e, ao mesmo tempo, construir alternativas contra-hegemônicas é ir em busca do absurdamente improvável. Frente a esse desafio de desistir de destruir o mundo, nossa capacidade de imaginação para a construção de alternativas é colocada em risco e nos melancolizamos, e, também por isso, a pervasiva depressão pode ser vista com uma valência ambígua: é tanto uma produção ativa do programa de poder imposto a nós quanto um dos sintomas de que já há uma resistência a ele. Amy Allen nos diz em "O fim do progresso" que:

> *O respeito genuíno e abertura para o outro, portanto, demanda a contínua problematização crítico-genealógica de nossa autocompreensão enquanto herdeiros do projeto normativo do Esclarecimento. Isso requer o que Gayatri Spivak chamou de "crítica contínua, vigilante e persistente sobre o que não podemos querer". (Spivak, 1999, p. 110* apud *Allen, 2018, pp. 36-37)*

Insistimos: quais são os fatores que bloqueiam e impedem a imaginação e a incorporação de novas ficções capazes de criar outras realidades, fora da lógica patriarcal? O que é necessário para que o próprio analista consiga suportar esse processo que (necessariamente), tendo início com o paciente ou com o terapeuta, terá efeitos significativos nas formas que ambos irão se relacionar também com o mundo? Aqui, temos que levar sempre em consideração a probabilidade de que a reação a tal movimentação de pressupostos seja a violência necessária à manutenção do que insiste em não poder manifestar-se. Violência que produz os silenciamentos, o recalque e/ou desautorização daquilo que foi percebido como uma abertura ameaçadora (como bem analisa Braidotti na citação trazida anterior), violência que busca defender o abalo sísmico ao narcisismo e o lugar de poder do analista – que nunca foi neutro.

Sabemos que nossas ideologias, fantasias, valores, juízos, sentimentos, nossa forma de percepção e sensibilidade em relação ao mundo estarão sempre condicionados, colonizados. Será preciso abdicar à euforia maníaca de um possível espaço "de fora" dessa lógica de subordinação ao modelo hegemônico. É a própria noção de "fora", de se colocar à parte daquilo que compõe o mundo, que alimenta a ilusão de que seria possível não nos responsabilizarmos pelos efeitos de nossas ações, pelo destino e pela origem daquilo que produzimos e consumimos. As ilhas de lixo do oceano Pacífico, depósitos colossais de lixo, já são chamadas de "sétimo continente". A destruição da vida de milhares de animais marinhos, ecossistemas inteiros comprometidos, que importância atribuímos a tais preocupações quando as escutamos em nossos divãs? Temos repertório para isso em nossa formação? Ou escutamos como preocupações infantis deslocadas?

Perguntemo-nos ainda: por que, com toda a tecnologia disponível para a criação das mais diversas imagens e mundos, não conseguimos deixar de imaginar que o único destino seja a catástrofe?

Para Phillips (2016), se a única resposta possível é a catástrofe, está faltando uma outra teoria, uma outra ficção.[2]

Mesmo nas ficções que nos embalam, não conseguimos escapar da lógica paternalista do reconhecimento informado pela lógica patriarcal, capitalista, imperialista de supremacia branca (hooks, 2004).

Se retomamos a leitura freudiana sobre a constituição do sujeito, nessa formação está prescrita uma relação de subordinação do infante aos pais ou àqueles que possibilitam a vida do pequeno sujeito, governando-a a partir do medo da perda de amor e da punição. O amor seria o condicionante da subordinação do sujeito à hierarquia do poder e da incorporação da culpa que irá constituir a moralidade, as condições de possibilidade para o desejo e a imposição de uma história que já estaria dada pelo discurso familiar – com toda a sua herança relacional e traumas históricos não ditos. O amor de transferência não deve ser redirecionado para um amor à Vida, não só humana?

Nossas formas de percepção do mundo se adequam ao que pode ser percebido e ao que deve ser recalcado, desautorizado e foracluído, produzindo uma repetição na vida real do fantasma criado pelo mito individual do neurótico (Lacan, 2008). Seria necessário conseguir ver o fracasso e o colapso das estruturas para poder afirmá-lo, não como algo que tenha que ser restaurado, mas transformado por meio da construção de uma nova ficção do que é ser humano.

Como sabemos, o risco está sempre presente nessa operação, uma vez que a saída do enquadre do hábito — hábito também da autoacusação e da reiteração da ausência de saídas dentro da gramática familiar — produz a angústia do desamparo que vem com a

2 Derrida (1997) em *De um tom apocalíptico adoptado há pouco em filosofia*, escrito em 1980, já identificara que, na tendência e na insistência em uma perspectiva que sempre tem um tom de fim apocalíptico para a cultura, vemos aí uma crise da teoria, um diagnóstico ou um sintoma de um conflito interno às teorias (e ao sujeito também) que precisa ser analisado.

"falta de fundamentos". Talvez só seja possível desidentificar-se da própria fantasia – do mito construído sobre quem se é ou deveria ser, quais mundos são ou não possíveis – se forem vislumbradas as condições para a criação de uma outra forma de habitar seu próprio corpo e o mundo. Por isso, a importância da lógica afirmativa que encontramos no trabalho de Braidotti e das ecofeministas. Há muito a se fazer, diagnósticos que apontam a falta não são suficientes, precisamos de habilidades de resposta – *response-ability*, como nos diz Donna Haraway. Mesmo assim, como nos diz Freud, não se abandona um modo de satisfação libidinal mesmo quando outro objeto já está disponível...

Ao escancarar a condição radical da ficção que nos compõe e nos forma, o sujeito pode não encontrar mais sentido para o mundo que habita. Tal melancolia nos deixa entrever a urgência do necessário luto de nossos desejos de binarismos classificantes, dos estabilizadores das equações que criamos para direcionar, coordenar e impor os modos de respostas e narrativas capazes de elaborar as relações, os impulsos e as contingências da vida. Seria necessário realizar o "trabalho de luto" das dualidades, como argumenta Judith Butler em *A vida psíquica do poder*, de 1997.

Como essa perda dos fundamentos que encontramos no melancólico discurso pode ser transformada em formas de liberdade capazes de escapar da produção de mecanismos defensivos que buscam o retorno a uma forma de vida que só encontra a morte? Como pensar em um *sinthôme* comprometido com a ética do cuidado, e não apenas do desejo?

Precisaríamos de um observatório capaz de dar visibilidade às experiências alternativas que vêm sendo feitas ao redor do mundo, há séculos pelo menos, que mostram como não estamos condenados ao eterno retorno do mesmo. Mas elas já não estão disponíveis em profusão na internet, por exemplo? O que nos impede de fazer uso dos recursos que estão disponibilizados ali? A busca por modelos de alternativas precisa ser ativa e, na maioria das vezes, não aparecerá como a forma mais lucrativa.

Baraitser aponta a necessidade de uma ética do cuidado para que seja possível suportar o tempo presente e desidentificar-se com os modelos construtores de desejos esgotados. Para que seja possível sobreviver ao colapso, é preciso reconhecer o "trabalho de vida", a dimensão da vida que não é capitalizável, sua dimensão de precariedade e o esforço conjunto envolvido na sua manutenção. Se quisermos reconfigurar nossas relações com os ideais que nos forjaram, as saídas podem parecer um tanto decadentes – talvez porque elas se aproximem da ideia intolerável de fracasso e da dimensão do feminino e sua suposta passividade não produtiva. Para Baraitser, "não há outra forma de revelar esse tempo a não ser vivendo-o", e, a partir dele, notar surgir "uma reverência atenta a cada grão de poeira" (Baraitser, 2017, p. 61).

Encerramos aqui com as palavras de Lisa Baraitser:

> *Ao invés de terminar com a visão de um imaginário temporal alternativo ao que estamos vivendo, ou um apelo à manutenção da esperança de ir contra o seguir do tempo sem qualidades, meu fim (*ending*), então, é compreender a cronicidade como, ela mesma, a única condição para a novidade, onde o novo não é nem uma violação (*breach *– rompimento, brecha, quebra), ruptura ou flash, mas um (*"quiet noticing"*) perceber quieto que algo permanece (restos –* remains*), que é a permanente capacidade de começar de novo. (Baraitser, 2017, p. 188)*

## *Referências*

ALAIMO, Stacy. Thinking as the stuff of the world. *O-ZONE: A journal of Object-Oriented Studies*, Issue 1, p. 13-21, 2014.

ALLEN, Amy. O fim do progresso. *Dissonância*, Campinas, v. 2, n. especial, p. 14-42, jun. 2018. Disponível em: https://ojs.ifch.unicamp.br/index.php/teoriacritica/article/view/3203 Acesso em: 20 /05/2023.

ALLEN, Amy. *The end of progress: decolonizing the normative foundations of critical theory*. New York: Columbia University Press, 2016.

BARAD, Karen. *Meeting the universe halfway*: quantum physics and the entanglement of matter and meaning. Durham: Duke University Press, 2007.

BARAITSER, Lisa. *Enduring time*. Londres: Bloomsbury, 2017.

______. On reading transpositions: a response to Rosi Braidotti's "Transpositions: on nomadic ethics". *Subjectivity*, v. 3, p. 125-130, 2010.

BRAIDOTTI, Rosi. "We" are in this together, but we are not one and the same. *Bioethical Inquiry*, v. 17, p. 465-469, 2020.

______. Becoming-world. *In:* BRAIDOTTI, Rosi; HANAFIN, Patrick & BLAAGAARD, Bolette (eds.). *After cosmopolitanism*. London: Routledge, 2013.

______. *Nomadic subjects*: embodiment and sexual difference in contemporary feminist theory. New York: Columbia University Press, 1994.

______. *Posthuman feminism*. London: Polity Press, 2021.

______. *Transpositions: on nomadic ethics*. Cambridge: Polity Press, 2006.

BROUSSE, Marie-Hélène. Hysteria and sinthôme. *In:* VORUZ, Véronique & WOLF, Bogdan (eds.). *The late Lacan, an introduction*. Albany: State University of New York Press, 2007.

BUTLER, Judith. *The psychic life of power*. Stanford: Stanford University Press, 1997.

DERRIDA, Jacques. *De um tom apocalíptico adoptado há pouco em filosofia*. Tradução: Carlos Leone. Lisboa: Vega, 1997.

DOSSE, François. *Gilles Deleuze & Félix Guattari*: intersecting lives. New York: Columbia University Press, 2010.

FEDERICI, Silvia. *Re-enchanting the world*: feminism and the politics of the commons. USA: PM Press/Kairos, 2019.

FERREIRA DA SILVA, Denise. How. *E-flux journa*, dec. 2019. [Online]. Disponível em: https://www.e-flux.com/journal/105/305515/how/. Acesso em: 05/02/2021.

______. On difference without separability. *Catalogue of the 32nd São Paulo Art Biennial 'Incerteza Viva'*, p. 57-65, 2016.

______. *Towards a global idea of race*. Minneapolis: University of Minnesota Press, 2007.

GUATTARI, Felix. *As três ecologias*. Tradução: Maria Cristina F. Bittencourt. Campinas: Papirus, 1990.

______. *Chaosophy*: texts and interviews 1972-1977. Los Angeles: Semiotext(e), 2009.

HARAWAY, Donna. *Staying with the trouble*: making Kin in the Chthulucene. Durham: Duke University Press, 2016.

hooks, bell. *The will to change*: men, masculinity, and love. New York: Washington Square Press, 2004.

IRIGARAY, Luce. *Speculum of the other woman*. London; New York: Routledge, 1985.

JOHNSTON, Adrian. *Lacan's endgame: philosophy, science, and religion in the final seminars*. Crisis & Critique, v. 6, Issue 1, p.157-187, 2019. [Online] Disponível em: https://www.academia.edu/40961269/Lacan_s_Endgame_Philosophy_Science_and_Religion_in_the_Final_Seminars

LACAN, Jacques. *O mito individual do neurótico*. Rio de Janeiro: Zahar, 2008.

______. *Seminar XI. The four fundamental concepts of psycho-analysis*. London: Routledge, 2004.

______. *Seminar XXIII*, lesson of the 18th of November, 1975. Gallagher's translation. [Online] Disponível em: http://www.lacaninireland.com/web/wp-content/uploads/2010/06/THE--SEMINAR-OF-JACQUES-LACAN-XXIII.pdf

______. *The seminar of Jacques Lacan. Book V*: formations of the unconscious. 1957-1958. London: Polity Press, 2017.

______. *The seminar of Jacques Lacan. Book XX*: encore. On feminine sexuality, the limits of knowledge. 1972-1973. New York: W.W. Norton & Company, 1998.

LATOUR, Bruno. *Facing Gaia*: eight lectures on the new climatic regime. Cambridge: Polity Press, 2017.

______. *We have never been modern*. Cambridge: Harvard University Press, 1993.

LOREY, Isabell. *Democracy in the political present*: a queer-feminist theory. London: Verso, 2022.

MBEMBE, Achilles. Decolonizing knowledge and the question of the archive. Talk given at the University of Witwatersand, 22 April, 2015. [Online] Disponível em: https://wiser.wits.ac.za/system/files/Achille%20Mbembe%20-%20Decolonizing%20Knowledge%20and%20the%20Question%20of%20the%20Archive.pdf

PHILLIPS, Adam. Contra a autocrítica. *Revista Serrote*, Rio de Janeiro, n. 22, 2016.

PRECIADO, Paul B. *Je suis um monstre qui vous parle. Rapport pour une academie de psychanalystes*. Paris: Bernard Grasset, 2020.

PULEO, Alicia. Libertad, igualdad, sostenibilidad. Por un ecofeminismo ilustrado. *Isegoría. Revista de Filosofía moral y política*, n. 38, p. 38-59, 2008.

SOLER, Colette. *Lacanian affects*: the function of affect in Lacan's work. London: Routledge, 2014.

SPIVAK, Gayatri. *A critique of postcolonial reason*: toward a history of the vanishing present. Cambridge: Harvard University Press, 1999.

STENGERS, Isabelle. *In catastrophic times: resisting the coming barbarism*. London: Open Humanities Press/Meson Press, 2015.

VORUZ, Vèronique & WOLF, Bogdan. *The late Lacan, an introduction*. Albany: State University of New York Press, 2007.

# PARTE II

# Limiares da teoria do reconhecimento na clínica

# 6. As voltas do parafuso do reconhecimento: um processo de encontros na clínica psicanalítica[1]

*Aline Souza Martins*

Sempre me deparo com um paradoxo ao falar de psicanálise. Como falar de uma práxis que vem da escuta de sujeitos complexos, cujos enigmas resistem a qualquer representação sem trazer casos clínicos? Sinto que a teoria vai ficar sempre um passo aquém da teoria quando ela serve ao processo de análise de um sujeito. Ou ao processo de um analista de elaborar teoricamente o encontro com outro por meio de uma ficção muito própria que chamamos caso clínico (Martins *et al.*, 2013).

Nesse sentido, este capítulo é escrito a partir de uma teoria psicossocial (Frosh, 2019b), embasada na psicanálise e na política (Rosa, 2017) e híbrida (Ayouch, 2019). Perseguindo formas de chegar mais perto de um sujeito, do qual não irei falar neste capítulo, mas a quem dei o nome de Harry, em homenagem a *O lobo da estepe*, de Herman Hesse (2009), baseei-me nesse caso que atendi por quatro anos.

1 Este capítulo é baseado na conclusão da tese de doutorado *As voltas do reconhecimento na clínica e política da psicanálise*, defendida em 2020 no Departamento de Psicologia Clínica da USP por Aline Souza Martins e orientado por Miriam Debieux Rosa. Agradecimentos à CAPES, ao CNPq e à Birkbeck, que financiaram meu trabalho de diferentes maneiras. Está em fase de avaliação em periódico nacional.

Paciente para quem eu me revelei em sonho como barata, aquela que ele tentava matar (se matar), mas não conseguia e que sempre voltava. Ao mesmo tempo em que ele me oferecia de presente o seu sonho, chamava-me agressivamente de barata. Não o interpretou, pois não pôde, mas me contou sobre ele como prova de que estávamos trabalhando, depois de mais um período de mudanças, uma volta. Persistir e insistir no encontro, na criação de um caminho possível (sem que eu morra pelos ataques, ou desista dele) era o mínimo e ao mesmo tempo o máximo que eu podia oferecer. Nesse tempo, foram muitos momentos de tropeços e respiros e no fim aprendemos a nos divertir juntos, reiniciando mais uma vez a roda da vida, guiada pelo bobo da corte de Herman Hesse (2009), na qual Harry e Hermínia tentaram aprender a dançar juntos, a se divertir e a não desistir. Mesmo que em uma sessão não desse certo, teríamos a próxima para tentar novamente a aprender um novo passo.

Esse caso me mostrou as voltas do reconhecimento na política da clínica psicanalítica em uma nova interpretação do tempo (Allen, 2018). Para além dele, como um parafuso, damos voltas que retornam quase ao mesmo ponto, em que sobra a distância da elaboração e da aposta ética (Benjamin, 2018) de que o novo é possível. A brincadeira (Winnicott, 1975; Benjamin, 2018; Vicentin & Gramkow, 2018) nos permite como analistas a não sucumbir ao superego tirânico que nos reenvia aos lugares de poder determinados, às histórias familiares, à História que nos assombra (Frosh, 2018). O testemunho (Oliver, 2015) nos permite escutar e acompanhar o outro com cuidado, para que ele encontre suas próprias saídas. O reconhecimento mútuo (Benjamin, 2018) nos leva à aposta ética de nos deixarmos conhecer, importar e persistir. Por fim, a falha (Benjamin, 2018; Cassorla, 2013) nos mostra humanos, não analistas transcendentes, mas sujeitos que emprestam seu corpo, suas palavras e seu ser para as próximas voltas dos analisandos, constituídas por suas próprias falhas, que nos enviam ao ofício de apostar pelo outro (Benjamin, 2018), mesmo quando ele não pode – ainda. Assim, para tudo isso é preciso se perdoar (Butler, 2015; Frosh, 2018; Frosh, 2019a/b) e perdoar o outro, não por altruísmo, mas pela simples vontade de viver algo novo, deslocando-se minimamente da direção do previsto e demandado para a possibilidade de desejar (Lacan, 1959-1960/1997) e ser. A explicitação desse processo, que chamei as voltas do parafuso do reconhecimento.

Reconhecer possui múltiplos significados, entre eles identificar, distinguir, admitir, certificar como verdadeiro, explorar, examinar, inspecionar, agradecer, constatar, confessar ou rever a própria imagem. O outro, seu olhar, sua posição e sua presença são inerentes ao processo, pois nos constituímos enquanto seres sociais. A partir da psicanálise temos a oportunidade de analisar as muitas voltas desse caminho, seja nos desvios que provocamos ou nos que fomos obrigados a trilhar pelas contingências do trajeto.

O reconhecimento, nesse sentido, é tanto um conceito da teoria da técnica na psicanálise, que pode ser usado na clínica psicanalítica, como fizeram de diferentes formas Lacan (1953-1954/1996) e Jessica Benjamin (2018), quanto à descrição das voltas da própria análise (como o que pretendo defender aqui). Mas inicialmente esse termo vem da filosofia, usado para descrever um processo social, passando por Hegel (1807/1992), Axel Honneth (2003), Nancy Fraser (2006) e Judith Butler (2017).

Reconhecer-se outro é admitir o enigma de que a pele por trás da máscara é desconhecida até para nós mesmos, é inacessível, é carne e ossos sem forma. Mas é também perceber que a máscara do que foi feito de nós pelo olhar do outro é o que somos, o que produzimos com o que fizeram de nós e que comporta a possibilidade de nos reinventarmos. Fanon (1952/2008) nos inspira nesse ponto ao compartilhar sua experiência de ser olhado por uma criança que só vê as histórias racistas com as quais estão sendo forjados os seus pequenos olhos que só podem ver máscara.

Assim, neste capítulo, pretendo abordar dois campos muito brevemente: o primeiro é pensar o "Eu no nós: como a subjetividade questiona a política", criando formas de entender que o reconhecimento social, que dará origem a leis e à estrutura na qual seremos criados, influencia na forma das pessoas se verem e sofrerem. Essa é a parte que a psicanálise se apropria da filosofia e a desdobra para servir ao sujeito. O segundo é "O nós no eu: reconhecimento e constituição do sujeito", na qual procuramos entender como as diferentes definições de reconhecimento trazem na verdade processos igualmente importantes e não excludentes. Na primeira volta, analisaremos o Édipo e a mãe a partir do lugar da mulher na sociedade e as consequências desse processo para a construção da singularidade. Na segunda volta, o desejo será compreendido como resistência do sujeito à dominação, o pulsional que aparece como enigmático e coloca o sujeito diante de um paradigma sintomático. E na terceira volta teremos a criação ética como possibilidade para além do reconhecimento, encontro com o outro. Vamos ao primeiro ponto.

## *Reconhecimento social*

Não há como falar de reconhecimento no sujeito sem partir de uma compreensão da estrutura social, a estrutura simbólica e de poder que constituem o mar de relações e significantes no qual seremos lançados ao nascer, sem possibilidade de escolha. Esse cenário, montado por gerações de antepassados (próximos e distantes), guerras, conquistas, preconceitos e avanços será o palco do desenrolar da nossa pequena história pessoal, dentro da grande História do mundo. Faz parte da análise, na minha perspectiva, lidar com os efeitos dessa posição social, inscrevendo-nos na roda da vida. Entender que existe uma luta por reconhecimento (Honneth, 2003), portanto, não é só importante para a filosofia política, é importante para a clínica, quando escuta as lutas de cada um sem desmerecê-las.

Nada nesse processo é neutro, universal ou determinado (Haraway, 1995), o caminho por onde somos levados pode ter sido construído há muito tempo, visto que os tijolos parecem bem cimentados e até é possível que exista musgo nas conexões. Entretanto, não podemos perder de vista que o caminho foi construído, por mais que esse momento esteja perdido no passado. Com Foucault (1970/1996), partimos da posição de que a História produz os vencedores que constroem as leis para permanecerem no poder. A estrutura familiar, os afetos, a política, os códigos formais e informais, assim como a cultura, são todos eles consequências do que foi criado no passado e se manteve com a estrutura dominante, ou seja, para que o caminho não seja alterado. A partir dos avanços de Butler (2017) para pensar o reconhecimento como estratégia de poder, podemos questionar estruturas antigas, e de tão antigas chegamos a achar que sempre estiveram ali, como o gênero, a família, o sexo e a linguagem.

Mas vemos que não precisamos seguir sempre a rota certa (ou o que nossas crianças aprenderam que é a rota certa); é possível reinventá-la com trabalho e luta. Na verdade, cada vida vai marcar o chão com a repetição dos passos por trilhas transgressivas e singulares. Contingência e desejo se entrelaçam provocando tropeços, distrações, insistências, impulsos e enigmas que marcam nossas pegadas e as desviam do caminho previsto. Essa é nossa forma de resistir às demandas do social pelo tropeço da pulsão, inconsciente que guarda a resistência em nós. Sentinelas estão sempre prontos com ameaças, olhares, punições e reprovações aos desviantes: talvez perda de amor, de dinheiro, de prestígio, de reconhecimento ou até mesmo da vida, mas ainda assim é impossível manter todos em uma linha pretensamente reta.

Somos ao mesmo tempo, como nos diz muito bem Butler (2017) na *Vida psíquica do poder*, sujeitos e sujeitados a algo/alguém, agentes e objetos da ação do outro, produtores e produzidos nesse processo jurídico, econômico, social e familiar. As relações de poder por trás dessas grandes estruturas nos dividem para melhor dominar, como "problema da esquerda", "problema das feministas", "problema da academia". Tudo vira disputa de narrativas, guerras com palavras por poder: lutas pelo caminho do reconhecimento ou pela redistribuição, Honneth (2003) em debate com Nancy Fraser (2006); pelo poder ou pela dominação, foucaultianos *versus* teoria crítica; pelo social ou pelo sexual, culturalistas ou psicanálise; pela subjetividade ou pela política, psicologia ou ciências políticas. Lidar com a pluralidade e a complexidade da posição social na qual fomos lançados ao nascer é a primeira construção do desenvolvimento psíquico que marcará uma trilha de repetições, vestígios que a análise precisará explorar. Nesse caminho, só me resta a hibridez proposta por Thamy Ayouch (2019) como método, e a crítica à epistemologia de Donna Haraway (1995), a hibridez usada por Fanon (2008) e que chega até os olhos da criança em formação. Enquanto não inventarmos novas palavras e uma nova forma de saber, não teremos encontro, presos na teia da estrutura social excludente. Aqui entramos na primeira volta, onde a criança é lançada ao nascer.

## *Édipo localizável e armadilhas do amor*

O Édipo (Freud, 1924/2011) é o nome do processo na psicanálise da relação indissolúvel entre sexual e político que localiza o pessoal em determinado tempo e lugar, marcando simultaneamente sua irredutibilidade a eles. Essa é a primeira volta que chamei de "reconhecimento do eu", relacionada aos processos de identificação e de construção subjetiva que se dão dentro da estrutura de poder social, sendo transmitido pelos cuidadores primários. Ela diz do reconhecimento descrito nos dois primeiros ensinos do Lacan (1953-1954/1996), que criam o ideal de eu a partir do qual ficaremos presos na busca por amor.

Nesse sentido, os cuidadores primários, como primeiras pessoas a se aproximarem do pequeno ser humano, são também os primeiros representantes da cultura, responsáveis pela transmissão das amarras da vida em sociedade. O caminho da socialização, então, é ora intencional e consciente, ora conduzido pelos mesmos rastros por onde aqueles seres humanos passaram em outros tempos, sendo levados por outros mais velhos ou mais experientes, ou apenas outros – que, no processo de nos reconhecermos, identificamos como semelhantes. Segundo Stephan Frosh (2018)

> *cada um de nós é habitado pelo aspecto da alteridade – por um conjunto de "mensagens" que vêm de fora de nós e que são objeto de um esforço de decifração ao longo da vida. Não sabemos exatamente o que os outros querem de nós, que desejos colocam em nós, o que significamos para eles. Sabemos apenas que algo é transmitido entre as pessoas, que herdamos materiais inconscientes de outros e temos que encontrar nossas próprias formas de lidar com isso. Isso é central para ambos os modos de transmissão – o que é transmitido intergeracionalmente e o que é transmitido entre pessoas no aqui e agora – e essa é a principal razão da sensação de que nós nunca somos livres para sermos apenas "nós mesmos". Outros nos ocupam. (p. 22)*

Esses outros fazem parte da transmissão do colonialismo, do racismo, do sexismo, do antissemitismo e eles nos assombram com traumas que não vivemos, mas que marcam nossos corpos. Segundo Butler (2017)

> *A sujeição consiste precisamente nessa dependência fundamental de um discurso que nunca escolhemos, mas que, paradoxalmente, inicia e sustenta nossa ação. "Sujeição" significa tanto o processo de se tornar subordinado pelo poder quanto o processo de se tornar um sujeito. Seja pela interpelação, no sentido de Althusser, seja pela produtividade*

> *discursiva, no sentido de Foucault, o sujeito é iniciado através de uma submissão primária ao poder. (p. 16)*

A mãe, pensada a partir de um conceito não idealizado como função de um cuidador primário, será a primeira responsável pelo processo de sujeição do outro, que também é formação de sujeito (Butler, 2017). Se pensarmos sobre esse processo a partir do trabalho de Jessica Benjamin (1988) será necessário incluir as consequências da misoginia social na constituição psíquica, então podemos dizer que, no Édipo, o menino precisa idealizar o pai para formar seu senso de agência e desejo, pois esse pai é a imagem do ideal do que a criança gostaria de ser no patriarcado, aquele que tem o direito de ter liberdade e desejo. Assim, segundo a autora

> *[a] psicanálise reconheceu a importância do amor precoce do menino pelo pai na formação de seu senso de agência e desejo; mas não atribuiu uma importância paralela ao amor da menina pelo pai. Esse amor precoce é um "amor ideal": a criança idealiza o pai porque ele é o espelho mágico que reflete como quer ser — o ideal em que o filho quer se reconhecer. Sob certas condições, essa idealização pode se tornar a base do amor ideal do adulto, a submissão a um outro poderoso que aparentemente personifica a agência e o desejo que falta em si mesmo.*[2] *(Benjamin, 1988, p. 100, tradução nossa)*

---

2 No original: "Psychoanalysis has recognized the importance of the boy's early love for the father in forming his sense of agency and desire; but it has not assigned a parallel importance to the girl's. This early love of the father is an 'ideal love': the child idealizes the father because the father is the magical mirror that reflects the self as it wants to be – the ideal in which the child wants to recognize himself. Under certain conditions, this idealization can become the basis for adult ideal love, the submission to a powerful other who seemingly embodies the agency and desire one lacks in oneself" (Benjamin, 1988, p. 100).

Entre aproximações e afastamentos, dependência e independência, construção e destruição, encontros e desencontros, somos marcados por essas formas das relações de poder dominantes, as mesmas que inserem no nosso psiquismo imagens, teses e representações que colonizam nosso corpo com restos do social e sexual, que usaremos para construir nossa face, nossa máscara indissociável do que somos e do que fizeram de nós.

## *Desejo como forma de resistência*

A segunda volta, o "reconhecimento do outro em nós", por sua vez, toma o desejo como resistência para pensar o outro social e sexual que comparece como estranho e indeterminado.

Esse que nos constitui é também o que nos provoca a questionar o caminho certo e a inventar passos, criando nomes e narrativas que contornem o inexplicável da vontade de dançar, mesmo que o mundo nos mande sentar (essa referência me foi trazida pelo meu paciente; insistindo em ser o Lobo da Estepe de Herman Hess, ele retoma o suicida que se apaixona por uma travesti que o ensina a dançar e se divertir). Essa forma de responder com vitalidade questiona o poder instituído e os caminhos construídos, tensionando o cimento com tropeços.

Em uma definição que fiz para o PsiLacs (2021),

> *o desejo é o que não nos deixa ter certeza, ele é uma cobiça de algo que nos falta, e por isso nos move em uma busca constante que se desloca a cada ponto de chegada. Por ser um resto da divisão do sujeito, ele frustra qualquer tentativa de criação de uma imagem do EU rígida. É o que não tem CONSERTO, pois NÃO é um instinto inscrito no real do corpo para a autoconservação, mas SIM um anseio impossível de retorno à origem. Pode-se dizer que*

> *é uma marca deixada pelo outro em nós, que se expressa pelo desejo do desejo do outro. Também é o que não faz sentido, pois está entre necessidade e demanda em uma posição ambígua de ser tanto o desejo de reconhecimento do outro, quanto o reconhecimento do próprio desejo em sua opacidade (como nos diz Lacan). É o que não tem governo, por mais que se tente educá-lo, controlá-lo ou normalizá-lo. Ele é ao mesmo tempo produto das histórias passadas, inserido na linguagem e na cultura, e a possibilidade de rompimento com o previsto (racional e compreensível) através da criação de algo novo. Enfim... é o que não tem remédio e nem é possível recusar, é o que não tem limite. (PsiLacs, 12 de fevereiro de 2021)*

Enfim, apesar de algo que vai sempre querer pressioná-lo ao caminho correto, cabe à psicanálise reconhecer mais essa volta imprevista do desejo como resistência (Butler, 2017; Dunker, 2011) e apostar no reconhecimento da alteridade em nós como possibilidade de criação. A segunda volta, portanto, é o reconhecimento do desejo em nós.

Essas duas voltas deixam o sujeito diante do desafio do sintoma, solução de compromisso que paralisa entre id e superego, entre desejo e poder. Para sair desse lugar, propomos o "Para além do reconhecimento" como aposta ética na criação do novo pensando aqui essa possibilidade de aposta segundo Badiou (2012).

## A aposta como ética

A brincadeira de Winnicott (1975) nos permite, como analistas, não sucumbir ao superego tirânico que nos reenvia aos lugares de poder determinados, às histórias familiares, à História que nos assombra. O testemunho de Kelly Oliver (2004) nos mantêm escutando com o objetivo de acompanhar o outro com cuidado, para que ele encontre suas próprias saídas. O reconhecimento mútuo de Jessica Benjamin (2018) nos leva à aposta ética de nos deixarmos conhecer, importar e persistir. A falha de Cassorla (2013) nos mostra humanos, não analistas transcendentes, mas sujeitos que emprestam seu corpo, suas palavras e seu ser para as próximas voltas dos analisandos, constituídas por suas próprias falhas, que nos enviam ao ofício de apostar pelo outro, mesmo quando ele não pode – ainda.

Assim, para tudo isso, é preciso se perdoar, no sentido descrito por Butler (2015) e Frosh (2018), e perdoar o outro, não por altruísmo, mas pela simples vontade de viver algo novo, deslocando-se minimamente da direção do previsto e demandado, da lógica da guerra, para a possibilidade de desejar e de ser. Nesse sentido, o perdão não é submissão ou esquecimento, dois resultados possíveis do viés religioso, mas é a possibilidade do novo. O perdão é a possibilidade de ver o que não está ali, uma aposta ética na indeterminação do ser, a mesma que fazemos na análise dia após dia. Nesse sentido, Frosh (2018) diz que

> *[a]parentemente, não há meios de saber o que irá acontecer. O futuro não deve ser imaginado como uma repetição, apesar de esse ser o modo como pensamos e nos relacionamos com ele. O futuro é apenas sustentável no presente como uma abertura, sem nenhum traço de fantasma nele; mas isso pode significar que algo precisa ser deixado para trás, alguma melancolia superada, antes que possamos aprender a seguir em frente. (p. 79)*

O perdão é, portanto, a possibilidade de seguir em frente: não é esquecer, não é não se responsabilizar, é apenas seguir sem deixar que as amarras do passado e dos erros façam escravos, presos na busca pelo reconhecimento de senhores que não os veem.

Criar caminhos novos envolve ousadia para questionar os antigos, força para destruir o cimento, persistência para suportar o suor e imaginação para sonhar com o que até então estava na caixinha dos impossíveis. A análise é a abertura para o acaso, para o despropositado, para o não produtivo que se perde e se acha entre palavras, na busca por algo que não será encontrado. Envolve a presença decidida na construção de uma obra da qual temos poucas dicas, mas que sustentamos a aposta. Nesse sentido, ela é a criação ética do novo, antecipando que, por meio da sustentação do outro pelo cuidado, as inúmeras voltas e repetições da manutenção da vida levarão aos desvios que constituirão o caminho.

Arriscando brincadeiras e encontros inusitados, como analistas também nos colocamos a falhar na presença do outro, além de escutar seus tropeços. É nesse ato de fazer a elaboração que encontramos a oportunidade de construir algo sobre o que é descrito como equívoco do passado, para que ele nos leve ao testemunho de caminhos singulares no presente, com a possibilidade de criar um mundo compartilhado no futuro. Neste, esperamos que os passos possam se cruzar e se juntar em torno de lutas por reconhecimento e mudanças sociais, assim como em construções de novos caminhos que nos permitam seguir mais juntos. Isso tudo com um pouco mais de brincadeira, eu espero.

## *Referências*

ALLEN, Amy. O fim do progresso. *Dissonância: Revista de Teoria Crítica*, v. 2, número especial, 2018. Disponível em: https://www.ifch.unicamp.br/ojs/index.php/teoriacritica/issue/view/196. Acesso em: mar. 2020.

AYOUCH, Thamy. *Psicanálise e hibridez*: gênero, colonialidade e subjetivação. Curitiba: Calligraphie, 2019.

BADIOU, Alain. *A hipótese comunista*. Tradução: M. Echalar. São Paulo: Boitempo, 2012.

BENJAMIN, Jessica. *Beyond doer and done to*: recognition theory, intersubjectivity and the third. New York: Routledge, 2018.

______. *The bonds of love*: psychoanalysis, feminism and the problem of domination. New York: Pantheon Books, 1988.

BUTLER, Judith. *Relatar a si mesmo*: crítica da violência ética. Tradução: R. Bettoni. São Paulo: Autêntica, 2015.

______. *Vida psíquica do poder*: teoria da sujeição. Tradução: R. Bettoni. São Paulo: Autêntica. Edição do Kindle, 2017.

CASSORLA. Roosevelt. Afinal, o que é esse tal de enactment? *Jornal de Psicanálise*, v. 46, n. 85, p. 183-198, 2013.

DUNKER, Christian. *Estrutura e constituição da clínica psicanalítica*: uma arqueologia das práticas de cura, psicoterapia e tratamento. São Paulo: Annablume, 2011.

FANON, Frantz. (1952). *Pele negra, máscaras brancas*. Tradução: R. da Silveira. Salvador: EDUFBA, 2008.

FOUCAULT, Michel. (1970). *A ordem do discurso*: aula inaugural no Collège de France, pronunciada em 2 de dezembro de 1970. São Paulo: Loyola, 1996.

FRASER, Nancy. Da redistribuição ao reconhecimento? Dilemas da justiça numa era "pós-socialista". *Cadernos de Campo*, São Paulo, v. 15, n. 14-15, p. 231-239, 2006.

FREUD, Sigmund. (1924). Dissolução do complexo de Édipo. *In*: ______. *Obras completas, Vol. 16: O eu e o id, "autobiografia" e outros textos (1923-1925)*. Tradução: P. C. Souza. São Paulo: Companhia das Letras, 2011.

FROSH, Stephan. *As políticas da psicanálise*: uma introdução à teoria freudiana e pós-freudiana. Tradução: C. I. Nakagawa. São Paulo: Benjamin, 2019a.

______. *Assombrações*: psicanálise e transmissões fantasmagóricas. São Paulo: Benjamin, 2018.

______. New voices in psychosocial studies: introduction. *In:* ______. (ed.). *New voices in psychosocial studies.* London: Macmillan, 2019b.

HARAWAY, Donna. Saberes localizados: a questão da ciência para o feminismo e o privilégio da perspectiva parcial. *Cadernos Pagu*, v. 5, p. 7-41, 1995.

HEGEL, Georg Wilhelm Friedrich. (1807). *Fenomenologia do espírito.* Volumes 1 e 2. Tradução: Paulo Meneses. Petrópolis: Vozes, 1992.

HESSE, Herman. *O lobo da estepe.* Rio de Janeiro: Bestbolso, 2009.

HONNETH, Axel. *Luta por reconhecimento*: a gramática moral dos conflitos sociais. São Paulo: Editora 34, 2003.

LACAN, Jacques. (1953-1954). *Seminário 1*: os escritos técnicos de Freud. Tradução: B. Milan. Rio de Janeiro: Jorge Zahar, 1996.

______. (1959-1960). *Seminário 7*: a ética da psicanálise. Tradução: A. Quinet. Rio de Janeiro: Jorge Zahar, 1997.

MARTINS, Aline Souza *et al.* Clínica e política interrogadas pelo ato infracional: a construção do caso clínico. *In:* MOREIRA, Jacqueline; GUERRA, Andrea Máris Campos & SOUZA, Juliana Marcondes Pedrosa de (orgs.). *Diálogos com o campo das medidas socioeducativas*: conversando sobre a justiça, o cotidiano do trabalho e o adolescente. Curitiba: CRV, 2013.

OLIVER, Kelly. *The colonization of psychic space*: a psychoanalytic social theory of opression. London: Minnesota, 2004.

______. Witnessing, recognition and response ethics. *Philosophy and Rhetoric*, v. 48, n. 4, 2015.

PSILACS. Página do Instagram 12 de fevereiro de 2021. Disponível em: https://www.instagram.com/tv/CLNXT6EpQEq/?utm_source=ig_web_button_share_shee

ROSA, Miriam Debieux. *A clínica psicanalítica em face da dimensão sociopolítica do sofrimento*. São Paulo: Escuta, 2017.

VICENTIN, Maria Cristina & GRAMKOW, Gabriela. Pistas para um agir criançável nas experiências de conflito. *Educação Temática Digital*, Campinas, v. 20, n. 2, p. 368-390, abr./jun. 2018.

WINNICOTT, Donald Woods. *O brincar e a realidade*. Tradução: J. Salomão. Rio de Janeiro, Imago, 1975.

# 7. O pensamento de Jessica Benjamin: a possibilidade de reconhecimento mútuo

*Michelle Ulloa Gamboa*

## *Introdução*

Em "O fim da internalização: psicologia social de Adorno", Jessica Benjamin (1977/2017) aponta que o processo freudiano de internalização, utilizado pela Teoria Crítica – mais especificamente, por Adorno e Horkheimer – para "entender como as pessoas se tornam cúmplices de sua própria subjugação",[1] não é o suficiente para fundamentar o potencial de emancipação do indivíduo. A autora, ainda nesse texto, questiona se a internalização da autoridade não pressupõe que esta seja necessária ou até mesmo justificada. Partindo desse questionamento, Benjamin sugere que, em vez de trabalhar a possibilidade de resistir à autoridade a partir de um aspecto do sujeito que uma vez aceitou tal autoridade – posição tomada pela Teoria Crítica –, seria mais viável edificá-la por meio daquele aspecto que busca mutualidade (Benjamin, 1988, p. 157).

1 Benjamin, 1977/2017, p. 156.

Com essa finalidade, em *Os laços de amor: psicanálise, feminismo e o problema da dominação*[2] (1988), a autora se propõe a construir uma teoria psicanalítica intersubjetiva. Para tal, Benjamin parte de uma leitura crítica da teoria do reconhecimento hegeliano e da teoria freudiana – principalmente, com relação ao processo de internalização e a concepção de eu baseada na autopreservação – apontando seus limites em compreender a dominação.

Para ela, a estrutura psíquica está fundamentada no dualismo sujeito-objeto, na qual "*one person plays the subject and the other must serve as object*".[3] Diante disso, na perspectiva da autora, essa concepção não considera a possibilidade de haver relações fora da lógica da dominação. Assim, a fim de repensar a relação entre o eu e o outro, pela noção de intersubjetividade – isto é, a partir de um espaço intersubjetivo, "no qual os objetos encontrados são realmente eles mesmos sujeitos que têm a capacidade de agir e serem afetados pelas ações de outros"[4] –, Benjamin utiliza o conceito de reconhecimento para repensar os primeiros laços de amor.

Dessa forma, levando em consideração aspectos da subjetividade, por meio dos conceitos de Winnicott e Stern, a psicanalista desenvolve uma teoria apoiada na relação sujeito-sujeito, em que o outro permanece como outro autônomo e diferente (Martins, 2020, pp. 64-65). Essa premissa é estruturada justamente a partir da possibilidade de reconhecimento mútuo que implica a necessidade do eu em reconhecer o outro como sujeito independente. Para isso, Benjamin afirma que é fundamental manter tensionado o paradoxo entre independência de si como sujeito individual e a necessidade do reconhecimento do outro, já que esta é a essência da "diferenciação"

---

2 Tradução nossa do título original: *The bonds of love: psychoanalysis, feminism, and the problem of domination*.

3 Benjamin, 1988, p. 9.

4 Benjamin, 1977/2017, p. 169.

(*differentiation*) – "desenvolvimento individual do *self* que está ciente de sua distinção de outros".[5]

Em vista disso, neste capítulo, veremos como a psicanalista desenvolve a possibilidade de reconhecimento mútuo, a partir de seu livro *Os laços do amor...* (1988). Ou seja, como, por meio da intersubjetividade e das teorias de relações de objeto, Benjamin fundamenta uma estrutura psíquica que abre espaço para a formação de relações mútuas. Para esse fim, primeiro apresentaremos, de forma breve, o percurso teórico da psicanalista, já que ela utiliza correntes psicanalíticas contemporâneas, além de apoiar-se na crítica feminista. Depois, contextualizaremos o problema benjaminiano a partir tanto da teoria freudiana como da teoria do reconhecimento hegeliano, para compreendermos o porquê de a autora afirmar ser necessário manter tensionada a mutualidade – a tensão entre afirmação do *self* e reconhecimento do outro – na relação entre o eu e o outro. A partir dessas colocações, passaremos para o desenvolvimento da possibilidade de reconhecimento mútuo, explicitando como ele ocorre dentro da díade mãe-bebê e como o *self* percebe e preserva a existência independente do outro, em sua relação com este.

## Jessica Benjamin: percurso teórico

Jessica Benjamin é uma feminista e psicanalista norte-americana, nascida em 1946, que "tem se preocupado em discernir de que maneira a psicanálise pode contribuir para elucidar como operam, desde os primeiros momentos de constituição do sujeito psíquico no âmbito familiar, os mecanismos de 'domínio' e 'submissão' na vida social".[6] Seu livro *Os laços do amor...* (1988) marca precisamente o início da construção de seu pensamento em torno do problema da dominação

5 Tradução nossa do trecho original: "'*differentiation*': *the individual's development as a self that is aware of its distinctness from others*" (Benjamin, 1988, p. 12).

6 Cintra, 2018, p. 688.

e de sua possível solução. Em suas publicações posteriores – *Like subjects, love objects: essays on recognition and sexual difference* (1995), *Shadow of the other: intersubjectivity and gender in psychoanalysis* (1997) e *Beyond doer and done to: recognition theory, intersubjectivity and the third* (2017)[7] – Benjamin continua a articulação entre psicanálise e reconhecimento, porém introduzindo novas problemáticas, como: o terceiro e a clínica.

Em "The bonds of love: looking backward" (2013), Benjamin mostra que seu percurso teórico começou com as problemáticas presentes na teoria freudiana e na teoria crítica, referentes sobretudo à negação da necessidade de reconhecimento, ao processo intersubjetivo e à questão da autoridade paterna (Benjamin, 2013, p. 2). Junto a isso, vieram as reflexões trazidas pelo pensamento de Simone de Beauvoir a respeito do reconhecimento, do outro e do binarismo de gênero (Benjamin, 2013, p. 2). Assim, seu pensamento gira em torno da articulação entre psicanálise, reconhecimento e feminismo.

A psicanalista ressalta que a presença da crítica feminista no campo psicanalítico possibilitou revelar que o "edifício freudiano" está fundamentado a partir da aceitação da autoridade e das relações de gênero (Benjamin, 1988, p. 8). Em vista disso, inúmeras questões foram colocadas para a psicanálise freudiana, principalmente relacionadas ao papel da mulher dentro da estrutura psíquica. Uma das mudanças que ocorreram ao longo desse campo está atrelada ao surgimento das pesquisas com bebês e maternidade, ocorridas a partir da década de 1980, cujo centro teórico está nas primeiras fases do desenvolvimento infantil – ou seja, no momento pré-edípico, anterior à relação entre pai e filho – e na díade

---

7 No segundo livro, a autora examina a teoria psicanalítica da intersubjetividade articulando-a com a teoria do complexo de Édipo de Freud. No terceiro, ela amplia seu trabalho sobre intersubjetividade, amor e agressão (Cintra, 2018, p. 688). No quarto, Benjamin estende as concepções desenvolvidas em *The bonds of love...* com o objetivo de esclarecer os impasses e as reparações que ocorrem entre as pessoas e os grupos sociopolíticos.

mãe-bebê. Ademais, essas pesquisas também possibilitaram abordar a mãe como um "sujeito em seu próprio direito", retirando-a de um papel meramente passivo e objetificado. Como observa Benjamin:

> *It must be acknowledged that we have only just begun to think about the mother as a subject in her own right, principally because of contemporary feminism, which made us aware of the disastrous results for women of being reduced to the mere extension of a two month-old. Psychology in general and psychoanalysis in particular too often partake of this distorted view of the mother, which is so deeply embedded in the culture as a whole. No psychological theory has adequately articulated the mother's independent existence. (Benjamin, 1988, p. 24)*

Além disso, é importante ressaltar também que a teoria benjaminiana trabalha pela perspectiva intersubjetiva. A principal crítica da autora a Freud é justamente a prioridade que a visão intrapsíquica possui dentro da psicanálise. Para ela, a dimensão intrapsíquica é essencial para a compreensão do funcionamento inconsciente do sujeito, do mundo interno, onde o outro é identificado e expelido como um objeto mental (Benjamin, 1988, p. 22). No entanto, Benjamin (1988) afirma que, para entender melhor o funcionamento da psique, é necessário trabalhar também com a dimensão intersubjetiva, que "permite conhecer a representação de si e do outro em suas múltiplas inter-relações, sem perder de vista as determinações socioculturais na constituição do sujeito psíquico".[8] Mais que isso, a teoria intersubjetiva reorienta a concepção de mundo psíquico de relações de sujeito para com objeto, para sujeitos encontrando outros sujeitos (Benjamin, 1988, p. 21), estando no centro dela justamente o conceito de reconhecimento, que implica a necessidade do reconhecimento do

8 Cintra, 2018, p. 688.

outro para a afirmação do eu e que será articulado, pela autora, junto ao desenvolvimento do *self*. Além disso, para a psicanalista, essas perspectivas devem ser abordadas de forma complementar, já que, dessa forma, é possível "agarrar as duas realidades", tanto o mundo interno quanto o externo.

Por fim, o surgimento de novas teorias psicanalíticas que priorizam a formação inicial do *self* dentro de suas relações com os outros, denominadas teorias das relações de objetos, proporcionaram uma investigação da estrutura psíquica por meio da relação entre real e representações mentais.[9] Assim, essas teorias, trabalham o sujeito a partir da reação e da interação com o outro real e o outro interno – aquele presente na fantasia do eu. Com isso, um novo aspecto do outro entra em jogo: o outro real, sendo imprescindível para a teoria benjaminiana que fundamenta a estrutura psíquica via relação entre sujeitos.

Essa breve exposição mostra, portanto, que a psicanalista se vale "da soma e conflito de diversas teorias".[10] Feminismo, intersubjetividade, reconhecimento e as teorias das relações de objetos são as principais fontes teóricas que auxiliam a psicanalista no entendimento do problema da dominação – isto é, na estrutura psíquica que torna a dominação aparentemente inevitável – e na construção de uma teoria sobre a psique que preserva sua complexidade, ambiguidade e que oferece abertura para uma transformação social.[11]

---

9 Para mais, ver Greenberg e Mitchell, 1983.

10 Santos, 2020, p. 43.

11 Em virtude do objetivo deste capítulo, não será abordado tal aspecto do pensamento benjaminiano. Porém, para a autora, a transformação social está atrelada aos anseios por reconhecimento. Ela afirma: "*To attempt to recover recognition in personal life does not mean to politicize personal life relentlessly or to evade politics and give up the hope of transformation — though all these failures do happen in real life. It means to see that the personal and social are interconnected, and to understand that if we suffocate our personal longings for recognition, we will suffocate our hope for social transformation as well*" (Benjamin, 1988, p. 217).

## *Contextualização do problema benjaminiano*

Para "sair das amarras" da dominação, deixadas pela teoria freudiana e pela teoria do reconhecimento hegeliano, Benjamin apresenta como solução a possibilidade de reconhecimento mútuo que implica a construção de relações sujeito-sujeito. Porém, para compreendermos essa saída, é necessário justamente expor, primeiro, a leitura crítica da autora sobre essas teorias, pois, a partir dela, a autora mostra que a quebra da tensão entre afirmação de si e reconhecimento do outro é apenas aparentemente inevitável.

### Teoria freudiana

Dentre os inúmeros conflitos presentes no pensamento freudiano, aquele que está por trás da relação entre o psíquico e o social é a oposição: pulsão e civilização. Em *O mal-estar na civilização* (1930/2011), Freud mostra como a sociedade, cuja origem está atrelada à relação pai-filho, é construída a partir da renúncia pulsional, ou seja, ela priva o indivíduo de realizar seus desejos, causando-lhe sofrimento, sendo esses desejos reprimidos a satisfação sexual e a agressividade.

Para o autor, o indivíduo não pode ser descrito apenas como "uma criatura branda, ávida de amor"; pelo contrário, deve-se incluir em sua constituição um "forte quinhão de agressividade", na qual o outro não é somente um possível colaborador e objeto sexual, mas também um meio para a satisfação das tendências agressivas do indivíduo (Freud, 1930/2011, p. 57). Assim, a perspectiva freudiana busca retratar o ser humano a partir tanto do seu pendor à agressão como de sua capacidade em formar ligações afetivas.

Essas disposições são trabalhadas por Freud, em seus textos tardios, a partir dos conceitos de pulsão de morte e pulsão de vida. A primeira que "age no interior de cada ser vivo e se empenha em levá-lo à desintegração"[12] dirige-se aos objetos, justamente na forma de destruição. Já a segunda refere-se a pulsão que representa a tendência do indivíduo a conservar e unir, denominada também Eros. Contudo, apesar de essas pulsões terem atuação conjunta e serem indispensáveis, Freud – sobretudo naqueles escritos após a Primeira Guerra Mundial –, ao descrever a natureza humana, claramente prioriza o lado hostil do indivíduo. Para Benjamin (1988), Freud apresenta o problema da dominação apenas em termo de agressão e restrições causadas pela civilização, esquecendo, assim, de posicionar o Eros na estrutura psíquica.

Para a autora, "a base do desenvolvimento do Eu é sempre a autopreservação, a reação ao mundo externo".[13] Ao supor a existência de um narcisismo primário – estado no qual o indivíduo se encontra "em posse de toda a perfeição"[14] –, Freud constrói um eu que deseja sempre voltar a esse estado de onipotência. Além disso, o mundo externo e as relações com outros indivíduos aparecem, na perspectiva freudiana, como fontes de sofrimento. Para ele, há um momento no desenvolvimento do eu no qual este forma um "puro Eu-de-prazer" que se opõe a um "desconhecido, ameaçador 'fora'" (Freud, 1930/2011, p. 10). Assim, na teoria freudiana, o indivíduo está fundamentado a partir de um eu que deseja satisfazer desejos, voltar ao estado de puro prazer, e que, ao se deparar com os objetos – mundo exterior –, percebe-os como desprazerosos. Para Benjamin (1977/2017), isso ocorre justamente porque Freud não leva em conta o mundo como um espaço intersubjetivo, isto é, não considera que os objetos encontrados são realmente sujeitos ou que é possível um encontro prazeroso.

Ademais, quando Freud, em "Psicologia das massas e análise do eu" (1921/2011), discorre sobre "a natureza das relações emocionais entre os

---

12 Freud, 1932/2010, p. 244-245.

13 Benjamin, 1977/2017, p. 168.

14 Freud, 1914/1996, p. 27.

homens",[15] por meio do conceito de identificação – "a mais antiga manifestação de uma ligação afetiva a uma outra pessoa",[16] Benjamin afirma que está implicada, nessa concepção, uma relação instrumental entre o indivíduo e o outro. Para melhor explicação, é preciso lembrar que a identificação é derivada da primeira fase, a fase oral da organização da libido, na qual o indivíduo incorporou, comendo, o objeto desejado e estimado, e, assim, o aniquilou enquanto objeto (Freud, 1921/2011, p. 47). Portanto, refere-se ao processo psíquico pelo qual o indivíduo traz para "dentro de si" certos aspectos do objeto amado, internalizando-o e modificando-se parcial ou totalmente. Assim, o objeto, na perspectiva da psicanalista, relaciona-se com o indivíduo a partir de um vínculo, na qual "*one has got what one need, and now, goodbye*".

Mais que isso, Benjamin (1988) ainda observa que: "*that which is not consumed, what we do not get and cannot take away from others by consumption, seems to elude the concept of internalization*".[17] Ou seja, há um aspecto da relação entre o indivíduo e o outro que escapa ao processo de internalização, que é, na visão da autora, justamente a "exterioridade do outro".[18] Para ela, a internalização refere-se apenas às relações presentes no mundo interno do indivíduo, nas quais o outro é percebido apenas como um objeto mental que é incorporado. Assim, ao descrever as relações amorosas entre os indivíduos apenas a partir da incorporação de certos traços deles, Freud leva em conta apenas um aspecto do outro, como objeto.

Assim, na visão da autora, a estrutura psíquica freudiana está edificada a partir de uma relação, na qual o eu interpreta o sujeito e o outro deve, necessariamente, atuar como objeto. Na teoria freudiana, portanto, não há "espaço para igualdade", isto é, para a construção de relações mútuas que operam a partir da existência de dois sujeitos.

---

15 Moreira, 2005, p. 288.

16 Freud, 1921/2011, p. 46.

17 Benjamin, 1988, p. 42.

18 No texto original aparece como: "*the outsideness of the other*" (Benjamin, 1988, p. 42).

## No reconhecimento hegeliano

Em "Independência e dependência da consciência-de-si: dominação e escravidão" (1988/1992), Hegel descreve o encontro entre duas consciências-de-si, na qual, uma, para que possa vir-a-ser em si e para si, necessita do reconhecimento da outra. Ou seja, para que a consciência-de-si tenha certeza de si mesma, como uma "fonte autoritária de seu próprio conhecimento sobre o mundo",[19] ela necessita do reconhecimento do outro e vice-versa. Essa dependência mútua entre as consciências – a consciência-de-si necessita de outra para se afirmar como em si e para si – acarreta um conflito que será descrito, pelo autor, a partir da luta entre a vida e morte. Assim, também conhecida como dialética do senhor e do escravo, o confronto das duas consciências é resumido por Martins (2020) da seguinte forma:

> *Nela, o senhor arrisca a vida para se fazer reconhecer como senhor por outro homem, enquanto o escravo trabalha para o senhor cedendo uma parte da sua produção. Assim, o senhor domina o escravo e este último domina a natureza por meio do trabalho e do saber. Entretanto, o senhor só é senhor se o escravo o reconhecer como tal, e o escravo sempre precisa estar submetido a um senhor para ser escravo. Dessa forma, embora o senhor se considere superior, para que ele o seja, necessita ser reconhecido pelo escravo, logo, seu reconhecimento de si próprio depende de como o outro o vê. Já o escravo é reconhecido pelo seu trabalho, o que lhe confere autonomia e identidade. (Martins, 2020, p. 36)*

19 No texto original: "*as an authoritative source of its own knowledge about the world*" (Honneth, 2009, p. 78).

Diante disso, percebe-se que o senhor e o escravo se encontram em uma relação de dominação, na qual não há reciprocidade, um é reconhecido e o outro reconhece. Para Benjamin, isso ocorre justamente pelo fato de o senhor apresentar-se, desde o começo, como absoluto. Mais que isso, nas palavras da autora: "*This absoluteness, the sense of being one ('My identity is entirely independent and consistent') and alone ('There is nothing outside of me that I do not control'), is the basis for domination — and the master-slave relationship*".[20] Diante disso, a mutualidade – isto é, afirmar-se e reconhecer o outro – que deveria ocorrer na relação entre o senhor e o escravo não acontece. O senhor, que, desde o início, busca somente a certeza de si mesmo, não reconhece o outro, já que reconhecer significaria negar-se como absoluto.

Assim, na perspectiva da autora, o encontro entre consciências – ou melhor, transpondo para o campo psicanalítico, entre duas subjetividades – está baseado "num sujeito, que, primeiro de tudo, experencia-se como absoluto e, em seguida, procura afirmar-se através do outro".[21] Dessa forma, o outro apresenta-se apenas como um veículo para a certeza do *self*, em si mesmo, e, portanto, não é reconhecido como um ser independente. Não havendo, assim, nenhuma necessidade intrínseca do *self* pelo outro dentro da lógica hegeliana. Nas palavras da autora:

> *The I wants to prove itself at the expense of the other; it wants to think itself the only one; it abjures dependency. Since each self raises the same claim, the two must struggle to the death for recognition. For Hegel this struggle does not culminate in the survival of each for the other, in mutual recognition. Rather, the stronger makes the other his slave. (Benjamin, 1988, p. 56)*

20 Benjamin, 1988, p. 33.

21 No texto original: "*the subject, first of all, experiences himself as an absolute, and then searches for affirmation of self through the other*" (Benjamin, 1988, p. 33).

Assim, na perspectiva da autora, tanto Freud como Hegel apresentam um *self* que, por seu estado inicial de onipotência, não quer reconhecer o outro. Para ela, ambos os autores, portanto, tratam a dependência que o *self* tem para com o reconhecimento do outro como equivalente à submissão. Isto é, em vez de trabalhar essa necessidade como um aspecto fundamental do processo de independência do *self*, eles abordam como se fosse uma condição, na qual o *self* deveria se afastar. Seguindo essa lógica, inevitavelmente a tensão entre afirmação de si e reconhecimento do outro é quebrada. É, portanto, diante desse problema, que Benjamin, em *Os laços do amor...*, se propõe a fundamentar uma estrutura psíquica que, desde o início, mantenha a mutualidade – isto é, a tensão entre afirmação de si e reconhecimento do outro – na relação entre o indivíduo e o outro.

## *A possibilidade de reconhecimento mútuo*

Para Benjamin, o início do reconhecimento mútuo ocorre na díade mãe[22]-bebê. Na teoria freudiana, a primeira relação do bebê com a mãe é baseada na fase oral, e sua dependência realiza-se em termos de redução da tensão, isto é, comporta-se pelo princípio do prazer. Nesse momento, para o bebê, a mãe é apenas um objeto que satisfaz seus desejos. Assim, a relação do bebê com o mundo externo é moldada apenas a partir da necessidade de conforto e comida. Desse modo, Benjamin (1988) aponta que o pensamento freudiano, ao descrever tal relação, não inclui, na criança, nenhuma capacidade de resposta. Portanto, esse bebê passivo, que vê o mundo por meio do seio, não é

---

22 Com relação ao significado da palavra "mãe", a autora faz a seguinte ressalva: "*Although I write about the mother, I mean simply the significant adult, which could equally be a father or any other caregiver well known to the child. But since it is quite relevant to my argument that the principal caregiver in our culture is usually (or assumed to be) 'the mother', this ambiguity will have to remain*" (Benjamin, 1988, p. 50).

apto para perceber que a mãe é um sujeito, uma pessoa cuja existência é independente.

Diante disso, Benjamin, usando-se de "pesquisas baseadas em modelos não-psicanalíticos de desenvolvimento"[23] e influenciada pela "tendência da psicanálise britânica chamada teoria das relações de objetos",[24] assume que as crianças são fundamentalmente seres sociais. Isso significa que, desde o início, a criança tem a capacidade e o desejo de se relacionar com o mundo. A autora, então, trabalha com um *self* que já na infância é ativo e requer outros selves, afastando-se da visão freudiana na qual o sujeito inicialmente apresenta-se como um "sistema monádico de energia".

A partir das pesquisas com crianças do psicanalista norte-americano Daniel Stern, na década de 1980, Benjamin mostra que o bebê nunca é indiferente à mãe. Desde o princípio, ele tem interesse no mundo e diferencia-se de outras pessoas, portanto, "o bebê não começa sua vida sendo parte de uma unidade indiferenciada".[25] Levando isso em conta, a autora centraliza sua investigação na seguinte questão: como engajamos ativamente e nos conhecemos por meio da relação com o outro?

Observamos, então, que quando a autora descreve o primeiro laço entre o bebê e a mãe, os pressupostos diferenciam-se daqueles presentes na teoria freudiana. Para ela, existem situações na interação

23 Com respeito a essas pesquisas, Benjamin cita a psicologia do desenvolvimento de Piaget, que enxerga o bebê como um ser ativo à procura de estímulos (Benjamin, 1988, p. 16).

24 As referências de Benjamin sobre o desenvolvimento da criança passam pela teoria de relações de objetos, pela psicologia do ego e pela psicologia do *self*. Mais especificamente, ela cita autores como o psicanalista britânico Jonh Bowbly (1951/1958/1971), a psicanalista infantil norte-americana Margareth Mahler (1975), o psicanalista norte-americano Daniel Stern (1974/1977/1983/1985), o psicanalista britânico Donald Winnicott (1956), entre outros.

25 Benjamin, 1988, p. 20.

da mãe com o bebê que correspondem aos primeiros momentos do reconhecimento mútuo. Ela descreve:

> *As she cradles her newborn child and looks into its eyes, the first-time mother says, "I believe she knows me. You do know me, don't you? Yes, you do." As she croons to her baby in that soft, high-pitched repetitive voice (the "infantized" speech that scientists confirm is the universal baby talk), she attributes to her infant a knowledge beyond ordinary knowing. To the skeptical observer this knowledge may appear to be no more than projection. For the mother, this peaceful moment after a feeding — often after a mounting storm of cries and body convulsions, the somewhat clumsy effort to get baby's mouth connected to the nipple, the gradual relaxation as baby begins to suck and milk begins to flow and finally baby's alert, attentive, yet enigmatic look — this moment is indeed one of recognition. (Benjamin, 1988, p. 13)*

Por meio desses "vislumbres", a psicanalista constata a possibilidade da mãe em reconhecer o bebê como um ser independente, que traz "*his own self, his unique personality*",[26] e a capacidade do bebê em respondê-la. Logo, esse bebê, que coopera e age ativamente, mostra-se – por meio da vontade de ser acalmado, ao aceitar sua frustação, por sua devoção ao leite materno e ao focar no rosto da mãe[27] – apto para reconhecer e retornar os olhares e as palavras da mãe. Tais ações são abordadas pela autora como sinal de mutualidade, isto é, a mãe, nessa interação inicial com seu bebê, identifica os primeiros traços de reconhecimento mútuo. Assim, o começo da mutualidade dentro

---

26 Benjamin, 1988, p. 14.

27 Texto original: "*his willingness to be soothed, his acceptance of frustration, his devotion to her milk, his focusing on her face*" (Benjamin, 1988, p. 14).

da relação da mãe com o bebê aparece resumido no imperativo: "*I recognize you as my baby who recognizes me*".[28] Nesse momento, a psicanalista, portanto, mostra os vestígios iniciais do reconhecimento mútuo via experiência da mãe.

Desse modo, Benjamin define o reconhecimento como uma categoria das primeiras experiências do indivíduo, descrita a partir das pesquisas sobre a interação da mãe com o bebê. Dentre elas, estão: "sintonia emocional, influência mútua, mutualidade afetiva, compartilhamento de estados de espírito".[29] Nessas situações, que descrevem o possível reconhecimento do bebê como real, a mãe precisa levar em conta tanto a existência independente dele como sua conexão com ele. É essa condição que, para a autora, preserva dentro do processo do reconhecimento a relação paradoxal entre "alteridade e união"[30] – "'você' que é meu é também distinto, novo, exterior a mim"[31] –, permitindo experienciar "o reconhecimento na sua totalidade e na sua forma mais alegre"[32] (Benjamin, 1988, p. 15). Para compreendermos melhor essa afirmação, é preciso relembrar o motivo pelo qual a autora utiliza a perspectiva intersubjetiva.

Vimos que, para Benjamin, a perspectiva intrapsíquica freudiana, isto é, "o mundo psíquico interno das representações de objetos", abarca somente uma parte da estrutura psíquica. Em vista disso, a psicanalista recorre à visão intersubjetiva justamente para explorar outros aspectos da relação entre o eu e o outro, que escapam ao processo

---

28 Benjamin, 1988, p. 15.

29 Texto original: "*emotional attunement, mutual influence, affective mutuality, sharing states of mind*" (Benjamin, 1988, p. 15).

30 No original: "*otherness and togetherness*" (Benjamin, 1988, p. 15).

31 Essa descrição paradoxal é justamente a forma como Benjamin descreve a percepção da mãe para com seu bebê. Ela afirma: "*she [the mother] feel more strongly, than in those first days of her baby's life, the intense mixture of his being part of herself, utterly familiar and yet utterly new, unknown, and other*" (Benjamin, 1988, p. 14).

32 No original: "*To experience recognition in the fullest most joyful way*".

freudiano de internalização; eles são: "a alegria na descoberta do outro, a agência do *self* e a exterioridade do outro".[33]

As pesquisas com bebê e maternidade abriram espaço para abordar uma nova relação entre o bebê e o mundo externo, que não é mais definido apenas pela fase oral e pela satisfação. Isso significa que, desde o início do desenvolvimento infantil, o *self* é estruturado a partir de um indivíduo que se mostra ativo, que se interessa pelo mundo e é capaz de respondê-lo. Agora, precisamos compreender de que maneira Benjamin descreve o encontro do indivíduo com o outro, que tanto preserve a independência deste como seja prazeroso. Ou seja, de que modo o indivíduo percebe e conserva a existência independente do outro, fora de uma perspectiva, na qual o outro se apresenta como um objeto e/ou inimigo?

Para tal, Benjamin (1988) traz, por meio da teoria winnicottiana, uma outra ideia, na qual a realidade não é apenas uma "quebra de narcisismo e agressão", mas, sim, uma fonte positiva de prazer, o prazer de estar com o outro. Diferentemente da teoria freudiana que, como já visto, contrapõe um Eu-de-prazer a um ameaçador "fora", Benjamin sustenta uma concepção de realidade que é descoberta, e não imposta. Para ela, "*reality neither wholly creates the self (as the pressure of the external world creates Freud's ego) nor is it wholly created by the self*".[34] Assim, essa premissa permite que a autora trabalhe com um *self* que descobre o outro e que não sente somente desprazer ao fazê-lo.

33 No texto original: "*The joy of discovering the other, the agency of the self, and the outsideness of the other*" (Benjamin, 1988, p. 43).

34 Benjamin, 1988, p. 41.

Além disso, por meio da "responsividade contingente"[35] e da intersubjetividade,[36] a psicanalista reintroduz a ideia de prazer: o prazer em estar com o outro. Este é comprovado por pesquisas com bebês feitas por Stern, na qual Benjamin relata:

> *when the infant reaches excitedly for a toy, he looks up to see if mother is sharing his excitement; he gets the meaning when she says, "Wow!". The mother shows that she is feeling the same, not by imitating the infant's gesture (he shakes the rattle), but by matching his level of intensity in a different mode (she woops). [...] Technically the mother is not feeling the exact same feeling as her child: she is not excited by the rattle itself; but she is excited by his excitement, and she wants to communicate that fact. When mother and child play "peekaboo" (a game based on the tension between shared expectancy and surprise), the mother takes similar pleasure in contacting her child's mind. (Benjamin, 1988, p. 31)*

Diante disso, esse prazer ao partilhar uma experiência possibilita – por meio da díade mãe-bebê – trabalhar o sentimento de "estar conectado" com o outro, mesmo que este seja um ser distinto. Assim, ao

---

35 Esse conceito é outra descoberta derivada das pesquisas com bebês. Benjamin afirma: "*Contingent responses confirm the baby's activity and effectiveness, and therein lies the pleasure: the baby becomes more involved in making an impact (the kicking has results!) than in the particular sight or sound of the thing. And soon the pleasure derives from both the effect on the object and the reaction of the other subject who applauds. The nine-month-old already looks to the parent's face for the shared delight in a sound. The two-year-old says, 'I did it!' showing the peg she has hammered and waiting for the affirmation that she has learned something new, that she has exercised her agency*" (Benjamin, 1988, p. 23).

36 Benjamin refere-se aqui à intersubjetividade utilizada por Stern, que designa "*the moment which we know that others exist who feel and think as we do*" (Benjamin, 1988, p. 30).

apresentar que "a outra mente pode compartilhar meu sentimento",[37] Benjamin introduz a ideia do prazer dentro da relação do indivíduo com o outro, que, como aponta Moreira (2005), era descrita pela teoria freudiana sempre como traumática.

A nova concepção de realidade abordada por Benjamin está fundamentada justamente a partir da possibilidade de reconhecer o outro como um ser "real", isto é, não mais como um objeto mental presente na fantasia do *self*. Para tal, precisamos compreender as duas dimensões da experiência do *self* com o objeto, relatadas por Winnicott em "O uso de um objeto e relacionamento através de identificações" (1969-1971/1975); elas são: relação de objeto e uso do objeto. O primeiro refere-se a "uma experiência do sujeito que pode ser descrita em termos do sujeito como ser isolado",[38] na qual o objeto é meramente um fenômeno do sujeito. Já o segundo indica uma experiência em que o objeto não é considerado como um "feixe de projeções", mas, sim, como coisa em si, isto é, como parte da realidade compartilhada (Winnicott, 1969-1971/1975, p. 142), sendo, assim, essencial que ele exista independentemente do *self*.

Para Winnicott, ambas as dimensões estão presentes no desenvolvimento do sujeito, sendo a relação de objeto anterior ao uso do objeto. Na perspectiva do autor, para realizar essa transição, é necessário que o sujeito destrua o objeto. Essa destruição ocorre internamente, ou seja, o objeto é constantemente destruído na fantasia do *self*. Desse modo, para que o *self* possa posicionar o objeto fora dele, reconhecendo-o "*as an entity in its own right*",[39] é necessário que ele seja destruído.

Essa relação é, então, transposta, por Benjamin, para a díade mãe-bebê: a fim de que o bebê não permaneça no estado de

---

37 No texto original: "*this other mind can share my feeling*" (Benjamin, 1988, p. 31).

38 Winnicott, 1969-1971/1975, p. 142.

39 Benjamin, 1988, p. 38.

onipotência, acreditando que a mãe é apenas objeto de seu controle, ele deve destrui-la internamente, logo, se a mãe sobreviver, ela passa a ser reconhecida como um outro independente. Benjamin afirma: "*Survival means that the parent can tolerate deflating the child's grandiosity enough — but just enough — to let him know that he can go only so far and no further, that someone else's needs and reality set a limit to his mental feats*".[40]

Dessa forma, para a psicanalista, é a ideia de destruição winnicottiana que permite desenvolver uma relação entre o indivíduo e o outro que leve em conta a diferença que este exerce. Assim, quando o outro sobrevive à destruição interna, o *self* consegue posicionar o outro fora de sua fantasia, experienciando-o como real. Com isso, o estado de onipotência no qual a criança se encontrava é quebrado. Assim, abre-se a possibilidade para se reconhecer o outro como um existente independente, e, desse modo, a tensão entre afirmação de si e reconhecimento do outro é mantida.

Portanto, a destruição, além de ser essencial para que o *self* possa diferenciar o outro, é utilizada pela autora para abarcar o elemento de agressão. Ou seja, é por meio desse conceito que Benjamin traz, para o encontro com o outro, o lado hostil do indivíduo. Além disso, a partir da sobrevivência, a psicanalista consegue desenvolver a relação entre o indivíduo e o outro, de modo a preservar a autenticidade deste, isto é, sua diferença e agência. O outro, logo, apresenta-se não mais como um objeto a ser consumido pelo eu, mas, sim, como sujeito independente.

## *Considerações finais*

A teoria benjaminiana, como aponta Martins (2020), apresenta uma importante contribuição para a articulação do reconhecimento

---

40 Benjamin, 1988, p. 70.

dentro da psicanálise contemporânea, principalmente por conceber o encontro com o outro a partir da diferença e da semelhança. Além disso, Santos (2020) também afirma que, ao atualizar o conceito hegeliano dentro da díade mãe-bebê, Benjamin mostra como a autonomia e a dominação são muito mais fluidas do que meramente dois estados distintos. Assim, a proposta da autora, que associa a intersubjetividade, o feminismo e o reconhecimento, auxilia o desenvolvimento da psicanálise contemporânea. Sua abordagem coloca em questão vários pontos da teoria freudiana, além de propor novos aspectos para a discussão sobre o processo de subjetivação e sua articulação com o conceito de reconhecimento.

Contudo, apesar dessas colocações, muitos questionamentos podem ser feitos ao pensamento de Benjamin. Butler (2004/2016), por exemplo, pergunta-se: "o que pode significar reconhecer um ao outro quando se trata muito mais do que de dois?".[41] Allen (2015/2017), ao discorrer sobre a relação entre teoria crítica e psicanálise, indaga que a agressividade e a destrutividade são muito mais do que apenas más; elas servem para romper com as formas reificadas e ossificadas de conexão e unidade de uma maneira essencial para a criatividade (Allen, 2015/2017, p. 228). Será, então, que, como observa Silveira (Anpof, 2021),[42] a visão intersubjetiva consegue evitar tanto um utopismo que traria consigo uma concepção irreal do ser humano quanto cair em estratégias que renunciem ao papel heurístico da agressividade? Mais ainda, será que podemos realmente apostar nossas "esperanças pela transformação social" no reconhecimento?

41 Butler, 2004/2016, p. 205.

42 Esta reflexão foi retirada da fala da Dra. Léa Silveira feita na *Semana Anpof 2021 – Filosofia e Gênero*, transmitida em 22 de junho de 2021.

## *Referências*


ALLEN, Amy (2015). Somos dirigidos pelas pulsões? Teoria crítica e psicanálise reconsideradas. Tradução: Fernando Bee e Inara Luisa Marin. *Dissonância: Teoria Crítica e Psicanálise*, Campinas, n. 1, p. 199-235, 2017.

ANPOF Oficial. *Semana Anpof 2021 – Filosofia e Gênero*. Youtube, transmitido ao vivo em 22 de junho de 2021. Disponível em: https://www.youtube.com/watch?v=eoPj6zqRms4 Acesso em: 10 /06/2022.

BENJAMIN, Jessica (1977). O fim da internalização: psicologia social de Adorno. Tradução: Bárbara Santos e Inara Luisa Marin. *Dissonância: Teoria Crítica e Psicanálise*, Campinas, n. 1, p. 155-198, 2017.

______. The bonds of love: looking backward. *Studies in Gender and Sexuality*, v. 14, p. 1-15, 2013.

______. *The bonds of love*: psychoanalysis, feminism and the problem of domination. New York: Pantheon Books, 1988.

BUTLER, Judith (2004). Anseio por reconhecimento. Tradução: Jainara Gomes de Oliveira e Tarsila Chiara A.S. Santana. *Revista Equatorial*, v. 3, n. 5, p. 185-207, 2016.

CINTRA, Elisa Maria de Ulhoa. Dominar, submeter-se, libertar-se: Jessica Benjamin e os laços de amor. *Psicologia em Revista*, Belo Horizonte, v. 24, n. 3, p. 686-704, 2018.

FREUD, Sigmund (1914). Sobre o narcisismo: uma introdução. Tradução: Jayme Salomão. *In:* ______. *Obras completas, Vol. 14*. Rio de Janeiro: Imago, 1996. p. 75-108.

______. (1921). Psicologia das massas e análise do eu. Tradução: Paulo César de Souza. *In:* ______. *Obras completas, Vol. 15: Psicologia das massas e análise do eu e outros textos (1920-1923)*. São Paulo: Companhia das Letras, 2011.

______. (1930). *O mal-estar na civilização*. Tradução: Paulo César de Souza. São Paulo: Penguin Classics Companhia das Letras, 2011.

______. (1932). Por que a guerra? (Carta a Einstein, 1932). *In*: ______. *O mal-estar na civilização e novas conferências introdutórias à psicanálise e outros textos (1930-1936)*. Tradução: Paulo César de Souza. São Paulo: Companhia das Letras, 2010.

GREENBERG, Jay R; MITCHELL, Stephen A. *Object relations in psychoanalytic theory*. Massachusetts; London: Harvard University Press Cambridge, 1983.

HEGEL, Georg Wilhelm Friedrich (1988). Independência e dependência da consciência de si: dominação e escravidão. Tradução: Paulo Meneses. *In*: ______. *Fenomenologia do espírito*. Rio de Janeiro: Vozes, 1992.

HONNETH, Axel. *Luta por reconhecimento. A gramática moral dos conflitos sociais*. 2. ed. São Paulo: Editora 34, 2009.

MARTINS, Aline Souza. *As voltas do reconhecimento na clínica e política da psicanálise*. Tese (Doutorado em Psicologia Clínica). Instituto de Psicologia, Universidade de São Paulo, 2020.

MOREIRA, Jacqueline de Oliveira. A alteridade no enlaçamento social: uma leitura sobre o texto freudiano "O mal-estar na civilização". *Estudos de Psicologia*, v. 10, n. 2, p. 287-294, 2005.

SANTOS, Bárbara Thaís de Abreu. *Amor como condição de liberdade de si e do outro: repensando reconhecimento, dominação e alteridade a partir de uma leitura de Jessica Benjamin*. Dissertação (Mestrado). Instituto de Filosofia e Ciências Humanas, Universidade Estadual de Campinas, 2020.

WINNICOTT, Donald Woods (1969/1971). O uso de um objeto e relacionamento através de identificações. *In*: ______. *O brincar & a realidade*. Rio de Janeiro: Imago, 1975.

# 8. O que há de crítico na pulsão de morte?

*Inara Luisa Marin*[1]

Nos últimos trinta anos, é possível organizar as principais discussões da psicanálise na teoria crítica a partir do referente teórico da relação de objeto, seja na sua vertente kleiniana (Allen, 2020) seja na sua vertente winnicottiana (Honneth, 2003). Embora as tentativas de apropriação da psicanálise na teoria crítica sejam diversas, é possível encontrar um ponto comum subjacente a todas elas. Trata-se da acusação de que a psicanálise freudiana é a descrição do funcionamento do aparelho psíquico formulado de modo intrapsíquico. A partir desse pressuposto e de suas limitações para a análise social, a apropriação da psicanálise pela teoria crítica seria carente de uma fundamentação intersubjetiva – que faz referência de saída à alteridade, ao outro em sua concretude e/ou generalização. Por essa razão, é privilegiado o referencial teórico das relações de objeto. Freud, todavia, não pode ser considerado um autor com preocupações somente intrapsíquicas porque, para ele, como pretendo demonstrar neste capítulo, sempre há uma nova ação psíquica como sendo algo que vem de fora e que é

---

1 Professora colaboradora do departamento de Filosofia da Unicamp e pesquisadora do Cebrap.

condição fundamental para as transformações do sujeito. Nesse sentido, proponho mostrar que a psicanálise freudiana e sua concepção da pulsão de morte, se entendida como compulsão à repetição, como apresentada em 1921 com *Além do princípio do prazer* (2020), passa a ser a responsável pelo advir do novo, da nova ação psíquica. Portanto, seria possível compreender tais potenciais para a teoria crítica tanto no quadro subjetivo, como também social, se levarmos a cabo uma nova leitura do conceito de pulsão de morte.

## *A relação de objeto e teoria crítica*

É notável a importância do conceito de pulsão de morte para Freud e para a psicanálise, sobretudo em razão da mudança de quadro psicanalítico que *Além do princípio do prazer* provocou. Não por acaso, o conceito possui uma recepção conturbada no campo da teoria crítica e da teoria social, recepção cuja característica é ser repleta de dissensos.[2] Essa disputa foi esquecida apenas no momento em que Jürgen Habermas abandonou a psicanálise em sua teoria social para se apropriar da teoria do desenvolvimento e do comportamento psíquico de G. H. Mead em sua empreitada de fundamentar uma virada intersubjetiva. Mesmo assim, a pulsão de morte retorna à baila no mesmo instante em que a teoria psicanalítica volta a ocupar um espaço nas considerações sobre o processo de subjetivação.

É o que acontece sobretudo com Axel Honneth (2003), que propõe o movimento interessante de recuperar a psicanálise para uma teoria do reconhecimento, ao criticar Habermas por uma noção de desenvolvimento psíquico que ignora todos aqueles aspectos afetivos muito importantes para o processo de formação da subjetividade. Sob tal aspecto, a crítica de Honneth a Habermas e a introdução da

---

2 Desenvolvo detalhadamente essa noção em meu livro publicado em 2022: *Narcisismo e reconhecimento: os rumos da psicanálise na teoria crítica*.

psicanálise dão ênfase justamente àqueles elementos que uma teoria do desenvolvimento cognitivista deixaria de lado. Entretanto, em *Luta por reconhecimento*, por exemplo, a psicanálise escolhida por Honneth, a saber, da relação de objeto de Donald Winnicott, apresenta logo de saída um distanciamento da pulsão de morte freudiana. Como nos apresenta Honneth, a teoria da relação de objeto de Winnicott é mobilizada na esfera de reconhecimento do amor para conceber normativamente as relações de separação bem-sucedida entre mãe-bebê ou cuidador-bebê. Segundo Honneth:

> *Com a guinada da psicanálise em direção ao curso interativo da primeira infância, a ligação afetiva com outras pessoas passa a ser investigada como um processo cujo êxito depende da preservação recíproca de uma tensão entre o auto-abandono simbiótico e a auto-afirmação individual; daí a tradição de pesquisa da teoria das relações de objeto ser apropriada, em especial medida, para tornar compreensível o amor como uma relação interativa a qual subjaz um padrão particular de reconhecimento recíproco. (Honneth, 2003, p. 160)*

Como vemos, Honneth utiliza a psicanálise com objetivos bem delimitados, a saber, em favor da construção de uma "relação interativa" que tem por fundamento o amor, vinculado ao reconhecimento recíproco. Subjacente a essa relação de reconhecimento recíproca encontramos ainda o pressuposto de uma simbiose que, embora não denegue a existência de um conflito pulsional, não leva em conta aquele tipo de conflito que passara a ser fundamental para Freud após 1920 entre pulsão de vida e pulsão de morte. Para justificar esse movimento, Honneth se vale de Jessica Benjamin,[3] autora que partilha consigo a pretensão de compreender o processo de formação do

---

3 Ver Benjamin, 1988.

psiquismo a partir de uma separação exitosa desde a simbiose até a autoafirmação individual.

Se for correto afirmar que o objetivo de Honneth é mobilizar a psicanálise visando à fundamentação da esfera do amor, simbiose e separação, poderíamos ainda afirmar que o que resta de tensão pulsional é o êxito da separação entre cuidador e bebê. Nos termos de Benjamin e Honneth, os conflitos de ordem intrapsíquica se submeteriam e seriam mais bem compreendidos por meio da intersubjetividade e do reconhecimento.

Nosso ponto aqui é indicar que a escolha pela teoria da relação de objeto, que Honneth argumenta ser motivada pela incursão psicanalítica justamente na fase da primeira infância, acaba por implicar uma abordagem da psicanálise que denega aqueles conflitos de ordem pulsional, sobretudo aqueles que emergem pela tensão entre pulsão de vida e pulsão de morte. Dessa forma, Honneth recusa em aceitar a pulsão de morte como um elemento estruturante do processo de subjetivação humana. As consequências desse argumento são que a mediação de um dos conceitos mais relevantes para a psicanálise, como o de pulsão de morte, não interessa à teoria do reconhecimento de Honneth. Segundo essa noção de teoria crítica, a teoria do reconhecimento e da intersubjetividade oferecem elementos que superam a pulsão de morte e os conflitos tidos como intrapsíquicos, os quais seriam ultrapassados para apresentar a construção de um diagnóstico de tempo sobre a subjetivação da dominação e para indicar potencialidades para a emancipação.

Essa desconfiança frente à teoria pulsional de Freud não fica restrita ao texto de 1992 de Honneth, livro em que o autor procura estabelecer a gramática das lutas sociais por reconhecimento. Já em seu texto posterior, de 2006 (*Patologias da razão*), Honneth desenvolve uma crítica no capítulo 7 intitulado "*Appropriating freedom*" que continua com esse descrédito à teoria pulsional:

> *Only dogmatism can today still blind one to the fact that a string of premises of Freudian theory have in the meantime become highly questionable. Developments in infant research, in developmental psychology generally, but also in evolutionary biology, have cast doubt on central and basic assumptions of the psychoanalytic view of young children. Beginning with the assumption of a primary narcissism, in which the infant is still supposed to experience its environment exclusively as its own work, through to the claim that girls typically have penis envy, much of what was still considered relatively secure fifty years ago has been discredited. Even drive theory as a whole, which was, after all, the biological foundation of Freudian theory, today sees itself open to legitimate doubt. (Honneth, 2009, pp. 142-143)*

De fato, é legítimo, por um lado, que vários aspectos da teoria pulsional freudiana possam ser revistos e postos sob o questionamento dos avanços da teoria psicanalítica, até mesmo por serem alvos de críticas que buscam rompimento de preconceitos que se sedimentam sob a forma de teoria. Essa é uma lacuna para o avanço de estudos que se mostram muito profícuos. Entretanto, Honneth não parece preocupado apenas com isso. Por outro lado, está avidamente interessado em fugir de problemas típicos da teoria pulsional para reforçar sua teoria do reconhecimento e de demonstrar como esse seu tipo de abordagem retiraria os aspectos predominantemente biologizantes de Freud, principalmente em sua segunda tópica. Essa fuga, ou pelo menos esse desvio, é o que acontece, por exemplo, quando o autor insiste em uma noção de angústia que possa ser resolvida por meio do reconhecimento e da intersubjetividade, evitando explorar o conceito de narcisismo e de pulsão:

> *Perhaps it could also be said that what else is needed in the reflective moment of negation is just individual resoluteness, perhaps also the help of friends or confidants, to intellectually elicit the biographical circumstances that at the time led to the separation of the today irritating, unfamiliar wish. Guided by the indirect hints contained in our memory's recoil, we recollectively prepare the way back to the past situation in which we have separated off an element of our will out of intersubjective anxiety. (Honneth, 2009, pp. 142-143)*

Se, do ponto de vista pulsional, tomarmos a posição de Honneth como irresoluta sobre o lugar da psicanálise na teoria social, devemos concordar com Amy Allen quando a autora argumenta que há uma instrumentalização da psicanálise pela Teoria Crítica. Todos os autores que, de um modo ou de outro, ignoram o conceito de pulsão de morte, como Habermas, Fromm e Honneth, não foram capazes de tomar a psicanálise com todas as suas consequências ou, como afirma a autora, "*all the way down*". Eles refutam as potências da teoria da libido de Freud ou a teoria da pulsão de morte. Essas instrumentalizações da psicanálise não consideraram o que a autora americana considera como toda a complexidade do "realismo psicanalítico".

Allen escolhe a psicanálise de Melanie Klein. Ela acredita que o conceito de ego de Klein é promissor para superar o problema do ego porque o conceito para ela demonstra um processo em andamento e expansão no qual a dominação da natureza interna não é nunca completa. Entretanto, vale lembrar que, nesse quadro, Allen se situa de algum modo ao lado de Jessica Benjamin a respeito daquela distinção entre intrapsíquico e intersubjetivo. Allen entende que o domínio do intrapsíquico é o inconsciente, as fantasia e pulsões, enquanto o intersubjetivo é o relacionamento entre pessoas e que advém da relação de objeto.

Ademais, em seus mais recentes trabalhos, como vemos em um dos argumentos principais de *Critique on the couch: why critical theory needs psychoanalysis?* (2020) e que também permeia seu *Critical theory between Klein and Lacan: a dialogue* (Allen & Ruti, 2019), Allen considera que é possível trazer juntos esses dois elementos constitutivos da vida psíquica e social humana. Trata-se, pois, da reconsideração da teoria das pulsões de Melanie Klein no sentido de fazê-la confluir com o que a autora considera todos os ganhos intersubjetivos. Dessa forma, é de fato um percurso interessante a tentativa de Allen ao criticar os pressupostos da apropriação da psicanálise pela teoria crítica após Habermas, pós-virada intersubjetiva. Allen segue esse trilho porque ela aponta como Honneth, por exemplo, se vale de uma psicanálise domesticada pela relação de objeto, característica que, por conseguinte, denega a centralidade pulsional não somente da descrição do funcionamento do aparelho psíquico e sua dimensão social, mas também exclui qualquer possibilidade de emancipação por seu intermédio.

A hipótese deste capítulo, entretanto, tenta relativizar tal distinção proveniente da teoria da relação de objeto, a saber, entre intersubjetivo e intrapsíquico. Segundo nosso entendimento, o próprio Freud oferece vínculo constituinte entre o eu e o mundo externo, entre o eu e o outro, sem que fosse necessário abandonar sua teoria da libido, em especial sua noção de pulsão de morte. Fazendo recurso a noção de nova ação psíquica e do novo gerado pela compulsão à repetição, entendemos que uma nova interpretação da teoria das pulsões de Freud pode reposicionar o quadro de crítica da "filosofia da consciência" aberto por Habermas e continuamente reforçado pela teoria crítica atual.

## *Além do princípio do prazer: quais as potências da pulsão de morte?*

A primeira dificuldade ao tratarmos uma hipótese de interpretação de um texto como *Além do princípio do prazer* (2020) é o fato de que, nele, Freud apresenta uma argumentação hipotética e cheia de rompimentos ao longo das seções do texto. Isso ocorre também porque há, em grande medida, um direcionamento de Freud para o papel da biologia como apoio para o desenvolvimento de suas hipóteses. Entretanto, se por um lado a discussão freudiana no texto de 1921 parece se encaminhar para um biologismo da pulsão de morte, como se vê nas seções finais do texto, por outro, conforme interpretamos, parece plausível que a mobilização biológica seja colocada em marcha tendo em vista a investigação de todas as respostas possíveis para o problema da compulsão à repetição (*Wiederholungszwang*) que Freud tinha diante de si em seus casos clínicos. Tais casos remetem aos neuróticos de guerra, que chegam à clínica após a Primeira Guerra Mundial.

É, pois, na terceira seção de *Além do princípio do prazer* que Freud apresenta um problema fundamental desse seu livro e que se tornou um marco para a sua teoria metapsicológica, mas também para tudo o que o autor desenvolveu anteriormente. Trata-se do momento em que Freud coloca em questão o funcionamento do aparelho psíquico como regido pelo princípio do prazer. Com essa pergunta, vemos que o que coloca em questão por primeiro o princípio do prazer não é a pulsão de morte, mas a compulsão à repetição. A compulsão à repetição aparece como uma hipótese: "Ainda nos resta muito para justificar a suposição da compulsão à repetição, e esta nos parece mais originária, mais elementar e mais pulsional do que o princípio do prazer por ela posta de lado" (Freud, 2020, p. 100). O novo que Freud passa a investigar é a relação da compulsão à repetição com o princípio do prazer, que remonta já ao texto da *Introdução ao narcisismo*.[4]

Nesse sentido, o que aparece como mais fundamental para o funcionamento do aparelho psíquico é a compulsão à repetição, que

4 Não desenvolverei essa ideia neste texto, mas o vínculo entre a pulsão de morte e o narcisismo também parece ser muito relevante.

coloca luz sobre a dúvida da primazia do princípio do prazer, colocando-o sob suspeita. Aqui, é importante notar que a incitação dessa mudança, em primeiro momento ao menos hipotética da posição de Freud, tem a ver com exemplos fundados em experiências analíticas, as quais vieram ao conhecimento do psicanalista. Embora Freud esteja discutindo inegavelmente um conceito metapsicológico, o autor dá primazia ao material empírico que faz referência aos neuróticos de guerra e às brincadeiras infantis (jogo do *Fort da*) e que apresentam uma coerção (*Zwang*) por repetição de uma ação a despeito de sua característica evidentemente desprazerosa.

Mas é apenas na seção IV que Freud elabora o problema de como o exterior e o interior estão vinculados: entre energia ligada e desligada. Os exemplos mobilizados anteriormente agora aparecem na referência que Freud faz a uma noção biológica da vesícula como mediador entre interno e externo. Entretanto, para além disso, também será a ideia de uma compulsão à repetição como energia psíquica livre que não consegue se ligar por pressões internas. Nesse âmbito, as investigações de Freud parecem assinalar que, no trauma, o princípio do prazer é colocado fora de ação devido a uma inundação de energia livre no aparelho psíquico.

Será também por meio dessa noção de energia livre que Freud reformula seu conceito de pulsão, ultrapassando uma noção de energia ligada com o princípio do prazer. Novamente a partir de uma hipótese, Freud passa a conceber a pulsão como além da organicidade dada pela energia ligada do princípio do prazer. Pulsão passa a ser um conceito mais geral, que abarca também as contradições de uma ação que é desprazerosa para aquele que a pratica. Essa espécie de "malabarismo" de Freud expressa a tentativa de encontrar uma conexão entre a evidência do novo conceito de compulsão à repetição e a própria pulsão. Como nos diz o autor:

> *Mas de que maneira o pulsional está associado à compulsão à repetição? Aqui precisa impor-se a nós, necessariamente,*

> *a ideia de que chegamos à pista de um caráter geral das pulsões e até mesmo de toda a vida orgânica em geral, caráter que até o presente não foi claramente reconhecido – ou pelo menos não expressamente destacado.* Uma pulsão seria, portanto, uma pressão inerente ao orgânico animado para restabelecer um estado anterior, *pressão que esse ser animado precisou abandonar sob a influência de forças perturbadoras externas; ela seria uma espécie de elasticidade orgânica, ou, se preferir, a manifestação da inércia na vida orgânica. (Freud, 2020, pp. 131-132, grifos nossos)*

Assim, a reconfiguração do conceito de pulsão e seus conflitos, sendo que a própria pulsão possui uma característica mais geral, vincula-se com maior propriedade ao que seria interno ao aparelho psíquico e o que lhe seria externo. Isso não significa que se pode furtar de criticar pressupostos biologizantes de Freud; apenas que o conflito da pulsão de morte entendida como compulsão à repetição reforça um vínculo com o mundo externo que é ignorado pelas autoras e autores que propõem o abandono da teoria da libido de Freud.

## *Conclusão*

Com este texto, pretendemos lançar um primeiro esboço do quadro teórico de recepção da psicanálise na teoria crítica após seu completo abandono por Habermas em favor de uma teoria da intersubjetividade. Compreendemos que a ruptura com a teoria da libido e das pulsões formulada por Habermas marcou profundamente qualquer tentativa de recolocar a psicanálise na teoria crítica da sociedade. Essa marca se manifesta, por exemplo, quando Honneth escolhe a teoria psicanalítica das relações de objeto e a vincula com sua teoria do reconhecimento intersubjetivo, assinalando a redução da teoria das pulsões ao reconhecimento e reafirmando certo dualismo entre intrapsíquico e intersubjetivo. Amy Allen, por sua vez, procura tomar seriamente as consequências de uma teoria das pulsões, mas o faz mediante Melanie Klein, que considera a pulsão de morte apenas como destruição, e não como compulsão à repetição. Nesse sentido, uma possibilidade seria um retorno a Freud para revisitar o próprio conceito freudiano de pulsão de morte como capaz de romper um dualismo posteriormente criado entre intersubjetivo e intrapsíquico.

Então, para responder à pergunta que dá título a este capítulo, "O que há de crítico na pulsão de morte?", respondo da seguinte forma: é a noção de *Wiederholungszwang*, que pode ser traduzida como "compulsão à repetição", que é o caminho que Freud mostra em *Além do princípio do prazer*, ou como "coação à repetição", em que não há espaço psíquico para que a energia se ligue a qualquer representação. O que nós queremos defender aqui é que o que há de crítico é justamente a ambivalência desse conceito, que pode ser tanto "compulsão", que dá ensejo a um novo, ou morte psíquica absoluta, como no trauma, em que a repetição é cega sem originar nada de novo.

## *Referências*

ALLEN, Amy & RUTI, Mari. *Critical theory between Klein and Lacan*: a dialogue. New York: Bloomsbury, 2019.

______. *Critique on the couch*: why critical theory needs psychoanalysis. New York: Columbia University Press, 2020.

BENJAMIN, Jessica. *The bonds of love*: psychoanalysis, feminism, and the problem of domination. New York: Pantheon, 1988.

FREUD, Sigmund. *Além do princípio de prazer*: Jenseits des Lustprinzips. Tradução: Maria Rita Salzano Moraes. São Paulo: Autêntica, 2020.

HONNETH, Axel. *Luta por reconhecimento*: a gramática moral dos conflitos sociais Tradução: Luiz Repa. São Paulo: Editora 34, 2003.

______. *Pathologies of reason*: on the legacy of critical theory. Tradução: James Ingram. New York: Columbia University Press, 2009.

MARIN, Inara Luisa. *Narcisismo e reconhecimento*: os rumos da psicanálise na teoria crítica. São Paulo: Editora Unifesp, 2022.

# 9. Confissão e reconhecimento: leituras de um caso

*Suely Aires*

*O fracasso é um risco essencial*
*de toda operação de linguagem.*
Derrida, 1972

Uma ferida histórica que não recebeu o devido tratamento. Talvez essa seja uma forma de situar os diferentes ditos [malditos] da psicanálise sobre as transexualidades, em que leituras clássicas se anteciparam em discutir esse fenômeno a partir do crivo da psicose ou da perversão, sem considerar a fala de cada sujeito singular em sua posição sexual e subjetiva. De modo amplo, podemos dizer que são conclusões gerais para o manejo clínico de pacientes transexuais como se fossem um conjunto com um grau consistente de homogeneidade.

O fenômeno da transexualidade – e cabe destacar aqui a leitura dada ao termo fenômeno na clínica lacaniana – foi lido em uma lógica estrutural que produziu um recobrimento da singularidade de cada caso pela abstração da teoria – dito de outro modo, houve interpretação sem escuta. Para além da longa contenda e da revisão que diferentes psicanalistas têm feito dessas leituras – dentre os quais destaco os trabalhos de Patrícia Porchat (2014; 2020) e Tammy Ayouch

(2015) – pretendo, neste capítulo, tomar um caso que poderia nomear de paradigmático por uma razão específica: ter sido uma pessoa entrevistada por Jacques Lacan em sua apresentação de doentes. Trata-se do caso de M. H., cuja apresentação aconteceu no dia 21 de fevereiro de 1976, no Hospital Sainte-Anne, mesmo período em que Lacan ministrava o *Seminário 23: le sinthome* (1975-1976/2007). Esse "caso"[1] gera discussões interessantes.

Contudo, antes de me deter em alguns pormenores da entrevista realizada, gostaria de situar que a prática de apresentação de doentes era de uso corrente na psiquiatria como uma forma de observação clínica de fenômenos patológicos. A visada lacaniana em tais apresentações era um pouco distinta, pois objetivava a "penetração em uma posição subjetiva" (Leguil, 1998, p. 92) e o reconhecimento dos significantes e efeitos de significação que estruturam o fenômeno a partir de uma perspectiva de sujeito na fala (Lacan, 1955-1956/1988). Essa prática, mantida por Lacan até os últimos anos de seu ensino, é hoje radicalmente criticada pelos movimentos antimanicomiais, visto significar para muitos uma objetificação do sujeito em sofrimento psíquico. É no contexto de uma apresentação dessa natureza que encontramos M. H.; bem como encontramos a transcrição desse encontro sob o título "Sobre a identidade sexual: a propósito do transexualismo", na Revista Le Discours Psychanalytique, em 1996, e que, na versão em espanhol "8 presentaciones de enfermos em Sainte-Anne", ganha como título "Caso travestismo y transexualismo (Sr. M. H.)" (Lacan, 2014).

1 Para um debate de ideias sobre caso clínico em psicanálise, remeto às coletâneas *O caso entre exceção e transmissão* (Aires, 2018) e *A construção do caso clínico em psicanálise: método clínico e formalização discursiva* (Dunker; Ramírez; Assadi, 2017). Meu modo de leitura é explicitado no ensaio "Endereçamento, reconhecimento e transmissão: um caso clínico em psicanálise", que se encontra na coletânea *O caso entre exceção e transmissão* (Aires, 2018).

Tomar M. H. como caso permite algumas reflexões, em especial ao se considerar que um caso em psicanálise remete ao singular; distinção relevante ao se pensar que, no campo da psiquiatria, o caso mostra-se como exemplar de uma categoria a ser demonstrada. Como nos lembra Eric Porge (2009), um caso só pode ser pensado como tal a partir da rede conceitual e clínica que o reconhece como caso. Marcel Czermak, psiquiatra e psicanalista que acompanha M. H., revela seu embaraço e o interesse de mostrá-lo a Lacan, já em seu primeiro comentário após o fim da entrevista. Nesse sentido, uma pergunta se coloca: o caso M. H. é um caso que conceitual e clinicamente responde ao dispositivo psicanalítico? Ou trata-se de um caso que causa certa perplexidade e hesitação sobre o diagnóstico e a direção do tratamento em um hospital psiquiátrico que tem, entre suas atribuições, a emissão de laudo para autorização da cirurgia de redesignação sexual ou transexualização? Ainda que se busque destacar que o trabalho de Lacan visa "uma clínica diferencial, uma clínica na qual o diagnóstico preserva a subjetividade do paciente e é uma ferramenta na direção do tratamento", ou que "uma nova ética da diferença sexual" coloca-se em jogo, como aponta Gherovici (2019), há que se considerar, a meu ver, a estrutura do dispositivo que sustenta o caso, bem como seus efeitos.

Vamos a uma breve descrição da entrevista (Lacan, 2016): M. H. entra no espaço em que se encontram Lacan e ao menos 5 outros analistas ou psiquiatras. Não tenho noção de quantas pessoas estavam na sala, situo apenas aqueles que discutiram o caso com Lacan ao fim da entrevista. M. H. entra hesitante – tremendo, diz a descrição. Lacan mostra-se acolhedor, sorri, diz que ali todos são médicos e pergunta a M. H. o que ele tem a contar. Ele já inicia dizendo que desde criança, desde muito pequeno, veste-se com roupas de mulher e que lhe agradam em especial as combinações, as peças íntimas, o náilon. Lacan destaca o significante náilon. M. H. segue: "Eu continuei a me travestir às escondidas". E Lacan intervém: "Então, você admite que é um travestismo". Mais algumas frases e uma nova intervenção de Lacan: "Então, você reconhece que isso te prejudica e você mesmo chama isso de travestismo. Portanto, isso implica que você sabe muito bem que é um homem". Após algumas perguntas sobre sua vida amorosa e sexual, seguido de alguns relatos por parte de M. H., Lacan pergunta:

> – *O que você quer exatamente?*
>
> – *M. H.: Eu vivo apenas para ser mulher. Desde pequeno sempre tive esse desejo e o que está ao meu redor não me interessa; nada me interessa. Aí, agora, não tenho gosto por nada, como sempre. Eu só quero ser mulher.*
>
> – *Qual seria o seu desejo* [voeu]*?*
>
> – *M. H.: Tornar-me mulher.*
>
> – *Você sabe bem que não pode se tornar uma mulher.*
>
> – *M. H.: Eu sei disso, mas... Você ainda pode parecer uma mulher. Pode-se mudar um homem em sua aparência exterior, os traços. Pode-se transformar um homem.*
>
> – *Você deve saber que não se transforma um homem em mulher.*
>
> – *M. H.: Isso se faz.*
>
> – *Como? Uma mulher tem um útero, por exemplo.*
>
> – *M. H.: Os órgãos, sim. Mas eu prefiro sacrificar minha vida, não ter filhos, não ter nada, mas ser uma mulher.*
>
> – *Não, mas mesmo uma emasculação [castração, na transcrição de Czermak (1991)] não fará de você uma mulher.*
>
> – *M. H.: Eu li bastante sobre esses assuntos...*
>
> – *Você leu muitas coisas?*

> *– M. H.: Sobre problemas quase idênticos ao meu [...] é um livro que trata de diferentes tópicos. Existem pessoas que fazem perguntas e dão respostas. Eu tenho aprendido muitas coisas: que você pode se fazer castrar, ter seios usando hormônios, que se pode realmente chegar a transformar um homem em uma mulher. Eles dizem muitas coisas.*
>
> *– Dar a ele a aparência de uma mulher.*
>
> *– M. H.: Dizem até que um homem poderia ser muito mais esbelto, muito mais bonito, muito mais doce do que uma mulher real. Eles dizem muitas coisas.*

Primeira escansão [a entrevista segue].

Destaco três intervenções de Lacan que visam distinguir a verdadeira mulher, o verdadeiro corpo com órgãos, do que seria o desejo [*voeu*] de M. H., e apontar para o impossível em questão. Inicialmente, a mulher é apresentada por Lacan como corpo de fêmea – uma referência biológica, com útero. Em seguida, ele faz perguntas que visam a identificar o caráter delirante – ou não – do desejo de M. H. em tornar-se mulher, distinguindo o uso corriqueiro das palavras e sua nomeação exclusiva para o acontecimento – travestismo.

Entre as respostas dadas por M. H., uma única palavra parece estar fora de lugar e aparece de forma delicada em relação ao tempo do verbo. Lacan prontamente a destaca: "*Pourquoi vous dites je revêtissais? On dit d'habitude je revêtais*". Essa intervenção tem um interesse específico na entrevista empreendida por Lacan, visto que "devemos exigir, antes de dar o diagnóstico de psicose, a presença de distúrbios na ordem da linguagem" (Lacan, 1955-1956/1985, p. 109). Haveria aqui a possibilidade de um diagnóstico diferencial? Talvez... Contudo, M. H. atribui isso a suas dificuldades escolares e nenhuma outra alteração de linguagem se faz presente. Não há outros elementos que permitam um diagnóstico mais preciso, apenas a insistência de M. H.

em viver para ser mulher; ou mesmo, se quisermos fazer uma inversão significante, ser mulher para viver – afinal, M. H. chega ao hospital após uma tentativa de suicídio.

Em um jogo de gato e rato, Lacan parece buscar localizar a posição subjetiva, diriam alguns (Gherovici, 2019; Leguil, 1998), ou a diferença entre realidade material – ser homem ou ser mulher, um corpo de homem ou um corpo de mulher – e realidade psíquica, seja ela fantasia ou delírio. Cabe, em nossa leitura crítica, destacar que isso que, nas palavras de Lacan se apresenta como "ser homem, aparentar ser mulher", poderia ganhar nova interpretação clínica, mas é Lacan quem insiste em manter-se vinculado à concepção do tornar-se mulher como tornar-se um corpo de mulher.[2] A entrevista se desenrola com algumas declarações de M. H. sobre sua infância, pesadelos recorrentes com uma mulher loira que viria fazer mal à sua família, cortando pedaços do corpo, pernas e pés; o relato sobre o uso de substâncias psicoativas para suportar sua condição de homem e uma tentativa de suicídio, por enforcamento, o que o levou à internação no Hospital Sainte-Anne.

Segunda escansão [o fim da entrevista nos interessa pelo ponto de corte]: M. H. refere seu interesse em viajar ao Marrocos para fazer a cirurgia [de redesignação sexual], ao que Lacan responde "Fazer a cirurgia é o quê? É essencialmente fazer com que lhe cortem o pau [*la queue*]". Ao que M. H. responde: "Há a castração, mas há também a transformação do corpo, os hormônios".

---

2 O recurso à noção de performance, assim como proposta por Judith Butler (1990/2003), possibilitaria um giro interpretativo a fim de buscar uma ruptura em relação à acepção biologicista e essencialista, enunciada por Lacan, presente na concepção do *tornar-se mulher* como *tornar-se um corpo de mulher*.

> *– Os hormônios, isso parece fixar especialmente sua esperança. É a única coisa que o sustenta, nesse momento?*
>
> *– M. H.: Sim, há isso, claro... e há também meu rosto, porque eu não posso escondê-lo sob as roupas. Meu rosto... ele choca na rua, não importa quem o veja.*
>
> *– Então, é por isso que você vai a cirurgiões plásticos. O que você espera da mudança de seu rosto?*
>
> *– A barba... uma depilação, é uma coisa maior. Depois, há as operações que se fazem sobre o queixo, o nariz... isso pode tornar a face mais bela. Não estou dizendo que você fique com um rosto de mulher depois de uma operação como essa, mas ele é um pouco ajeitado, arranjado* [arrangé].

Lacan se despede e a entrevista se encerra aí, com a saída de M. H. da sala e posterior discussão sobre o caso com outros analistas e psiquiatras, alguns conhecidos de nós: Marcel Czermak, Alain Didier-Weil e Suzanne Ginestet-Delbreil. Na discussão, Lacan considera que ele [M. H.] está bem enganchado [*accroché*] e que certamente se fará operar. Não há o que ser feito. Restaria acompanhá-lo para saber os efeitos disso, embora ele, Lacan, não espere muito – ou não seja otimista [na versão em espanhol]. Caberia perguntar: em relação a quê? O que poderia ser esperado aí, por parte de Lacan, diante de uma equipe de médicos de um hospital?

O debate de ideias sobre M. H. e uma possível intervenção cirúrgica se mantém por um curto período e nos faz reconhecer, mais uma vez, que a discussão realizada não segue um viés psicanalítico e não faz de M. H. um caso em psicanálise: nada foi falado sobre transferência, desejo [*désir*], Outro... nem mesmo sobre corpo e narcisismo. O que encontramos é uma aproximação ao fetichismo e a indicação, por parte de Lacan, da leitura da tese de medicina de Jean-Marc Alby, publicada em 1956 – 20 anos antes – e que, dentre outras coisas, apresenta "isso que hoje se chama transexualismo" como um fenômeno de sociedade.

## *Um dispositivo em ação*

O caso M. H. é, sem dúvida, um caso médico-psiquiátrico em sua sobreposição com o discurso jurídico – um dispositivo exaustivamente trabalhado por Michel Foucault (1973-1974/2006) que revela os mecanismos de poder-saber que se encontram em jogo. Nessa engrenagem, o corpo em questão é o corpo biológico, o sexo em questão é o sexo anatômico e a cirurgia é nomeada como emasculação ou castração. Nenhuma intervenção recorta – ou mesmo aponta – o que poderíamos escutar de uma posição de sujeito e de uma invenção de si, de seu corpo e de um modo possível de estar no mundo. Estranhamente, o que estava sendo pensado a partir do caso de James Joyce no *Seminário 23* (Lacan, 1975-1976/2007) não aparece nessa discussão: nada foi dito sobre deixar o corpo cair como uma casca, inventar um novo corpo, fazer algo como *sinthoma*... Nada sobre uma invenção diante do real – tema de algumas aulas de Lacan nesse mesmo período.

Insisto em minha leitura crítica da entrevista realizada – mais precisamente nomeada de apresentação de doentes – a fim de colocar em questão o dispositivo que sustenta a apresentação do caso M. H. por meio da noção de reconhecimento. A apresentação de doentes, como está estruturada, consiste em um convite/injunção para que o paciente fale – o que daí se escuta, como vimos, pode ser bem variado. Mas é efetivamente a posição daquele que escuta que permite que aquilo que o paciente diz seja considerado um caso; que o que ali foi dito possa ser reconhecido segundo certa inteligibilidade conceitual e clínica – ainda estamos no campo do caso – e que também possa vir a se fazer reconhecer como uma enunciação de um sujeito – espaço político.

Dito em linguagem lacaniana: um significante representa sujeito para outro significante em uma estrutura ficcional, seja ela sustentada na transferência ou na lógica intersubjetiva, o que possibilita que um sujeito seja aí suposto. Nessa discussão, a construção lacaniana sobre o tempo lógico em sua estrutura de reconhecimento (Lacan, 1945/1998) é fundamental, pois aponta o humano como campo político de invenção (Aires, 2021): afinal, "um homem sabe o que não é um homem" e "os homens se reconhecem entre si como sendo homens" (Lacan, 1945/1998, p. 213). Como, então, fazer-se incluir nessa estrutura de reconhecimento? Como um homem entre homens? Como um sujeito face a outros sujeitos? Ou... resta estar situado como um paciente diante de médicos? Como um estranho exemplar na psicopatologia de período? A exclusão implica não apenas a ausência de reconhecimento, mas, em última instância, a desumanização.

> *Eu, um corpo marcado pelo discurso médico e jurídico como "transexual", caracterizado na maior parte dos diagnósticos psicanalíticos como sujeito de uma "metamorfose impossível", situado, segundo a teoria prevalente, para além da neurose, na própria borda da psicose [...] Eu sou o monstro que vos fala. O monstro que foi construído pelos seus discursos e práticas clínicas. Eu sou o monstro que se levanta do divã e toma a palavra, não tanto como paciente, mas como cidadão, como um igual monstruoso. (Preciado, 2022, pp. 13-14)*

Um monstro toma a palavra e fala; para se fazer ouvir, Preciado (2022, p. 14) aprende a língua de Freud e de Lacan. Contudo, M. H. está em outra posição, pois o procedimento de apresentação de doentes estrutura-se como injunção para que o paciente fale; não se trata de uma tomada de palavra, mas de certa obediência ao dispositivo instituído. Nesse sentido, a apresentação de doentes mostra similaridade com as práticas confessionais – como discutidas por Foucault em diferentes textos (1973-1974/2006; 1976/1988; 1984/2020) – pela estrutura de saber-poder que se encontra em jogo, em que a confissão por extorsão, por interrogatório, implica admitir o caráter imperativo da linguagem.

> *A confissão passou a ser, no Ocidente, uma das técnicas mais altamente valorizada para produzir a verdade. Desde então nos tornamos uma sociedade singularmente confessanda. A confissão difundiu amplamente seus efeitos: na justiça, na medicina, na pedagogia, nas relações familiares, nas relações amorosas, na esfera mais cotidiana e nos ritos mais solenes; confessam-se os crimes, os pecados, os pensamentos e os desejos, confessam-se passado e sonhos, confessa-se a infância; confessam-se as próprias doenças e misérias; emprega-se a maior exatidão para dizer o mais difícil de ser dito; confessa-se em público, em particular, aos pais, aos educadores, ao médico, àqueles a quem se ama; fazem-se a si próprios, no prazer e na dor, confissões impossíveis de confiar a outrem, com o que se produzem livros. Confessa-se. (Foucault, 1976/1988, p. 59)*

Moebianamente, Foucault aponta para a dimensão reflexiva em que a confissão constitui uma subjetividade, produzindo o deslocamento de uma confissão extraída para uma confissão entregue; do corpo para a subjetividade.

A aproximação entre a apresentação de doentes e as práticas confessionais permite que Judith Butler (2004/2006) se faça presente em nossa discussão de uma forma particular, pois, ao retomar Foucault (1976/1988), a filósofa afirma que, na confissão, não ocorre apenas a revelação/apresentação de um ato já praticado ou de um desejo já existente que vem à luz. Butler destaca que o próprio ato de confissão modifica o desejo e o ato anterior ao se fazer enunciar. Ou seja, se Foucault argumenta de modo a destacar o uso imperativo da linguagem na confissão e seu efeito reflexivo, o que constitui uma verdade para o sujeito em alienação, a ênfase dada por Butler dirige-se à dimensão performativa da linguagem, espaço de construção.

Para desenvolver seu argumento, Butler toma a sessão em psicanálise e considera que, ao dar valor de ato à fala do sujeito, o analista institui uma estrutura de reconhecimento peculiar. Dito de outro modo: aquele que escuta, o analista, faz parte, está concernido pelo endereçamento que constitui a fala, mas situa-se em um lugar em que a verdade pode vir a se enunciar, não estando previamente oculta e/ou a ser revelada. Nesse sentido, a dimensão performativa da fala deve ser então considerada naquilo que a constitui no tempo [da enunciação] e em endereçamento. Na sessão de análise, tudo pode ser dito e tudo o que for dito será tomado em sua forma performativa, como uma construção que dá posição ao sujeito, que indistingue forma direta ou indireta, atualizando as leis do inconsciente (Forrester, 1990).

Esse modo de leitura mostra-se extremamente interessante não apenas por dar valor de ato à fala, mas também por situar a fala [do paciente] – pronunciada diante do outro e endereçada a ele [analista] – como um movimento que pressupõe e solicita reconhecimento do ato, mais do que de seu conteúdo. Como afirma Butler (2004/2006, p. 219):

> *O discurso analítico tem uma tendência a ser retórico; o que é dito em análise não é tomado apenas como intenção do que viria a ser dito, mas como enunciado – o modo como as palavras se encaixam – e enunciação, cujo efeito retorna sobre o falante.*

O analista "presta atenção" – expressão provocativa utilizada por Butler (2004/2006, p. 239), já que Freud (1912/2010) propõe a prática de atenção flutuante – no modo como algo é enunciado, na consequência desse ato de fala, em sua temporalidade e conteúdo. O fato mesmo de falar [de algo: desejo, culpa ou gozo, na interpretação do analista], por se fazer enunciar e reconhecer, se faz ato público: implica outro e transforma o que foi dito.

Após essas considerações, pode-se retornar ao caso M. H. com um olhar e escuta mais atentos e constatar que o reconhecimento exercido em ato na cena pública da apresentação de doentes recusa uma posição singular de sujeito ao falante. Sua fala é entendida como índice, signo – significa algo para alguém – na semiologia médica e aquele que fala sofre os efeitos desse gesto interpretativo. M. H. é, portanto, avaliado pela relação instituída entre fala e corpo, sendo este último afirmado como materialidade anatômica. Por consequência, as modificações corporais são recusadas – tanto discursivamente quanto nas ações práticas decorrentes da avaliação médica – que, ancorando-se na hormonização, poderiam possibilitar alguma mudança no corpo e talvez no espaço social, seja para M. H., seja para o olhar do outro.

Mais um ponto merece destaque: a publicação e a apresentação do "caso Sr. M. H." ou "Michel H." mantém a nomeação masculina. Em nenhum momento, até o presente, a apresentação foi relida como caso Michelle ou Corine, outros nomes de M. H., construídos em sua escrita. Cada um desses gestos – o modo de reconhecimento, as intervenções, a nomeação nas publicações – reafirma o saber do lado dos médicos e destitui o sujeito em sua enunciação, seja no momento da entrevista, seja posteriormente.

Em suma: o reconhecimento de M. H. como sujeito não se fez na entrevista, tampouco no nome do caso ou em uma possível releitura psicanalítica. M. H. foi situado como objeto de investigação diagnóstica e como corpo-posse do discurso médico-jurídico. Nessa direção, o vestir-se às escondidas com combinações e peças íntimas de náilon ganha a cena pública como um travestir-se, reafirmando o corpo de homem sob as roupas de mulher – uma reinterpretação oferecida por

Lacan a M. H., mas também à plateia presente. A estrutura que sustenta a apresentação de caso no Hospital Sainte-Anne nada mais faz do que reconhecer no paciente os traços de uma teoria que toma o fenômeno transexual sob uma ótica particular, em que a fala e o corpo – considerado em sua materialidade – colocam-se em dissonância.

Por que nos detivemos nesse caso? Por uma simples e dolorosa razão: para que a cada momento – entrevista ou sessão – uma pessoa possa ser escutada como sujeito, em uma aposta de trabalho; para que a cada momento um analista possa se ater à singularidade que se enuncia de formas muito variadas e nada programáticas. Para que a nomeação "transexualismo", como enunciado por Lacan no período, não venha recobrir – em um gesto de violência – o não saber sobre o singular por meio da afirmação geral de um saber ou discurso já instituído. Não é recobrindo a clínica com a teoria que avançamos em relação à ética que sustenta a psicanálise e que é exercida por cada analista em sua prática. Nessa direção, uma aposta se faz: que a psicanálise possa enodar-se entre clínica, ética e política no fazer de cada analista em seu tempo.

*Dedico este trabalho à querida amiga Fran Demétrio,*
*mulher trans, pesquisadora, que viveu a vida de forma*
*entusiasmada e dançante, e que nos deixou em julho de 2021.*

## *Referências*

AIRES, Suely. A psicanálise está em toda parte e os psicanalistas em outro lugar. *In:* ______. *Transferência à psicanálise: clínica, ética e política*. Salvador: Associação Científica Campo Psicanalítico, 2021. p. 125-132.

______. Endereçamento, reconhecimento e transmissão: um caso clínico em psicanálise. *In:* ______. *O caso entre exceção e transmissão*. Campinas: Mercado de Letras, 2018. p. 179-188.

AYOUCH, Tammy. Da transexualidade às transidentidades: psicanálise e gêneros plurais. *Revista Percurso*, v. 54, Ano XXVIII, junho de 2015.

BUTLER, Judith (1990). *Problemas de gênero*: feminismo e subversão de identidade. Tradução: Renato Aguiar. Rio de Janeiro: Civilização Brasileira, 2003.

______. (2004). *Défaire le genre*. Paris: Éditions Amsterdan, 2006.

CZERMAK, Marcel. *Paixões do objeto:* estudo psicanalítico do objeto. Porto Alegre: Artes Médicas, 1991.

DERRIDA, Jacques. *Marges de la philosophie*. Paris: Éditions de Minuit, 1972.

DUNKER, Christian; RAMÍREZ, Heloísa & ASSADI, Tatiana (orgs.). *A construção de casos clínicos em psicanálise*: método clínico e formalização discursiva. São Paulo: Annablume, 2017.

FORRESTER, John. *Seduções da psicanálise*: Freud, Lacan e Derrida. Tradução: Marcos S. Nobre. Campinas: Papirus, 1990.

FOUCAULT, Michel (1973-1974). *O poder psiquiátrico*. São Paulo: Martins Fontes, 2006.

______. (1976). *História da sexualidade 1*: a vontade de saber Tradução: Maria Thereza da Costa Albuquerque e J. A. Guilhon Albuquerque. Rio de Janeiro: Graal, 1988.

______. (1984). *História da sexualidade 4*: as confissões da carne. Tradução: Heliana de Barros Conde Rodrigues e Vera Portocarrero. São Paulo: Paz e Terra, 2020.

FREUD, Sigmund (1912). Recomendações ao médico que pratica a psicanálise. *In:* ______. *Observações psicanalíticas sobre um caso de paranoia relatado em autobiografia ("o caso Schreber"), Artigos sobre técnica e outros textos (1911-1913)*. Tradução e notas: Paulo César de Souza. São Paulo: Companhia das Letras, 2010. p. 147-162. (Obras completas, Vol. 10)

GHEROVICI, Patricia. Quando o transgênero é psicótico? *In:* COSSI, Rafael Kalaf (org.). *Faces do sexual*: fronteiras entre gênero e inconsciente. São Paulo: Aller, 2019. p. 99-127.

LACAN, Jacques. (1945). O tempo lógico e a asserção de certeza antecipada. Um novo sofisma. *In:* ______. *Escritos*. Rio de Janeiro: Jorge Zahar, 1998. p. 197-213.

______. (1955-1956). *Seminário 3*: as psicoses. Tradução: Aloísio Menezes. Rio de Janeiro: Jorge Zahar, 1988.

______. (1975-1976). *Seminário 23*: o sinthoma. Tradução: Sérgio Laia. Rio de Janeiro: Jorge Zahar, 2007.

______. *8 presentaciones de enfermos em Sainte-Anne*. 2014. Disponível em: http://www.psicoanalisisinedito.com/2014/05/jacques-lacan-ocho-presentaciones-de.html

______. *Entretien avec Michel H*. 2016. Disponível em: https://ecole-lacanienne.net/wp-content/uploads/2016/04/1976-02-21.pdf

LEGUIL, François. Sobre as apresentações clínicas de Jacques Lacan. *In:* ______. *Lacan, você conhece?* Palestras do Encontro Jacques Lacan. São Paulo: Cultura Editores Associados, 1998. p. 92-99.

LEITE, Nina; MORAES, Mariana Marques & MILÁN-RAMOS, J. Guillermo (orgs.). *O caso entre exceção e transmissão*. Campinas: Mercado de Letras, 2018.

PORCHAT, Patrícia. A transexualidade hoje: questões para pensar o corpo e o gênero na psicanálise. *Revista Brasileira e Psicanálise*, v. 48, n. 4, 2014.

______. Quem habita o corpo trans? *Revista Estudos Feministas*, v. 28, n. 1, 2020.

PORGE, Érik. *Transmitir a clínica psicanalítica*: Freud, Lacan, hoje. Tradução: Viviane Veras e Paulo de Souza. Campinas: Editora da Unicamp, 2009.

PRECIADO, Paul Beatriz. *Eu sou o monstro que vos fala*: relatório para uma academia de psicanalistas. Tradução: Carla Rodrigues. Rio de Janeiro: Zahar, 2022.

# PARTE III
# Limiares das questões raciais interpelando a psicanálise

# 10. Notas sobre o impacto da colonização na construção do eu negro

*Jéssica Kellen Rodrigues*

À medida que percorremos os estudos sobre o racismo, encontramos uma inquietação comum entre intelectuais negras e negros, qual seja: as consequências da colonização para a construção do eu negro. Questões como: quais as implicações e possibilidades de tornar-se negro – para usar a formulação de Neusa Santos Souza (1983) – em uma sociedade construída com base na violência colonial e no racismo? Ou, quais são as dificuldades e as consequências da impossibilidade de tornar-se negro para o povo negro? Essas questões têm se instaurado, necessariamente, nas bases da psicanálise por se tratar da condição de constituição de subjetividade do negro. Não poderia ser diferente, levando-se em conta que essa disciplina se detém em analisar a realidade humana em suas dimensões psíquicas.

Contudo, no que diz respeito ao povo negro, esse debate acaba por se estender para outros campos de investigação, como o social, o político e o cultural. Isso porque, ainda que a dinâmica de identificação na economia psíquica familiar do negro e do branco possa se aproximar de algum modo, a criança negra, na sociedade pós-colonial, encontra um ambiente de relações diferente daquele apresentado à criança branca. Isto é, a criança negra encontra na sociedade um ambiente hostil e destrutivo, resultado da violência colonizadora que, com seu mecanismo de racialização, a inferioriza devido à cor de sua pele.

Essa estrutura, ou ainda, essa situação colonial gerou, e ainda gera, sérias dificuldades para o processo de autoidentificação do povo negro. Esse é um fenômeno no qual diversas pensadoras e pensadores negros se detêm, seja para pensar a perspectiva do racismo como uma neurose cultural, como quis Lélia Gonzalez, ou a partir da perspectiva que destaca as psicopatologias decorrentes do processo de colonização, como propôs Frantz Fanon.[1] Fato é que a psicanálise oferece um terreno fértil para se pensar as opressões sofridas pelo povo negro em decorrência da colonização e escravização, especialmente quando outros campos de investigação se mostram insuficientes para compreender essas questões, como nos aponta Gonzalez, quando ela afirma que algumas pesquisas deixam "restos" que precisam ser investigados no campo da psicanálise.[2] Feitas essas considerações e para compreender as questões supracitadas, primeiro é preciso destacar que a busca por poder via subjugação e escravização do povo negro possui uma característica que permitiu a perpetuação do

---

1 "por ser uma negação sistematizada do outro, uma decisão furiosa de recuar ao outro qualquer atributo de humanidade, o colonialismo compele o povo dominado a se interrogar constantemente: 'Quem sou eu na realidade?' [...] No período de colonização não contestada pela luta armada, quando a soma de excitações nocivas ultrapassa um certo limite, as posições defensivas dos colonizados desmoronam, e estes últimos se veem então em grande número nos hospitais psiquiátricos. Há, portanto, nesse período calmo de colonização vitoriosa, uma regular e importante patologia mental produzida diretamente pela opressão" (Fanon, 1968, p. 212).

2 "O fato é que, enquanto mulher negra, sentimos a necessidade de aprofundar nessa reflexão, em vez de continuarmos na reprodução e repetição dos modelos que nos eram oferecidos pelo esforço de investigação das ciências sociais. Os textos só nos falavam da mulher negra numa perspectiva sócio-econômica que elucidava uma série de problemas propostos pelas relações raciais. Mas ficava (e ficará) sempre um resto que desafiava as explicações" (Gonzalez, 1980/1984, p. 225).

privilégio do colonizador sobre o colonizado, a saber, uma ideia de superioridade racial que é mantida até os dias atuais pelas dinâmicas do racismo estrutural.

A "ideia de superioridade racial" é o discurso que fundamenta e estabelece as relações sociais historicamente construídas com o intuito de subjugar os povos colonizados. A manutenção[3] desse discurso resulta nas condições de marginalização do povo negro desde o período da escravização até os dias atuais em razão da falta de políticas públicas de reparação histórica, violência policial, condições precárias de emprego, dificuldade de acesso à educação etc. Em outras palavras, com a justificativa de inferioridade racial, historicamente, nós, negros, somos violentados, escravizados, desumanizados em prol da posição de poder do grupo dominante branco. E mesmo com o "fim" da escravização do povo negro e um discurso de "igualdade racial" prevalente no Brasil desde então, a subalternidade é mantida por essa estrutura política e social que violenta

3 Charles Mills, em seu texto *The racial contract*, mostra como essa "ideia de superioridade racial" está nas bases das relações sociais e antecede o contrato social defendido pelos contratualistas modernos. Para Mills, essa ideia é parte do discurso falso da realidade que serve de ferramenta para a constituição da sociedade opressora vigente até os dias atuais e, nesse sentido, o contrato – como proposto por Mills – possui uma epistemologia própria. "*So here, it could be said, one has an agreement to misinterpret the world. One has to learn to see the world wrongly, but with the assurance that this set or mistaken perceptions will be validated by white epistemic authority, whether religious or secular. Thus in effect, on matters related to race, the Racial Contract prescribes for its signatories an inverted epistemology, an epistemology of ignorance, a particular pattern of localized and global cognitive dysfunctions (which are psychologically and Socially Functional), producing the ironic outcome that whites will in general be unable to understand the world they themselves have made, part of what it means to be constructed as 'white' (the metamorphosis of the sociopolitical contract), part of what it requires to achieve Whiteness, success to become a white person (one imagines a ceremony with certificates attending the successful rite of passage: 'Congratulations, you're now an official white person!'), is a cognitive model that precludes self-transparency and genuine understanding of social realities*" (Mills, 1997, p. 18).

diariamente pessoas negras física e psicologicamente, mostrando que a relação de poder imposta pelo "ideal de supremacia racial" se mantém na base das relações sociais.

O mecanismo de opressão que engendra essa condição é aquilo que chamamos de racismo. Lélia Gonzalez (1980/1984), Sueli Carneiro (2023) e outros autores e autoras já nos mostraram seus principais aspectos em suas obras. Diversos são os trabalhos que tocam no tema do racismo nas mais variadas perspectivas, e, na necessidade de fazer um recorte investigativo, o que farei neste capítulo é tentar apresentar as possíveis consequências dessa brutalidade na constituição psicossocial do povo negro e como essas consequências dialogam com aspectos centrais da psicanálise. Nesse sentido, minha investigação se limitará a apresentar algumas questões que são mobilizadas por algumas autoras e autores no campo da psicanálise, na tentativa de compreender como o "eu negro" e sua constituição é afetada diretamente por essa condição racializada imposta pelos colonizadores a serviço da dominação.

Ao fim da epígrafe de Gonzalez no texto "Racismo e sexismo na cultura brasileira" de 1989, a autora nos aponta a questão que, a meu ver, parece sumarizar – ainda que de maneira inicial – nossa investigação, a saber, o que ocorre para que haja um processo de tentativa de "identificação do dominado com dominador" (Gonzalez, 1980/1984, p. 224). Acerca dessa questão, Gonzalez se remete a Fanon, pois é em *Pele negra, máscaras brancas* (2008) que temos dados para compreender como acontece esse processo em que o negro busca se identificar com o seu algoz. Gonzalez, quando chama atenção para a questão apontada por Fanon, está encerrando uma epígrafe em que relata uma situação em que a mulher negra é atacada por brancos e também por outros negros ao tomar espaço de voz em um evento feito por brancos para falar sobre os negros (evento este em que os negros foram convidados somente como ouvintes). Deste relato de Gonzalez, destaca-se o fato de os negros ali presentes, mesmo sendo preteridos, ficarem ao lado dos brancos contra a mulher negra. Essa cena explicita a tentativa do oprimido de se igualar ao opressor e de manutenção das bases da opressão como ela existe. Fanon apresenta uma situação parecida; ele diz:

> *Nas Antilhas, o jovem negro, que na escola repete incessantemente "nossos pais, os gauleses", identifica-se com o explorador, com o civilizador, com o branco que traz a verdade aos selvagens, uma verdade toda branca. Há identificação, ou seja, o jovem negro adota subjetivamente uma atitude de branco. (Fanon, 2008, p. 122)*

Para Fanon, a investigação em torno dessa tentativa de identificação do sujeito negro com o branco deve acontecer via análise da subjetividade do negro colonizado. É na construção desse "eu negro" que é possível encontrar as marcas nocivas resultantes do que ele chama de "situação colonial" (Fanon, 2008, p. 43) e que, de algum modo, interferiu e interfere na vida psíquica do povo negro. Podemos dizer que, no texto *Pele negra, máscaras brancas*, Fanon buscará saber, a partir das vivências que têm lugar uma sociedade de origem colonial, como podemos compreender o que é ser negro. Trata-se, sobretudo, de analisar, a partir das experiências vividas pelo corpo negro, como se estrutura a sociedade colonial. E, mais especificamente, como o racismo, que é parte estruturante dessa sociedade, afeta a construção do sujeito negro e do sujeito branco de algum modo, ainda que no caso do sujeito branco a situação colonial o favoreça, e no caso do sujeito negro o prejudique. Isto é, para Fanon, a violência colonial afeta violentamente o povo negro, mas também afeta o povo branco na medida em que as relações em sociedade se dão para ambos os sujeitos e em uma relação de dominador – o sujeito branco – e dominado – o sujeito negro.

Essa relação entre dominador e dominado é basilar na situação colonial e resulta no dominado, ou seja, no corpo negro, uma psicopatologia chamada "trauma colonial". Em outras palavras, trauma colonial é o resultado de uma relação díspar entre um "eu" branco – que se considera o único sujeito existente e nega qualquer outra forma de existência e, para sustentar essa característica narcísica, afirma-se como o suprassumo da humanidade – e o corpo negro colonizado que depende do olhar desse "eu" para se afirmar nessa relação social. Então, o trauma colonial baseia-se na relação entre um sujeito e um não sujeito, pois aquilo que configura a subjetividade fica restrito ao branco. Essa instauração do "eu" dotado unicamente do corpo branco marca os traços narcísicos do "eu" resultante das relações sociais em uma lógica de dominação.

Quem nos ajuda a compreender essa dinâmica narcisista do "eu" é Grada Kilomba, que, como Gonzalez, parte das proposições de Fanon para elucidar o funcionamento da estrutura social das colônias que se mantêm até os dias atuais e que sustenta o "trauma colonial". Kilomba denuncia a presença viva do "trauma colonial" e a ausência de sua problematização na psicologia e na psicanálise, mesmo ele sendo estruturante da vida psíquica de todos, brancos e não brancos.[4] A justificativa para essa ausência de investigação do "trauma colonial" está justamente no fato de que não interessa para estudo algo que não seja o próprio "eu", isto é, o que é invisível não demandaria estudos. Enquanto sociedade, negros e negras, por muito tempo, não ocuparam as preocupações investigativas dos estudiosos da psicologia e da

4 "O trauma, no entanto, raramente é discutido dentro do contexto do racismo. Essa ausência indica como os discursos ocidentais, e as disciplinas da psicologia, e da psicanálise em particular, negligenciaram amplamente a história da opressão racial e as consequências psicológicas sofridas pelas/os oprimidas/os. [...] Contudo, os dolorosos efeitos do trauma mostram que as/os africanas/os do continente e da diáspora foram forçadas/os a lidar não apenas com traumas individuais e familiares dentro de uma cultura branca dominante, mas também como trauma histórico coletivo da escravização e do colonialismo reencarnado e reestabelecido no racismo cotidiano, através do qual nos tornamos, novamente a/o "Outra/o" subordinado e exótico da branquitude" (Kilomba, 2019b, p. 215).

psicanálise; e mais, essa ausência de investigação também é parte da construção de uma sociedade narcísica que sustenta a hegemonia do "eu branco" e exclui os demais corpos. Segundo Kilomba, "narcisista é esta sociedade branca patriarcal na qual todos nós vivemos, que é fixada em si própria e na reprodução de sua própria imagem, tornando todos os outros invisíveis" (Kilomba, 2019a, p. 13). A ficção da própria imagem gera efeitos na construção da subjetividade daqueles que não possuem o corpo branco, ou ainda, "nega-se, para negros e negras, o direito à subjetividade" (Kilomba, 2019b, p. 174), pois nega-se aos negros a possibilidade de buscar o "eu", na medida em que o ideal de "eu" oferecido pela sociedade opressora é vetado para o negro. De modo geral, enquanto o "eu branco" não é alcançado pelo branco, mas se apresenta como um ideal a ser buscado e, portanto, estruturante das relações, ele existe como possibilidade. Já para os negros, essa busca essencial para a construção do "eu" é impedida, ou seja, é obstaculizada a própria busca por ser, pois a existência do "eu branco" nega a existência do "eu negro".

Preciso destacar que essa busca pela construção do "eu" tem como uma das vias de identificação a sociedade, isto é, essa busca não acontece exclusivamente no ambiente familiar, mas também na esfera social. Aquilo que demanda uma constituição em um primeiro momento no ambiente familiar se desestrutura no social no caso da criança negra. A criança negra, que primeiro se constitui enquanto subjetividade no ambiente familiar, perde seu referencial quando se relaciona com o social. Isso porque, ainda que todas as crianças, brancas ou não, passem por fenômenos que afetam a constituição psíquica e que causam determinadas psicopatologias, a situação da criança negra é agravada na medida em que a transposição do ambiente familiar para o social amplia as possibilidades dessas psicopatologias, pois a criança negra encontra-se desprovida de um referencial de "eu" que lhe permita se constituir como subjetividade no ambiente social. Mesmo quando essa criança busca tal identificação no "eu branco", as relações sociais continuam a negar sua existência fazendo com que essa subjetividade não se reconheça enquanto parte da sociedade em que é inserida. A sociedade é uma dimensão importante na constituição desse "eu" porque extrapola o limite familiar e amplia as relações sociais, mas, no caso da criança branca, a sociedade a inclui; já no caso da negra, nega-se sua existência, não a reconhecendo como sujeito entre outros sujeitos, excluindo-a, portanto.

A criança negra depara-se com uma outra configuração quando precisa se relacionar com a sociedade. Tudo que lhe foi oferecido como meio de ser no mundo e nas relações no ambiente privado é dissipado, porque aquele "eu" que se formou na economia psíquica familiar encontra um fator externo que implica diretamente na visão que constrói de si, a saber, a racialização, a subjugação e a exclusão. Diversas situações permitem um olhar sobre essa constatação, mas Fanon destaca a divergência no que diz respeito ao direcionamento da agressividade. Segundo o autor, o movimento comum de direcionamento da agressividade precisa ser abandonado pelo negro, na medida em que lhe é vetada a possibilidade de *catharsis* coletiva. Ainda que sejam comuns nas sociedades mecanismos de escape para que possa ser liberada a energia sob a forma da agressividade, essa *catharsis* não contempla a criança negra, porque, como nota Fanon, as histórias, jornais ilustrados, jogos etc. criados no intuito de liberar essa energia e que são amplamente difundidos na sociedade são meios de condução da energia agressiva, meios elaborados por brancos para brancos. Ainda que, em um primeiro momento, eles cumpram essa função na criança negra, isso só ocorre conforme ela se identifique com o sujeito branco que não condiz com a sua realidade, processo que sofrerá consequências impostas pela própria sociedade. Diz Fanon:

> *As histórias de Tarzan, dos exploradores de doze anos, de Mickey e todos os jornais ilustrados tendem a um verdadeiro desafogo da agressividade coletiva. São jornais*

> *escritos pelos brancos, destinados às crianças brancas. Ora, o drama está justamente aí. Nas Antilhas – e podemos pensar que a situação é análoga nas outras colônias – os mesmos periódicos ilustrados são devorados pelos jovens nativos. E o Lobo, o Diabo, o Gênio do Mal, o Mal, o Selvagem, representados por um preto ou um índio, e como sempre há identificação com o vencedor, o menino branco torna-se explorador, aventureiro, missionário "que corre o risco de ser comido pelos pretos malvados", tão facilmente quanto o menino branco [...] Nas Antilhas, o jovem negro que, na escola, não para de repetir "nossos pais, os gauleses", identifica-se com o explorador, com o civilizador, com o branco que traz a verdade aos selvagens, uma verdade toda branca. Há identificação, isto é, o jovem negro adota subjetivamente uma atitude de branco. (Fanon, 2008, pp. 130-131)*

Essa identificação corresponde a uma camada de alienação, pois a criança negra primeiro se aliena na relação com os pais, quando se assujeita ao desejo do outro que cumpre a função materna, isto é, ao se ver como objeto do desejo materno, a criança se aliena no campo do imaginário. No segundo momento, a criança se assujeita à "lei do pai" no simbólico, buscando essa identificação nesse ideal de eu. Até esse momento das fases do Édipo na economia familiar, não há diferenças entre a criança negra e a branca; a modificação se dá na relação com a cultura de um modo geral e no contato com produções que auxiliam na formação do indivíduo, assim como alimentam o imaginário de uma população, pois, nesse registro, a criança negra perde sua referência apreendida no âmbito familiar ao estabelecer contatos com sujeitos e produções diversas que negam a possibilidade da sua existência. Essa nova camada de alienação, levando em consideração a sociogênese promovida por Fanon, é aquilo que chamamos de alienação colonial, pois é promovida externamente por um processo de inferiorização e negação do estatuto ontológico do sujeito negro.

A alienação colonial afeta diretamente os negros, e também os brancos. Ambos são afetados socialmente, pois, de um lado, a situação colonial promove o narcisismo que auxilia na manutenção da relação de dominação entre os indivíduos, e, por outro lado, esse narcisismo, que é parte da situação colonial, promove o racismo que encarcera e mantém o negro na condição de dominado. É importante dizer, contudo, que o modo como a situação colonial afeta o branco não é outra coisa senão a manutenção de seus privilégios e de visão de superioridade frente aos outros povos. Nesse sentido, a situação colonial sustenta uma visão ilusória de superioridade racial que favorece o branco, mas não deixa de ser uma visão falsa da realidade que está a serviço da manutenção do poder dos brancos.

Como já dito, essa situação imposta que se mantém até os dias atuais interfere diretamente na constituição da subjetividade do povo negro. Fanon denuncia, além disso, que um dos processos resultantes do mecanismo colonial é a objetificação do negro em relação ao branco. Essa objetificação nega a sua humanidade e coloca aquele que foi objetificado em uma condição fragmentada, condição que remonta à infância, quando a criança se vê como uma extensão da mãe e não como algo separado dela, por estar em condições de insuficiência e desamparo, dependente de um outro que auxilie na realização das suas necessidades. A criança se vê como uma parte daquele que realiza suas necessidades. Essa situação é revivida pelo negro no processo de sujeição promovido pelo branco. É nas situações cotidianas e no olhar do outro nas relações sociais que o negro é objetificado, e o "eu" que se constituiu em algum momento na primeira infância se esfarela com o olhar objetificador. Ao ser apontado como diferente do sujeito, o negro é colocado como objeto entre outros objetos:

> *"Preto sujo!". Ou simplesmente: "Olhe, um preto!". Cheguei ao mundo pretendendo descobrir um sentido nas coisas, minha alma cheia do desejo de estar na origem do mundo, e eis que me descubro objeto em meio a outros objetos. Enclausurado nesta objetividade esmagadora, implorei ao outro. Seu olhar libertador, percorrendo meu corpo subitamente livre de asperezas, me devolveu uma leveza que eu pensava perdida e, extraindo-me do mundo, me entregou ao mundo. Mas, no novo mundo, logo me choquei com a outra vertente, e o outro, através de gestos, atitudes, olhares, fixou-me como se fixa uma solução com um estabilizador. Fiquei furioso, exigi explicações... Não adiantou nada. Explodi. Aqui estão os farelos reunidos por um outro eu. (Fanon, 2008, p. 103)*

Ao apontar o negro e nomeá-lo como diferente devido à cor da sua pele, o branco pré-determina e objetifica o corpo negro em algo diferente do sujeito branco. Esse reconhecimento não é alcançado pelo negro, pois lhe é vetado pelo branco quando esse o objetifica nas relações cotidianas em sociedade. Ora, o outro que lhe aponta se apresenta como sendo diferente, em um lugar que não é o seu, e, se em algum momento a unidade da identificação foi alcançada, esta parece se desfazer diante do simples apontar do outro. "Explodi", disse Fanon. Esse explodir faz com que o sujeito negro retorne à condição de desamparo. A situação que permitia que o corpo negro se visse como uno se desfaz no momento em que o olhar cristaliza o corpo negro como um objeto entre objetos. Essa distinção marcada por essa objetificação, nas relações sociais, rompe o "eu negro" e impõe a ele a impossibilidade de acesso àquele ideal de "eu" que parecia acessível a todos. Diz Fanon:

> *Depois tivemos de enfrentar o olhar branco. Um peso inusitado nos oprimiu. O mundo verdadeiro invadiu o*

> *nosso pedaço. No mundo branco, o homem de cor encontra dificuldades na elaboração de seu esquema corporal. O conhecimento do corpo é unicamente uma atividade de negação (Fanon, 2008, p. 104). O mundo branco, o único honesto, rejeitava minha participação. De um homem exige-se uma conduta de homem; de mim, uma conduta de homem negro – ou pelo menos uma conduta de preto. Eu acenava para o mundo e o mundo amputava meu entusiasmo. Exigiam que eu me confinasse, que encolhesse. (Fanon, 2008, p. 107)*

Essa fragmentação impõe ao negro a busca por uma junção desses farelos feito por um outro "eu" que não é o "eu negro", já que o "eu negro" não tem valor de humanidade na sociedade e não é capaz de garantir sua existência enquanto humano. O "eu" que cumpre a função de juntar as partes dessa pele negra é um "eu branco", ou ainda, nos termos de Fanon, são as máscaras brancas que mantêm o negro na alienação de buscar "ser" branco para que consiga se reconhecer e sair da condição de não humano Busca-se a realização desse "ser" que só é possível no "ser branco". Contudo, essa condição é paradoxal, afinal, ainda que o negro alcance as asserções necessárias para se enquadrar nos padrões do branco, a sociedade ainda o enxergará como um diferente que jamais poderá participar da busca inalcançável do "ser" tal como o ideal de eu social que resulta do narcisismo do homem branco. Se a busca por esse ideal de eu é inalcançável para branco, a possibilidade de buscar esse ideal é parte constituinte da formação do indivíduo. No caso do negro, nem mesmo a possibilidade da busca é possível. Sua corrida pela tentativa de realização é negada desde o seu nascimento e está marcada pela cor da sua pele. A busca por se alienar em um outro não se trata simplesmente de construir uma relação dialética que permita a identificação que dará unidade para o "eu", negando um "eu" que existe e que precisa se alterar para se identificar, como é para o branco. Para o negro, esse processo corresponde a uma negação completa da sua existência, pois, no lugar desse "eu" que se identifica não há uma referência de "eu", mas apenas a ideia de um "outro" diferente do "eu". Nesse sentido, na busca de um eu que ocupe esse lugar, o negro encontra um ser que não é o seu e que, ainda que ele tente se identificar, a sociedade sempre o jogará na frente do nada que lhe foi imposto. Se lembrarmos do trecho da narrativa de Gonzalez na epígrafe de seu ensaio, que reproduzi neste capítulo, os demais negros que atacaram a mulher negra estavam na condição de se identificarem com o branco, sem sê-lo e ainda sendo excluído pelo branco.

Todo esse expediente imposto pela superioridade do "eu branco" é extremamente danoso e violento à vivência do negro. Isto é, além da violência física contra os corpos negros, a colonização é uma violência contra a estrutura psíquica do povo negro, porque o estabelecimento do "eu branco" como única subjetividade possível enquanto ideal de "eu" veta a identificação do negro enquanto negro. Ora, sabemos da importância dessa identificação para o indivíduo, pois, em termos bem gerais, essa identificação, que é perseguida enquanto ideal de eu, permite o movimento do sujeito em direção àquilo que lhe parece passível de realização e direciona o sujeito na busca pelo prazer. O movimento de aproximação desse ideal é significativo, pois resulta em uma sensação de "bem-estar" e realização que auxilia, em alguma medida, na saúde mental. Mas fato é que, ao vetar a possibilidade da realização desse ideal, o resultado são sentimentos de inferioridade, dificultando, assim, a realização de "bem-estar". E não se trata somente da dificuldade em realizar essa aproximação, mas da impossibilidade de sua realização, pois o ideal de eu que se apresenta ao negro é impossível de ser realizado pelo corpo negro. De acordo com Souza, o negro é submetido a essa lógica e, para sustentar uma busca por um ideal de negro, o negro precisa se negar enquanto sujeito. O que sustenta essa lógica é o corpo branco que sustenta na organização social e ideal uma entidade que só pode ser encarnada pelo corpo branco.

Essa entidade é chamada pela autora de brancura e é o lugar ideal a ser alcançado para todo sujeito, diz Souza: "A brancura é abstraída, reificada, alçada à condição de realidade autônoma, independente de quem a porta enquanto atributo étnico, ou, mais precisamente racial" (Souza, 1983, p. 4).

A brancura ocupa o lugar desse ideal de eu universal. Não se trata mais de um sujeito branco como ponto de referência, mas da brancura mesma enquanto paradigma para todos. Um ponto de chegada que é vetado a alguns corredores. Ao usar essa metáfora, fica evidente que todos aqueles que compõem a sociedade estão correndo na mesma direção; a corrida é o processo de construção do sujeito, corpos negros e corpos brancos se identificam nesse processo, mas parte deles não vai chegar ao final, e esse pressuposto foi estabelecido no momento da partida. Com isso quero dizer que o ponto de chegada não é alcançado por nenhum corpo, mas o resultado dessa corrida, que já começa perdida para o negro, é o trauma colonial que o negro sofre. Destituído de ser, fragmentado e em situação de desamparo, o negro é forçado a se negar e buscar se identificar com um ideal que jamais lhe será acessível. Nesse sentido, diz Kilomba:

> *Os dolorosos efeitos do trauma mostram que as/os africanas/os do continente e da diáspora foram forçadas/os a lidar não apenas com traumas individuais e familiares dentro de uma cultura branca dominante, mas também com o trauma histórico coletivo da escravização e do colonialismo reencenado e restabelecido no racismo cotidiano, através do qual nos tornamos, novamente a/o "Outra/o" subordinado e exótico da branquitude. (Kilomba, 2019b, p. 215)*

O que se tem é que, a serviço da exploração de um povo em detrimento dos privilégios do povo branco, se promove uma falsa visão de superioridade racial que serve de justificativa para a violência física e psíquica vivida por pessoas negras desde o período da escravização até os tempos atuais. Essa manutenção é garantida pela sustentação de discursos que maquiam a realidade, como o discurso de democracia racial, de igualdade racial, somos todos iguais etc.,[5] quando, na realidade, somos obrigados a reviver os traumas da colonização por vivermos em uma sociedade que se alimenta da subjugação do povo negro. A questão que fica é se seria possível um rompimento com essa lógica que ainda violenta o povo negro. Os esforços para traçar meios de romper com essa estrutura vêm de várias vertentes, a partir de diversos intelectuais, mas, em termos de psicanálise, algumas frentes precisam ser indicadas. Souza nos aponta alguns deles: o primeiro é a tomada de consciência que permite a saída dessa condição imposta ao negro pela colonização – alienação –, e o segundo é o meio pelo qual essa tomada de consciência é possível. De acordo com Souza:

> *Ser negro é, além disto, tomar consciência do processo ideológico que, através de um discurso mítico acerca de si, engendra uma estrutura de descobrimento que o aprisiona numa imagem alienada, na qual se reconhece. Ser negro é tomar posse desta consciência e criar uma nova*

5 No discurso, temos: "Racismo? No Brasil? Quem foi que disse? Isso é coisa de americano. Aqui não tem diferença porque todo mundo é brasileiro acima de tudo, graças a Deus. Preto aqui é bem tratado, tem o mesmo direito que a gente tem" (Gonzalez, 1980/1984, p. 226), mas, na realidade, "primeira coisa que a gente percebe, nesse papo de racismo é que todo mundo acha que é natural. Que negro tem mais é que viver na miséria. Por quê? Ora, porque ele tem umas qualidades que não estão com nada: irresponsabilidade, incapacidade intelectual, criancice etc. e tal. Daí, é natural que seja perseguido pela polícia, pois não gosta de trabalho, sabe? Se não trabalha, é malandro e se é malandro, é ladrão. Logo, tem que ser preso, naturalmente. Menor negro só pode ser pivete ou trombadinha (Gonzalez, 1979), pois filho de peixe, peixinho é. Mulher negra, naturalmente, é cozinheira, faxineira, servente, trocadora de ônibus ou prostituta. Basta a gente ler jornal, ouvir rádio e ver televisão. Eles não querem nada. Portanto, têm mais é que ser favelados" (Gonzalez, 1980/1984, p. 224).

> *consciência que reassegure o respeito às diferenças e que reafirme uma dignidade alheia a qualquer nível de exploração. Assim, ser negro não é uma condição dada,* a priori, *é um vir a ser. Ser negro é tornar-se negro. (Souza, 1983, p. 77)*

Concordando com Souza, existe uma estrutura imposta a nós, negros, que nos objetifica e violenta. Essa estrutura é o que nos aprisiona e faz com que sejamos violentados e mortos. É com essa estrutura racista que precisamos romper, e o seu rompimento começa com o conhecimento da existência dela e da lógica que a alimenta. Tomar conhecimento de que essa sociedade em que vivemos encontra-se construída sobre bases racistas não oferece, por si só, os meios para nos conhecermos enquanto negros. O tornar-se negro é o caminho para o rompimento dessa alienação imposta pela situação colonial, ou ainda o abandono das máscaras brancas que nos permeiam. Essa tomada de consciência parece implicar uma destituição do ideal de eu imposto pela brancura. Se estou certa nessa leitura, duas questões que me ficam, mas para as quais não tenho resposta ainda, são: é possível destituir o "ideal de eu" da brancura sem necessariamente substituir por outro? E qual seria esse outro? Souza parece sugerir que esse outro ideal de eu deva ter "um rosto próprio". Ela diz:

> *Um Ideal de Ego que lhe configure um rosto próprio, que encarne seus valores e interesses, que tenha como referência e perspectiva a História. Um Ideal construído através da militância política, lugar privilegiado de construção transformadora da História. (Souza, 1983, p. 44)*

E aqui me aparece a segunda questão: o meio de construção desse novo ideal se dá no âmbito do social, do político e da história? A psicanálise nos auxilia no processo de compreensão do problema e dos possíveis caminhos para enfrentá-lo, mas parece que só a interdisciplinaridade é capaz de encaminhar essas possíveis soluções.

## *Referências*

CARNEIRO, Sueli. *Dispositivo de racialidade*: a construção do outro como não ser como fundamento do ser. Rio de Janeiro: Zahar, 2023.

FANON, Frantz. *Os condenados da terra*. Tradução: José Laurênio de Melo. Rio de Janeiro: Civilização Brasileira, 1968.

______. *Pele negra, máscaras brancas*. Salvador: Universidade Federal da Bahia, 2008.

GONZALEZ, Lélia. (1980). Racismo e sexismo na cultura brasileira. *Revista Ciências Sociais Hoje*, Anpocs, p. 223-244, 1984.

______. Pensamento feminino: sinônimo de pensamento colonizado? *Revista Singular e Plural*, São Paulo, n. 4, 1979.

KILOMBA, Grada. Ilusões vol. I Narciso e Eco. *In:* Pinacoteca de São Paulo (org.). *Grada Kilomba*: Desobediências poéticas. São Paulo: Pinacoteca de São Paulo, 2019a. p. 1-22.

______. *Memórias da plantação*: episódios de racismo cotidiano. Rio de Janeiro: Cobogó, 2019b.

LACAN, Jacques. *O seminário: livro 11*: os quatro conceitos fundamentais da psicanálise. 2. ed. Rio de Janeiro: Jorge Zahar, 1998.

______. Os complexos familiares na formação do indivíduo. *In:* ______. *Outros escritos*. Rio de Janeiro: Jorge Zahar, 2003. p. 29-90.

MILLS, Charles. *The racial contract*. Ithaca: Cornell University Press, 1997.

SOUZA, Neusa Santos. *Tornar-se negro*: as vicissitudes do negro brasileiro em ascensão social. Rio de Janeiro: Graal, 1983.

# 11. Frantz Fanon e Neusa Santos Souza: a neurose colonial e sua possível superação

*João Vitor Rodrigues*

> *Defendemos, de uma vez por todas, o seguinte princípio: uma sociedade é racista ou não é.*
>
> *Enquanto não compreendermos essa evidência, deixaremos de lado muitos problemas.*
>
> Frantz Fanon, Pele negra, máscaras brancas

A dissertação deste capítulo surge a partir da elaboração de três apresentações em seminários filosóficos,[1] todos realizados em 2021. Tais investigações são frutos do projeto de Iniciação Científica/CNPq (2020/2022). Frantz Fanon e Neusa Santos Souza são centrais em nossa discussão, com enfoque nas obras *Pele negra, máscaras brancas* (Fanon, 1952/2008; 1952/2020) e *Tornar-se negro: as vicissitudes da identidade do negro brasileiro em ascensão social* (Souza, 1983/1990). Ao longo dessas apresentações, a investigação abordava os pontos que interseccionam as obras dos intelectuais, isto é, a compreensão do período colonial como instrumento constituinte

1 Apresentamos a discussão no congresso Limiares: Desafios Contemporâneos da Psicanálise, Semana de Pesquisa em Filosofia/UFLA e Colóquio Filosófico do Pensamento Afrodiaspórico UFPE.

de uma neurose coletiva e quais as possíveis superações que os textos trabalhados nos apresentam.

## *O racismo enquanto sintoma psíquico*

Frantz Fanon nasceu em 1925, na Martinica. Além de sua formação acadêmica em psiquiatria, o autor dialoga em sua teoria com vertentes psicanalíticas, existencialistas e marxistas. Fanon foi militante pela libertação nacional da Argélia e peça fundamental para o desenvolvimento do movimento teórico sobre os estudos de identidades pós-coloniais e materialismo histórico terceiro-mundista.[2]

Vale salientar que *Pele negra, máscaras brancas* seria, a princípio, o trabalho de conclusão de curso de sua graduação e se chamaria *Essai sur la désaliénation du Noir* (Ensaio sobre a desalienação do negro), mas a obra foi recusada pela academia como uma possível monografia, portanto, seu aparecimento público foi adiado e surgiu como livro em 1952.

Neusa Santos Souza, por sua vez, é formada em psiquiatria, nasceu em 1948 na Bahia, porém se radicou no Rio de Janeiro. Sua obra, *Tornar-se negro...*, publicada a princípio em 1983, desenvolve sua argumentação com base na psicanálise e crítica racial sobre a condição de negros em ascensão social no Brasil. Este trabalho constitui um estudo clínico e se designa como um dos textos centrais para discutir a pauta da negritude no país.

Renato Noguera[3] afirma que o racismo enquanto um fenômeno surge na compreensão fanoniana como "determinado historicamente e funciona para opressão sistemática de um povo, uma opressão que

2 Informações biográficas foram formuladas a partir do livro *Frantz Fanon: um revolucionário particularmente negro* (2018), de Deivison Mendes Faustino.

3 Renato Noguera é doutor em filosofia, pesquisador e atualmente professor da Universidade Federal Rural do Rio de Janeiro (UFRRJ).

passa por instâncias políticas, jurídicas, econômicas e psicológicas" (Noguera, 2020, p. 10).

O racismo, desse modo, para Fanon em *Pele negra, máscaras brancas* (1952/2008), como já apresentado por Noguera, define-se como um pilar das civilizações que outrora foram colonizadas, seus resquícios estruturais são promovidos e sustentados pelo sistema econômico capitalista, constituindo a estrutura psíquica dos sujeitos, estabelecendo-se como elemento cultural e, consequentemente, acarretando em negros o complexo de inferioridade, tendo em vista o período colonial que era marcado pelo segregacionismo racial, isto é, a dicotomia humanista entre colonizado e colonizador. Nas palavras do psiquiatra:

> *Antes de abrir o dossiê, queremos dizer certas coisas. A análise que empreendemos é psicológica. No entanto, permanece evidente que a alienação do negro implica uma súbita tomada de consciência das realidades econômicas e sociais. Só há complexo de inferioridade após um duplo processo:*
>
> - *inicialmente econômico;*
> - *em seguida pela interiorização, ou melhor, pela epidermização dessa inferioridade. (Fanon, 1952/2008, p. 28)*

Desse modo, compreendem-se dois pontos fundamentais como ponto de partida em seu texto: o complexo de inferioridade enquanto efeito direto do sistema socioeconômico vigente como influenciador da constituição do sujeito, isto é, o capitalismo, e a alienação do negro que aparece no texto enquanto estranhamento de si mesmo.

O conceito de complexo de inferioridade surge no texto fanoniano, em sua epígrafe, na citação de Aimé Césaire.[4] Trata-se de um

4 "Falo de milhões de homens em quem deliberadamente inculcaram o medo, o complexo de inferioridade, o tremor, a prostração, o desespero, o servilismo."

termo dialético, quer dizer, só haveria o complexo de inferioridade diante do complexo de superioridade. Para Fanon, esse conceito é um efeito psicossomático da neurose colonial, isto é, como o colonialismo mobilizou as forças da psique por meio da internalização para a programação do sujeito a partir do ideal ocidental europeu.

Dito de outro modo, o complexo de inferioridade surge como um efeito neurótico; grosso modo, enquanto conceito, a neurose se constitui como afecção psicogênica que possui suas raízes na infância do sujeito e se materializa como conflito psíquico entre o desejo e a defesa; recorremos à caracterização conceitual proposta por Jean Laplanche em *Vocabulário da psicanálise* (Laplanche; Pontalis, 1967/1991). Tal complexo na teoria do psiquiatra parece corroborar a significação neurose posta, uma vez que o psiquiatra propõe em seu texto que uma criança negra, tendo crescido em uma família "normal", passará a ser anormal ao menor contato com o mundo branco (Fanon, 1952/2008, p. 189).

O conceito de complexo de inferioridade e da neurose são, desse modo, efeitos diretos da instância psíquica materializada como resposta da compreensão do ser humano posta no Ocidente. Fanon nos propõe a análise sociogenética, isto é, do modo como a civilização interfere nas nossas construções psíquicas.[5] Tal conceito se fundamenta na crítica feita do autor para Sigmund Freud, com base na necessidade de ir além das análises já postas sobre as teses filogenéticas e ontogenéticas.[6] Em suas palavras:

---

Citação retirada da epígrafe de *Pele negra, máscaras brancas*, originalmente publicada em *Discurso sobre o colonialismo*, de Aimé Césaire (1955/2020).

5 O conceito de sociogenia surge apenas uma vez na teoria do psiquiatra, no entanto, Deivison M. Faustino aponta: "Embora o termo desapareça nos trabalhos posteriores, pode-se observar em todos eles a fidelidade a essa perspectiva" (Faustino, 2018).

6 Conferir em Fanon, 1952/2020, p. 25.

> *Reagindo contra a tendência constitucionalista em psicologia do fim do século XIX, Freud, através da psicanálise, exigiu que fosse levado em consideração o fator individual. Ele substituiu a tese filogenética pela perspectiva ontogenética. Veremos que a alienação do negro não é apenas individual. Ao lado da filogenia e da ontogenia, há a sociogenia. (Fanon, 1952/2008, p. 28)*

Embora nosso autor mobilize a psicanálise durante todo seu percurso filosófico, notamos que, para Fanon, mais especificamente no quarto capítulo de *Pele negra...*, nomeado "Sobre o pretenso complexo de dependência do colonizado", ele afirma: "é preciso dizer, que em certos momentos, o social é mais importante que o individual" (Fanon, 1952/2008, p. 100).[7] Em outras palavras, a psicanálise surge como instrumento para compreensão teórica para investigar como a cultura influencia na subjetividade; esta é a base da conceitualização da sociogenia fanoniana.

O colonialismo surge, tanto nos textos de Fanon quanto nos de Neusa Souza, como um sistema que desenvolveu em sujeitos racializados e brancos a percepção distorcida da materialidade, isto é, que há um desvio existencial tanto em negros quanto em brancos que os impede de se reconhecerem como de fato são constituídos. Tal desvio é descrito pelo psiquiatra como duplo narcisismo, uma vez que, "para o negro, existe apenas um destino e ele é branco" (Fanon, 1952/2020, p. 24), o que definiria a alienação para Fanon, ou seja, o estranhamento de si.

Por outro lado, a premissa apresentada na introdução de *Tornar-se negro...* delimita que a finalidade da obra é a constituição do pensamento

---

7 O presente capítulo é marcado pela resposta direta de Fanon ao trabalho de Octave Mannoni nomeado *Psychologie de la colonisation* (1950).

teórico principiando da experiência, ou seja, a vivência[8] é um eixo fundamental no texto; não à toa, a obra recorre à análise a partir de depoimentos de pacientes. Nota-se também a importância em não perder de vista a relação "indivíduo x cultura", uma vez que o problema abordado é a situação do negro diante da civilização formada por princípios eurocentrados.[9]

Para Souza, ser negro, antes de ser uma classificação fenotípica, é também um ato político. O termo negro para nossos autores não seria adjetivo, uma vez que o processo colonial o transforma em substantivo, a essência. Identificar-se enquanto negro, sobretudo, é necessariamente

> *viver a experiência de ter sido massacrado em sua identidade, confundido em suas perspectivas, submetido a exigências, compelido a expectativas alienadas. Mas é também, e sobretudo, a experiência de comprometer-se a resgatar sua história e recriar-se em suas potencialidades. (Souza, 1983/1990, p. 18)*

A intelectual compreende, assim como Fanon, o colonialismo como um fator estruturante no mundo ocidental contemporâneo que ocasiona um determinado desvio existencial. A psicanalista argumenta que o negro que almeja a ascensão social estará diante do dilema de ascender socialmente e perder, ou ao menos inibir, sua identidade pertencente, afastando-se dos valores de sua comunidade e não se reconhecendo frente ao espelho. Desse modo, o negro que almeja ascender socialmente engaja-se na busca de se equiparar ao branco, "como a única possibilidade de 'tornar-se gente'". Sublinha a psicanalista:

---

8 Interessante notar que vivência e experiência em Neusa Santos Souza ganham o mesmo sentido, isto é, o caminho que uma pessoa trilhou na vida e suas relações com prazeres e desprazeres.

9 Embora a autora não faça referência direta, a concepção abordada remete ao conceito de sociogenia fanoniana, presente em Fanon, 1952/2008; 1952/2020.

> *O negro que se empenha na conquista da ascensão social paga o preço do massacre mais ou menos dramático de sua identidade. Afastado de seus valores originais, representados fundamentalmente por sua herança religiosa, o negro tomou o branco como modelo de identificação, como a única possibilidade de "tornar-se gente". (Souza, 1983/1990, p. 18)*

Ao se deparar com o desejo da ascensão social, aponta Souza, o negro se vê diante de uma única possibilidade: tomar o modelo branco como ideal e tentar se equiparar o máximo possível ao modelo que a Europa apresentou como ideal de humanidade. Argumento bem parecido com o de Fanon, "quanto mais assimilar os valores culturais da metrópole, mais o colonizado escapará da selva" (Fanon, 1952/2008, p. 34). O tornar-se gente, dessa forma, equivale a tornar-se branco, o ideal de civilização. Fanon, por sua vez, nos diz:

> *Que quer o homem?*
>
> *Que quer o homem negro?*
>
> *Mesmo expondo-me ao ressentimento de meus irmãos de cor, direi que o negro não é um homem. (Fanon, 1952/2008, p. 26)*

Dito de outra forma, para Fanon, o homem é antes de tudo o sujeito que goza da regalia de acessar a zona do não ser,[10] de onde proverá uma autêntica aparição, no entanto, "o negro não acessa a descida

---

10 Concepção extraída da influência sartreana nos textos fanonianos, ou seja, a possibilidade do ser enquanto sujeito a partir da estrutura do não-ser. Nilson Lucas Dias Gabriel, na interseção de Fanon e Jean Paul-Sartre, aponta: "Numa perspectiva existencial, essa zona do não-ser é o que possibilita não apenas o ressurgimento, bem como o surgimento da liberdade humana, pois é somente pelo nada que o ser do homem vem ao mundo" (2019, p. 119).

ao verdadeiro inferno" (Fanon, 1952/2008, p. 22), descida esta que integra qualquer ser humano sob a ótica existencialista. O negro é um homem negro, preso ao delírio colonial e ao que ele herdou do regime escravocrata; em outras palavras, o homem ou a mulher negra,[11] que devido ao colonialismo tem seu corpo reduzido ao sub-humano a ponto de não lidar com suas próprias angústias, angústias tais que constituem todos os sujeitos.

O negro, desse modo, não surge como um sujeito, e sim um objeto, isto é, o Humanismo racista para Fanon impõe o não reconhecimento recíproco entre o negro e o branco, pois o negro no Ocidente nem pode ser considerado humano devido aos resquícios da exploração colonial, "minha alma cheia de desejo de estar na origem do mundo, e eis que me descubro objeto em meio a outros objetos" (Fanon, 1952/2008, p. 103). O negro, aos olhos do branco, não possui resistência ontológica, o que impossibilitaria a compreensão do ser negro.

Em "Racismo e cultura" (1951-1961/2018), o psiquiatra argumenta que o homem negro é reduzido à categoria de homem objeto. Em outras palavras, o negro se constitui enquanto um homem destituído de sua humanidade. Por conseguinte, o branco será tomado como o ideal do vir-a-ser no mundo, indicando o não reconhecimento entre o dominador e o dominado. Em contraponto, haveria na materialidade uma tentativa de estar pareado com aquele sujeito que foi tomado enquanto humano, isto é, o branco. Por isso, Fanon desenvolve longamente o conceito de embranquecimento e a identificação com o agressor, pois se há um ideal de humanidade, esse ideal é branco, e tais sintomas dessa neurose solidificariam sua análise ao regime colonial.

---

11 Importante pontuar que Fanon trata o termo Homem enquanto categoria universal, isto é, cabendo ao papel de homens e mulheres. Grada Kilomba, intelectual portuguesa, pontua críticas interessantes acerca dessa questão no prefácio da obra *Pele negra, máscaras brancas*, publicada pela editora Ubu em 2020, no Brasil.

Isso torna coerente, ao nosso ver, o retorno do intelectual a Sigmund Freud, na obra *Psicologia das massas e análise do eu* (1921/2011), em relação ao uso do conceito de Ideal de Eu para identificar as relações entre os sujeitos diante das civilizações que possuem o racismo como eixo estruturante. Para Fanon, "o negro só tem um destino e ele é branco" (Fanon, 1952/2020, p. 24), tendo em vista que, como dito anteriormente, foi a condição humanista europeia que fundamentou o branco enquanto humanidade hegemônica.

Na argumentação freudiana, em específico no capítulo VII da *Psicologia das massas e análise do eu: a identificação*, o alemão apresenta o conceito de identificação como aquele que se constitui com a formação do próprio Eu ao se assemelhar com aquele que é tomado por modelo. Cito-o: "Percebe-se apenas que a identificação se empenha em configurar o próprio Eu à semelhança daquele que é tomado por 'modelo'" (Freud, 1921/2011, p. 62).

Desse modo, podemos fazer um breve parênteses para ligação entre Fanon, Souza e Freud, na medida em que, diante da civilização ocidental, o branco é colocado culturalmente como ideal de humanidade, o ser branco é antes de tudo ser humano. Como aponta a teórica brasileira:

> *Foi com a disposição básica de ser gente que o negro organizou-se para ascensão, o que equivale dizer que foi com a principal determinação de assemelhar-se ao branco – ainda que tendo que deixar de ser negro – que o negro buscou, via ascensão social, tornar-se gente. (Souza, 1983/1990, p. 21)*

Portanto, é preciso que haja um modelo no qual o indivíduo irá se espelhar tendo em vista um modelo ideal de humanidade, um modelo de caráter simbólico.[12] Esse modelo, para nossos autores, diante das perspectivas ocidentais, é branco. Tal idealização, que consequentemente se torna identificação de sujeitos negros, resultaria em tomar brancos como modelos, como ideal de Eu.

O negro, desse modo, é constituído a partir da desumanização. Sua primeira ordem na construção de um ideal branco é a negação, o expurgo de qualquer "mancha negra" (Souza, 1983/1990, p. 34). Em síntese, o método que nomeia o negro enquanto substantivo, como já apontamos, pressupõe esse fator reducionista diante da perspectiva ocidental, isto é, uma invenção para a subalternização,[13] impondo aos não brancos a dialética relacional entre a superioridade e a inferioridade, pois trata-se aqui da dialética do reconhecimento entre o Eu e o Outro,[14] sendo o colonizado sempre o Outro dentro desse fenômeno. Nas palavras do psiquiatra:

> *O negro tem duas dimensões. Uma com seu semelhante e outra com o branco. Um negro se comporta de modo diverso com um branco e com outro negro. Que essa cissiparidade seja consequência direta da aventura colonialista não resta nenhuma dúvida... (Fanon, 1952/2020, p. 31)*

Desse modo, o negro se relaciona com um branco de modo diferente da relação negro x negro, isto é, diante de um sujeito branco, o negro se vê como inferiorizado, dadas as suas características fenotípicas e como efeito sintomático da colonização. No texto "Racismo e dominação psíquica em Frantz Fanon" (2011), Thiago C. Sapede

---

12 Souza, 1983/1990, p. 33.

13 Achille Mbembe aponta que o termo negro foi inventado para exclusão e subalternização. Em *Crítica da razão negra* (2013/2018), o filósofo camaronês expõe que, diante da modernidade, o negro teve sua humanidade reduzida a mercadoria.

14 Conferir no capítulo "O preto e o reconhecimento" em Fanon, 1952/2008, p. 175.

aponta que esse fenômeno resulta em uma posição neurótica, isto é, a negação de si. Em suas palavras:

> *Essa negação de si coloca o colonizado numa posição neurótica, num confronto psíquico contra si próprio e como consequência nasce nele um "complexo de inferioridade". É justamente deste complexo que o colonialismo europeu se apropria e deste se alimenta.* (Sapede, 2011, p. 47)

Nesse caso, na colonização, o sujeito negro interioriza o complexo de inferioridade enquanto o branco internaliza a superioridade; a interiorização é neurótica em ambos os casos.

Fanon e Neusa, então, surgem novamente na encruzilhada, isto é, ambos articulam os conceitos de embranquecimento/identificação com o agressor. Esse processo se configura enquanto ilusório, tendo em vista que a violência imposta pelo colonialismo passa por uma questão fenotípica, ou seja, o negro sempre será um negro. Nesse sentido, o anseio por se embranquecer perpassa diversas camadas da vida social de um sujeito racializado, desde as relações amorosas até o modo de se comunicar.

## *As possíveis superações da neurose colonial*

No decorrer deste tópico, pretendo abordar as possíveis superações da neurose colonial que os textos estudados propõem. Os conceitos de transformações materiais e a desalienação do negro são pautas centrais na obra de Fanon. Nosso autor apresenta pistas de como se daria a construção de um novo ideal de Eu. Há possíveis caminhos apresentados pelo teórico como a ideia de superação do racismo.

A dialética do reconhecimento em Fanon é marcada intrinsecamente pelo duplo narcisismo, isto é, "o branco fechado em sua brancura e o negro na sua negrura" (Fanon, 1952/2008, p. 27). Veremos que o que está em jogo em *Pele negra...* é a superação desse desvio humanista proposto pelo colonialismo. Em outras palavras, a ruptura do duplo narcisismo com seu fim último em um possível reconhecimento recíproco. Motivado por essa premissa, o martinicano propõe a desalienação dos sujeitos, mas tal rompimento só poderia ser realizado de modo materialista.[15]

Vale ressaltar que Fanon foi membro ativo do Movimento de Independência da Argélia (1954-1962); "foi bastante hábil para lidar com esses dilemas e sua atuação contribuiu ativamente para construção de novos laços" (Faustino, 2018, p. 98). No entanto, seu falecimento ocorreu um ano antes do processo revolucionário se finalizar. Ele faleceu nos Estados Unidos da América, no dia 6 de dezembro de 1961, em decorrência de complicações em seu quadro de leucemia.

Entretanto, em seus últimos meses de vida, Fanon escreveu o texto *Os condenados da terra* (1961/2005). Na obra, centrada no processo revolucionário, o psiquiatra argumenta sobre o período de ressurreição argelina em suas primeiras linhas:

> *Libertação nacional, renascimento nacional, restituição da nação ao povo,* Commonwealth, *quaisquer que sejam as rubricas utilizadas ou as fórmulas novas introduzidas, a descolonização sempre é um fenômeno violento. (Fanon, 2015/2020, p. 51)*

Não se pode perder de vista que o texto *Os condenados da terra* (1961/2005) corresponde a uma análise de conjuntura sobre o processo de libertação da Argélia; tal princípio temporal sobre suas obras já tinha sido delimitado pelo próprio em 1952:

---

15 Conferir no primeiro capítulo de *Pele negra, máscaras brancas* "O negro e a linguagem". Fanon cita a tese XI sobre *Feuerbach* de *Karl Marx*: o problema não é mais conhecer o mundo, mas transformá-lo.

> *A arquitetura do presente trabalho situa-se na temporalidade. Todo problema humano exige ser considerado a partir do tempo. Sendo ideal que o presente sempre sirva para construir o futuro. [...] Pertenço irredutivelmente à minha época. (Fanon, 1952/2008, p. 29)*

Empreende-se, desse modo, que embora Fanon se coloque como homem de seu tempo, sua teoria ainda estaria à mercê para contemporaneidade, e alguns caminhos possíveis que foram apresentados pelo autor serviriam para analisar a possível superação do racismo enquanto tal se constitui. O novo humanismo, segundo Ivo Pereira Queiroz na sua tese *Fanon, o reconhecimento do negro e o novo humanismo* (2013), aparece como:

> *perspectivado por Fanon a partir dos lugares sociais dos povos oprimidos em processo de libertação configura uma necessidade vital para a sustentação do projeto emancipacionista. (Queiroz, 2013, p. 126)*

Dito de outro modo, o projeto de desalienação proposto por Fanon exige necessariamente a participação dos povos não brancos por uma luta prática de tomada de poder, a construção de um novo ideal político. Souza parece corroborar com a ideia proposta pelo autor:

> *Um novo Ideal de Ego que lhe configure um rosto próprio, que encarne seus valores e interesses, que tenha como referência e perspectiva a História. Um Ideal construído através da militância política, lugar privilegiado de construção transformadora da História. (Souza, 1981, p. 44)*

Vale ressaltar que esse processo político e material de transformação implicaria para Fanon a discussão sobre o conceito de violência e sua problematização como algo naturalizado entre a cidade do colono e a cidade do colonizado. Para o martinicano, a violência permeia o pacto civilizatório. Em suas palavras:

> *A violência com a qual se afirmou a supremacia dos valores brancos, a agressividade que impregnou o confronto vitorioso desses valores com os modos de vida ou de pensamentos dos colonizados fazem com que, por uma justa contrapartida, o colonizado tenha um riso irônico quando se evocam diante dele esses valores. (Fanon, 2015/2020, p. 60)*

Notamos que a violência, diante dos textos fanonianos, emergem como pacto civilizatório; só há diferença na legitimidade de tal conceito, isto é, de onde essa violência parte. Estado e colonizador têm a violência como instrumento normalizado, por meio do qual se consolida o processo colonial. Desse modo, a violência não se justifica na obra fanoniana, mas se constata como algo posto e naturalizado e sobretudo instrumentalizado na civilização, no caso, desde o começo da colonização, sendo sustentado por seus dispositivos de manutenção e controle social. Como afirma Noguera:

> *Não se trata exatamente de propor a violência, mas de compreender que a colonização é um sistema predatório e a violência faz parte de sua dinâmica. [...] O novo humanismo não encampa a violência essencial porque faz parte da resistência anticolonial. A violência não é um fim em si. O perigo tanto da opressão colonial quanto da resistência anticolonial é sucumbir à adicção. (Noguera, 2020, p. 8)*

Interessante notar que, tanto na primeira obra publicada em 1952 quanto na última redigida pelo psiquiatra em 1961, está presente a ideia de que o fim da opressão racial só se concluiria efetivamente dentro da tomada material do mundo e a consciência social e econômica do espaço territorial, por meio da transformação radical.

O que se pode afirmar é a evidente e forte influência que Aimé Césaire e Karl Marx exercem diante da teoria fanoniana. Marx inclusive, como dito anteriormente, é citado no primeiro capítulo de *Pele negra...*, em relação a sua tese XI sobre Feuerbach. O problema, assim como em Marx, para Fanon não se dilui à medida que conhecemos o mundo; a solução viria pela transformação material.

Rapidamente passando por Marx, seu termo alienação a princípio surge enquanto estranhamento, ainda nos textos de juventude como os *Manuscritos econômico-filosóficos* (1844/2010), isto é, quando o operário não se reconhece naquele material que ele produz.

A práxis em Fanon, aponta Faustino em sua tese *Por que Fanon? Por que agora?*, é o movimento pelo qual a coisa colonizada torna-se homem no processo no qual se liberta (Faustino, 2015, p. 76). Portanto, a busca pela libertação necessariamente acompanha a ideia de se humanizar, em que o colonizado busca a sua condição de humano, o que dentro do processo alienado tenderia ao embranquecimento ou ao essencialismo vazio; no materialismo histórico proposto nos textos fanonianos, a luta seria por abolição de dogmas impostos por regimes coloniais.

Sendo sua perspectiva marxista nesse ponto, para Fanon a desalienação só existiria à medida em que o sujeito estivesse em um mundo modificado em sua totalidade. Provém dessa lógica operante a frase do texto "Racismo e cultura" (1956): "o fim do racismo se dará com uma súbita incompreensão" (Fanon, 1951-1961/2018, p. 90). Dito de outro modo, se o Ideal de Eu de um colonizado foi construído pelo modelo do colonizador, as instâncias que ele enfrentará nesse processo de descolonização são, antes de tudo, desconhecidas.

O mundo colonial, como lido por Fanon, é um mundo cortado em dois: o humano e o desumanizado O psiquiatra retoma a ideia apresentada em *Pele negra...* no texto *Os condenados...*: "Foi o colono que fez e continua a fazer o colonizado" (Fanon, 1961/2005, p. 52). Portanto, a autêntica desalienação e a superação da neurose colonial, de acordo com a teoria fanoniana, só poderia ser efetivada de modo coletivo e com a transformação material e política do mundo.

## *Referências*

CÉSAIRE, Aimé (1955). *Discurso sobre o colonialismo*. Tradução: Claudio Willer. São Paulo: Veneta, 2020.

FANON, Frantz. (1951-1961). Racismo e cultura. *Revista Convergência Crítica*, n. 13, p. 78-90, 2018.

______. (1952). *Pele negra, máscaras brancas*. Tradução: Renato Silveira. Salvador: EDUFBA, 2008.

______. (1952). *Pele negra, máscaras brancas*. Tradução: Sebastião Nascimento e Raquel Camargo. São Paulo: Ubu, 2020.

______. (1961). *Os condenados da terra*. Tradução: Enilce Albergaria Rocha e Lucy Magalhães. Juiz de Fora: UFJF, 2005.

______. (1969). *Em defesa da revolução africana*. Tradução: Isabel Pascoal. Portugal: Sá de Costa Editora, 1980.

______. (2015). *Alienação e liberdade*: escritos psiquiátricos. Tradução: Sebastião Nascimento. São Paulo: Ubu, 2020.

FAUSTINO, M. Deivison. *Por que Fanon, por que agora? Frantz Fanon e os fanonismos no Brasil*. Tese (Doutorado em Sociologia). Departamento de Sociologia do Centro de Ciências Humanas, Universidade Federal de São Carlos. São Carlos, 2015.

FAUSTINO, Deivison Mendes. *Frantz Fanon*: um revolucionário particularmente negro. São Paulo: Ciclo Contínuo Editorial, 2018.

FREUD, Sigmund (1921). *Psicologia das massas e análise do eu*. Tradução: Paulo César de Souza. São Paulo: Companhia das Letras, 2011.

GABRIEL, Nilson Lucas Dias. *A concepção de liberdade na biografia e na obra Pele Negra, Máscaras Brancas de Frantz Fanon*. Dissertação (Mestrado em Psicologia). Programa de Pós-graduação em Psicologia, Universidade Estadual de Maringá, 2019.

LAPLANCHE, Jean; PONTALIS, Jean-Bertrand (1967). *Vocabulário de psicanálise*. Tradução: Pedro Tamem. São Paulo: Martins Fontes, 1991.

MARX, Karl (1844). *Manuscritos econômicos-filosóficos*. Tradução: Jesus Ranieri. São Paulo: Boitempo, 2010.

MBEMBE, Achille (2013). *Crítica da razão negra*. Tradução: Sebastião Nascimento. São Paulo: n-1 edições, 2018.

NOGUERA, Renato. Apresentação. *In:* FANON, Frantz. *Alienação e liberdade*: escritos psiquiátricos. Tradução: Sebastião Nascimento. São Paulo: Ubu, 2020.

QUEIROZ, Ivo Pereira. *Fanon, o reconhecimento do negro e o novo humanismo: horizontes descoloniais da tecnologia*. Tese (Doutorado em Tecnologia). Programa de Pós-graduação em Tecnologia, Universidade Tecnológica Federal do Paraná, 2013.

SAPEDE, Thiago C. Racismo e dominação psíquica em Fanon. *Dossiê – II Seminário Sankofa: Descolonização e Racismo: atualidade e crítica*, São Paulo, v. II, p. 44-52, 2011.

SOUZA, Neusa Santos (1983). *Tornar-se negro ou as vicissitudes da identidade do negro brasileiro em ascensão social*. Rio de Janeiro: Graal, 1990.

# 12. Descolonizando a escuta psicanalítica

*Stéphanie Queiroz Jobst*

## *A estrutura social na clínica brasileira*

Os tempos de colônia parecem distantes, desde que o Brasil se tornou uma república independente há mais de 200 anos, entretanto, os afetos continuam sendo colonizados sistematicamente.

> *É de Joaquim Nabuco a compreensão de que a escravidão marcaria por longo tempo a sociedade brasileira porque não seria seguida de medidas sociais que beneficiassem política, econômica e socialmente os recém-libertados. Na base dessa contradição perdura uma questão essencial acerca dos direitos humanos: a prevalência da concepção de que certos humanos são mais ou menos humanos do que outros, o que, consequentemente, leva à naturalização da desigualdade de direitos. Se alguns estão consolidados no imaginário social como portadores de humanidade incompleta, torna-se natural que não participem igualitariamente do gozo pleno dos direitos humanos. (Carneiro, 2011/2021, p. 15)*

Somos historicamente um país muito violento, e as marcas desse processo perduram ainda hoje, sendo possível detectá-las nos discursos vigentes da sociedade, nas formações familiares, na religião, nas questões de gênero, raça e classe. Em 2022, enfrentamos um momento político obscuro no Brasil e no mundo, com a ascensão do modelo econômico do neoliberalismo e de atitudes políticas que partem de ideologias neofascistas.

Na obra *18 de Brumário*, o pensador Karl Marx enfatiza que todos os fatos e personagens de grande importância na história do mundo ocorrem, por assim dizer, duas vezes: a primeira vez como tragédia, a segunda como farsa (Marx, 2011, p. 9).

Aqui podemos nos defrontar com a questão do inconsciente e da linguagem como condicionantes do sujeito. O materialismo histórico-dialético propõe que as condições materiais do sujeito forjam em grande parte suas narrativas e possibilidades subjetivas:

> *Os homens fazem a sua própria história; contudo, não a fazem de livre e espontânea vontade, pois não são eles quem escolhem as circunstâncias sob as quais ela é feita, mas estas lhes foram transmitidas assim como se encontram. (Marx, 2011, p. 25)*

Tais estruturas estão presentes no tratamento psicanalítico e podem ser observadas nas "máscaras coloniais" (Fanon, 1925-1961/2020, p. 106) que são desempenhadas tanto pelos que buscam a análise, como também pelos psicanalistas em sua prática clínica.

Segundo Foucault (2014), os "modos de subjetivação" afetam a cultura e os laços sociais, que se apresentam de forma inconsciente na língua falada, no comportamento e nos sintomas desenvolvidos por essa dinâmica opressora.

> *De que modo o sujeito que interessa à psicanálise, a saber, o sujeito do inconsciente, reage aos modos de subjetivação?*

> *De fato, esses processos de ocupação pelo sujeito dos discursos e laços sociais, de acordo com Lacan, são também pensáveis como soluções do sujeito a seus impossíveis, enfim, como modalidade de tratamento do real. (Safatle; Silva Junior; Dunker, 2018, p. 46)*

O psicanalista e o analisante, como integrantes e participantes ativos da sociedade, trazem consigo enraizados as marcas psíquicas e simbólicas do racismo estrutural, dos preconceitos e opressões de classe, raça e gênero de forma inconsciente e traumática. Quando esses conflitos não são revelados e elaborados, a tendência é que haja repetições de padrões em que a violência do trauma costuma ser passada adiante, e a compulsão à repetição[1] aparece como efeito epidêmico que pode ser observado pela fala e pelas atitudes, tanto de analista quanto de analisante, que estão sempre subordinadas ao discurso social vigente. Sobretudo no caso do analista, isso é inadmissível, por seu potencial de acentuar, de forma perversa e institucionalizada, o sofrimento daquele que fala.

Levar as estruturas sociais em consideração na escuta influencia profundamente na abordagem do psicanalista, no acolhimento das demandas do paciente, na percepção de como o sofrimento se liga psiquicamente àquele indivíduo, e em pensar sobre qual o impacto social na etiologia dos conflitos em análise, fazendo com que se questione como foi forjado o ideal do eu[2] ao qual aquele que fala quer se

---

1 A noção de compulsão à repetição é referida fundamentalmente ao caráter mais geral das pulsões: a sua característica conservadora. No nível da psicopatologia concreta, processo incoercível e de origem inconsciente, pelo qual o indivíduo se coloca ativamente em situações penosas, repetindo assim experiências antigas sem se recordar do protótipo e tendo, pelo contrário, a impressão muito viva de que se trata de algo plenamente motivado na atualidade.

2 A expressão é utilizada por Freud no desenvolvimento da segunda teoria do aparelho psíquico: a idealização do ego é a resultante da convergência do narcisismo e das identificações com os pais/primeiras figuras afetivas da criança e com os

adequar, pertencer e se moldar, instância esta fundamental para o trabalho de análise de desarticulação dos modos defensivos prejudiciais à manutenção do bem-estar e da obtenção de prazer na sociedade.

> *O primeiro ponto para uma concepção não-toda das patologias do social implica considerar que o campo do patológico ultrapassa o que estritamente se define pelo sintoma e por sua consequente abordagem pelo método clínico. O patológico compreende também a dialética social do reconhecimento das formas de sofrimento, bem como o que não pode ser simbolizado por um determinado modo de existência ou forma de vida, ou seja, o que Freud chamou de mal-estar. (Safatle; Silva Junior; Dunker, 2018, p. 328)*

## A colonização do corpo da mulher

A imagem do colonizador e "o descobrimento" de "novos mundos" podem nos revelar à romantização do processo de colonização por meio das metáforas imperiais que estão presentes nas narrativas e nos registros da chegada dos europeus na América e em outros continentes. As gravuras do período colonial mostram os invasores europeus com um "ar" civilizado e imponente. Há sempre uma presença feminina que representa os marcadores do império, o limiar de uma nação; mulheres indígenas também são retratadas com seus corpos nus, como uma espécie de "convite da natureza", ilustrando o valor simbólico de um território a ser desbravado como o corpo feminino.

Na obra *Couro imperial*, McClintock aponta que

---

ideais coletivos. O ideal do eu é uma instância da personalidade que constitui um modelo ao qual o indivíduo procura conformar-se.

> *O mito da terra virgem é também o mito da terra vazia, envolvendo tanto uma despossessão de gênero quanto de raça. Em narrativas patriarcais, ser virgem é estar vazia de desejo e de atuação sexual, aguardando passivamente o ímpeto da inseminação masculina na história, da linguagem e da razão. (McClintock,1954/2010, p. 57)*

A ideia de uma terra a ser conquistada por meio de tecnologias masculinas, envergando os instrumentos de fetiche como o astrolábio, bandeira e espada, confrontando a terra virgem com o patrimônio do domínio científico e imperial, quase nos faz esquecer que os "descobridores" chegaram nesses lugares com muitas doenças, em situações deploráveis, com a cabeça cheia de fantasias paranoicas sobre o desconhecido.

Nas narrativas coloniais, se a terra é virgem e vazia, logo se pode deduzir que os povos originários não podem reivindicar seus direitos territoriais. Agora suas terras são patrimônio do homem branco que dominou o território pela violência dos massacres, estupros e seus rituais de masculinidade militarizados. Sua ação destruidora corre para além de suas ambições pelas especiarias dos novos continentes.

A aversão e a paranoia desses homens diante da diferença cultural e da organização social dos povos nativos provocaram o sentimento de inveja, já que os povos originários gozam de uma liberdade sexual e uma relação diferente com o corpo e o meio ambiente. A natureza, bem como a mulher, não está totalmente inscrita na lógica fálica. A exploração e o tipo de consumo são completamente diferentes dos europeus, inseridos em uma ideologia cristã que trata o corpo e o desejo sexual como pecados, ou que traz mulheres desfiguradas em monstros e demônios que devorariam esses homens.

Outra característica recorrente do discurso colonial é figurada na ideia de avanço evolutivo da espécie humana pelo modelo cartesiano "penso, logo existo". Como não se expressava o massacre dos povos originários nas narrativas brancas, culturas indígenas por toda a América e dinastias por toda a África foram simbolicamente deslocadas para um espaço anacrônico, no qual

> *Não habitam a história propriamente dita, mas existem num tempo permanentemente anterior no espaço geográfico do império moderno como humanos anacrônicos, atávicos, irracionais, destituídos de atuação humana, a encarnação viva do arcaico "primitivo". (McClintock, 1954/2010, p. 58)*

A visão do homem branco europeu estereotipada do povo originário como primitivo, do negro violento e da mulher cordial demonstra neuroses e fantasias perversas que são projetadas nesses grupos. A condensação de medos e sentimentos hostis perante o desconhecido revelavam as dificuldades que esses homens encontraram ao lidar com povos que tinham outra relação com o corpo e a sexualidade.

O discurso masculino imperial estava coberto de medo. O pavor de perder o controle e os limites associado a temores de impotência e infantilização são sintomas característicos de uma estrutura obsessiva.

O desejo do explorador Américo Vespúcio de nomear a "América" demonstra uma ânsia obsessiva de tornar-se uma espécie de Pai da Horda[3] e espalhar o nome e os costumes de sua linhagem familiar pelos fecundos campos abertos e virgens. Segundo a psicanalista Affortunati:

---

3 O pai da horda primitiva é aquele que tinha acesso a todas as mulheres, ele era o único a gozar. Os outros homens só puderam ter acesso às mulheres depois de seu assassinato. O seu poder, conhecimento e legado como lugar no coletivo era ocupado por um outro. Institui-se o totem como representação desse poder e os tabus do incesto e de não matar o pai. Essa ordem social seria resultante da culpa filial e dos desejos recalcados do complexo de Édipo.

> *De Totem e tabu, no qual a mulher não tem lugar político, às familiares construções metapsicológicas, que colocam na mãe as mais diferentes razões da loucura – a velha falta do Édipo –, é possível pensar em algo inusitado: os alicerces mais arcaicos da psicanálise foram erguidos por alguns punhos quiromaníacos, que depositavam tintas no papel como rastros da retratação, recuo à volúpia efetiva ante o corpo da mulher. (Affortunati, 2020, p. 144)*

Para a psicanálise, o caráter obsessivo tem como característica a mortificação do corpo, há uma regressão tópica do ato ao pensamento, há uma tentativa de dessexualização do corpo por meio do pensamento ruminante. Uma das problemáticas centrais do obsessivo é a chamada onipotência narcísica a que se aprisiona. De acordo com Ferenczi, a onipotência é "a impressão de ter tudo o que se quer e de não ter nada a desejar" (Ferenczi, 1913/1992, p. 42).

É diferente do caráter histérico, que

> *apela pelo reconhecimento de sua existência através de seu corpo, ao passo que o corpo do obsessivo é envolvido por uma couraça intransponível e purificada, que, contudo, imprevisivelmente o trai, o faz tropeçar naquilo que mais quer esconder. (Affortunati, 2020, p. 144)*

A fragilidade e a ansiedade masculinas diante do contato com o corpo feminino e o desejo são reprimidos ao ponto de toda uma teoria ser formulada acerca do poder do falo. Assim, há um afastamento da vagina, uma tentativa de lidar com o medo e manter uma potência imaginária.

> *Temores sobre a insuficiência do órgão não seriam proporcionais às articulações fantasmáticas capazes de torná-lo grandioso em seu caráter justamente Vazio*

> *– traindo sua protuberância pela memória inescapável do órgão oco da mulher, agora metamorfoseado? (Affortunati, 2020, p. 146)*

A história da psicanálise começa a partir da escuta de mulheres. A experiência de análise deu a essas mulheres espaço de fala, escuta e atenção para seus sofrimentos. A histeria era considerada pelos médicos especialistas da época um sofrimento fingido. O sintoma histérico, no tempo de Freud, estava relacionado à falta de liberdade de expressão, à repressão sexual e à impossibilidade de que essas mulheres, pertencentes à classe média branca europeia, fossem ouvidas devido aos seus sofrimentos psíquicos.

Ainda hoje, o diagnóstico de histeria é muitas vezes atrelado à figura feminina com o objetivo de categorizar e patologizar qualquer expressão corporal ou desconforto existencial que fuja dos modelos e manuais psiquiátricos que ditam a normalidade vigente, mesmo que tal "normalidade" esteja vinculada ao interesse da indústria farmacêutica em produzir mais remédios com o objetivo deliberado de lucrar. Vemos, mais uma vez, a influência do capitalismo apropriando-se das narrativas e experiências de sofrimento, dessa vez para vender remédios.

> *Para alguns teóricos a histeria como uma neurose caracterizada pela hiper-expressividade somática das ideias, das imagens e dos afetos inconscientes, cujos principais sintomas são manifestações psicomotoras sensoriais ou vegetativas desta conversão somática (dores que circulam pelo corpo sem uma explicação médica). Ainda podemos incluir como traços histéricos a mitomania, os distúrbios sexuais, em que o corpo histérico extremamente erogenizável recobre uma genitalidade altamente perturbada e pueril.*

> *Para o DSM III, a dissolução da histeria em novas categorias como a designação de vários transtornos, com uma preocupação de diferenciar o normal do patológico é algo que precisamos rever como profissionais da saúde mental. (Safatle; Silva Junior; Dunker, 2018, p. 296)*

A ideia de transtorno ou síndrome caracteriza e enquadra patologias cuja origem não se conhece ao certo. A indústria farmacêutica, ao biologizar e classificar a histeria de modo categórico, retira a possibilidade de diagnósticos mais assertivos e individuais que priorizem a singularidade do tratamento.

Embora a histeria seja vinculada ao feminino, é cada vez mais comum homens com sintomas histéricos buscarem o processo de análise para compreender suas dores circulantes. Entre esses casos, questões sexuais, dificuldade de entrega emocional e exposição das fragilidades são desafios que se colocam na escuta de alguns homens. A pressão ideológica de uma virilidade imanente é, em muitos casos, revelada como a principal demanda de análise, em que o analisante apresenta disfunção erétil sem indícios de problemas fisiológicos, entre outras dificuldades com a sexualidade e o prazer. A histeria masculina é pouco mencionada entre os grupos e instituições psicanalíticas, sendo marginalizada e encoberta na história da psicanálise pelo foco excessivo na busca pelo conhecimento da subjetividade da mulher e da feminilidade.

> *A histeria como patologia do social está ligada a determinações históricas, uma vez que as representações de gênero são ligadas de maneira profunda às modificações sociais afetando a saúde psíquica. Enquanto no passado estava ligada de modo especial a denúncia de injustiças sofridas pelas mulheres (época de Freud, profunda repressão da voz e dos desejos sexuais dessas mulheres), rastrear*

> *a histeria na contemporaneidade implica atentar para as alterações nos estatutos da feminilidade e da masculinidade e para grupos que buscam o reconhecimento de novas configurações de gênero. (Safatle; Silva Junior; Dunker, 2018, p. 293)*

Quando o psicanalista está inconscientizado politicamente das questões sociais que atravessam o atendimento, o tratamento pode servir como reprodução de condutas e apontamentos que tendem a culpabilizar e piorar a condição psíquica, principalmente de mulheres em seus percursos de cura.

No Brasil atual, vivemos um período marcado pela pandemia e pelo desgoverno de Jair Bolsonaro. O processo eleitoral da primavera de 2022 demonstrou o processo alienante e sádico nas contradições neuróticas e infantilizadas do presidente da república, que propagou um discurso semelhante, para não dizer idêntico, ao discurso perverso do colonizador branco. A relação que esse senhor possui com a sua sexualidade demonstra, por atos como dizer-se "imbroxável" diante do povo, sua obsessão em manter afastado o fantasma da impotência e de sua fragilidade psíquica. O caráter obsessivo também pode ser observado na figura do presidente da república Jair Bolsonaro. Seu modo de agir e pensar revelam o perfil problemático e atrasado que ecoa para uma parcela da população brasileira que se identifica com o discurso fascista ultrafálico, o que denota sua ansiedade pelo controle, característica do caráter anal sádico. A busca desenfreada por mais poder, sua relação com o crime e a falta de escrúpulos também podem ser encarados como perversões de uma sexualidade desviada de sua meta real. Esse tipo de discurso propõe uma agenda política neoliberal e o enaltecimento da ideia de família como representante do estado, reproduzindo a dinâmica econômica e cultural do consumo.

Embora a colonização tenha se dado em outros moldes no Brasil, a cultura norte-americana serve como parâmetro estético para analisarmos o comportamento brasileiro, como um irmão mais velho de quem se tem inveja e por quem se nutre admiração cega. Os estadunidenses podem oferecer pontos para que possamos refletir também sobre os impactos desse processo nas relações familiares no Brasil:

> *A exaltação ideológica da maternidade – tão popular no século XIX – não se estendia às escravas. Na verdade, aos olhos de seus proprietários, elas não eram realmente mães; eram apenas instrumentos que garantiam a ampliação da força de trabalho escrava. Elas eram "reprodutoras" – animais cujo valor monetário podia ser calculado com precisão a partir de sua capacidade de se multiplicar. (Davis, 1944/2016, p. 25)*

O casamento monogâmico, criticado nas narrativas decoloniais mais à frente de nosso tempo, é uma forma institucionalizada de controlar a propriedade privada, o corpo da mulher, a reprodução da mão de obra, o nome e os bens que se passam de pai para filho, mesmo nos dias de hoje.

> *O controle da sexualidade das mulheres, a exaltação da maternidade e da criação de uma raça viril de construtores do império eram percebidos amplamente como os meios fundamentais para controlar a saúde e a riqueza do corpo político imperial masculino, de tal forma que, na virada do século, a pureza sexual surgia como metáfora de controle para o poder racial, econômico e político. (McClintock, 1954/2010, p. 83)*

Quando falamos sobre cuidado e preservação da vida, as mulheres negras ainda são maioria, sobretudo em espaços e funções subalternizantes. Esses padrões que foram estabelecidos na escravização são reproduzidos e vivenciados nas experiências como a de abdicar do cuidado de seus próprios filhos para cuidar dos filhos de outras mulheres, geralmente brancas das classes mais altas. Em muitos casos, elas sustentam a família inteira sem contar com o auxílio da figura masculina, desempenhando tarefas de toda uma comunidade. Tais fatos evidenciam a divisão social do trabalho sob critérios de raça, classe e gênero, além da evidente reprodução/repetição do esquema colonial da escravização.

Segundo pesquisa do Instituto Brasileiro de Geografia e Estatística (IBGE), a proporção de famílias com mulheres responsáveis sem cônjuge chega a 87,4%, sendo 38,7% desse contingente composto por mulheres pretas ou pardas (IBGE, 2010). Muitos brasileiros e brasileiras não conhecem o próprio pai biológico, não possuem o registro deste em suas carteiras de identidade e são criados por mulheres que acumulam a função paterna,[4] sendo provedoras/mantenedoras de seus lares. Não nos esqueçamos de que a mulher é responsável pela reprodução da força trabalhadora. A mulher pare um exército de produtores e consumidores.

A responsabilidade do cuidado como função da mulher, sobretudo da mulher negra, é um dos pilares que promove a sustentação e a manutenção do sistema capitalista de exploração e produção. O sistema colonial promoveu por todo o globo opressões de gênero, classe, raça e credo, que são as bases estruturais da acumulação primitiva do capital e de seu desenvolvimento mais acentuado. A vida e sua preservação deveriam ser responsabilidade de toda a sociedade. As relações de cuidado são fundamentais para o desenvolvimento do ser e para o que projetamos para o futuro de novas gerações, que gritam por elas mesmas diferentes

4 A função paterna, segundo Lacan, separa mãe e bebê para dar base à simbolização; não necessariamente está ligada ao pai biológico, mas essa operação ocorre pela intermediação de um terceiro na relação com a criança e a mãe. A partir dessas relações triangulares, a criança é introduzida ao mundo da simbolização e da castração.

orientações sexuais, diferentes identidades de gênero, diferentes formas de afeto amoroso, familiar e, portanto, por novas formas de exercer e investir sua libido.

O ponto de ligação que nos une como mulheres não se dá pelos aspectos biológicos ou pelos papéis sociais performáticos, mas pela experiência de violência compartilhada.

## *A colonização da família*

O desenvolvimento do ego ocorre desde cedo, a partir das primeiras experiências afetivas da criança, principalmente as que estão relacionadas ao ambiente familiar e seus integrantes mais próximos. Desde a tenra infância, mulheres e homens são influenciados pela cultura de gênero em seus lares e escolas. As cartilhas e manuais de "bom comportamento" são ensinadas às meninas desde cedo com o objetivo de controlar seus corpos, por meio de processos de docilização, embotamento de expressões, repressão da sexualidade infantil, tolhendo a curiosidade pelo funcionamento dos corpos nos meios em que a criança vive.

Essas experiências sobre a própria sexualidade infantil no desenvolvimento do menino são mais naturalizadas e até estimuladas pela sociedade. Meninos são também mais incentivados a entrarem em contato com a agressividade por meio de atividades que estimulam a persistência, a força e a defesa. Modos pelos quais poderá lidar com situações que exigem dizer não. Posicionamentos e limites são imprescindíveis para uma boa relação consigo e com o mundo que pode ser hostil, o que ocorre de forma reduzida quando comparamos com a criação das meninas que, na maioria das famílias, são ensinadas a permanecer em uma posição passiva diante de todas as violências de um mundo ainda mais hostil com elas.

É possível notar a força do heteropatriarcado[5] nas brincadeiras infantis tradicionais com bonecas, sempre brancas, sem genitália, castradas, que emulam o cuidado, a maternagem e deliberadamente promovem a identificação da mulher com o papel de mãe. Tais brincadeiras são reservadas àquelas que, segundo Lacan, teriam de inscrever-se singularmente na lógica fálica, as mulheres, que não existem enquanto figura universal da Mulher. Desde muito cedo, já é incutida nas mentes das crianças do sexo feminino a ideia de que são responsáveis pela criação e pelo cuidado de um Outro.[6] Já aos homens é reservada a tarefa de prosperar financeiramente e pilotar as máquinas de seu próprio sucesso. Desde cedo, o sexo e o corpo são colocados como tabu. Meninas ganham bonecas que imitam bebês; meninos ganham carrinhos e são incentivados a explorar sua potência desde cedo. O homem não é encorajado a cuidar de si ou do outro. Quais seriam os estímulos permitidos na infância de uma mulher para além do cuidado e do papel de mãe? Com o que as meninas podem sonhar para os seus futuros?

A expressão "Mãe suficientemente boa" é um termo utilizado pelo psicanalista Donald Winnicott em sua teoria do desenvolvimento do bebê (Winnicott, 1896-1971/2015, p. 19). Ele descreve a função materna do cuidado do bebê até sua fase de independência. A função do cuidado independe do gênero, mas, em sua grande maioria, é a mãe ou alguma outra mulher que é encarregada dela. A mulher que é mãe é constantemente cobrada e julgada em sua performance; muitas relatam em análise que sentem uma solidão profunda, além da sobrecarga

5 O heteropatriarcado é um sistema sociopolítico no qual a heterossexualidade cisgênero masculina tem supremacia sobre as outras orientações sexuais. O termo enfatiza a discriminação exercida tanto sobre as mulheres como sobre as pessoas LGBT e tem o mesmo princípio social machista.

6 O grande Outro designa o conjunto das instâncias que determinam a nossa existência em relação ao nosso desejo; refere-se a aspectos como a língua materna e a cultura (não necessariamente é uma pessoa). Já o pequeno outro seria uma relação com um semelhante, uma pessoa qualquer.

de conciliar outros papéis da sua vida com as necessidades da criança. Para as mulheres, não basta cuidar: é preciso ser "suficientemente boa" para que o bebê se desenvolva tanto física quanto psiquicamente em seus primeiros meses de vida, e por alguns anos além.

Somos ensinadas desde cedo a ter que "dar conta" não só da nossa própria existência, mas de toda uma série de expectativas, ideais e funções a cumprir, para que haja algum tipo de reconhecimento externo. A melancolia é comum nesse processo que sobrecarrega a vida das mulheres de forma violenta e castrativa: precisamos ser "suficientemente boas" para o bebê, para o homem e para a sociedade. A cobrança social para que a mulher exerça esses papéis promove uma espécie de "livre demanda psíquica" permanente, estabelecendo projetos de vida que giram em torno da servidão, subalternização e colonização de seus corpos.

## *Ideias para descolonizar os afetos na psicanálise*

A história e o discurso colonial são negados até hoje no mundo ocidental, e é importante dizer que não se trata de um processo moral, mas, ao falar sobre o racismo, não estamos falando sobre moralidade, e sim responsabilidade.

A psicanalista e artista Grada Kilomba, em seu livro *Memórias da plantação: episódios de racismo cotidiano* (2008/2019), descreve o processo de responsabilização como um trabalho psíquico que envolve algumas etapas. Entrar em contato com o próprio racismo implica passar primeiro por negação, culpa, vergonha e reconhecimento para que o sujeito possa, enfim, ter as condições de partir para uma ação reparadora.

Esse processo começa com a negação e passa pela culpa; é comum a pessoa dizer que não foi ela, ou que ela não queira lidar com esse tipo de pensamento. A descrença é bastante presente até que se torne vergonha.

Em entrevista para a revista Cult, Grada aponta para as próximas etapas:

> *A vergonha é um processo muito construtivo porque é o momento em que as pessoas se repensam e começam a reparar que, talvez, a forma como elas se veem não é a forma como os que estão na marginalidade as veem; que, talvez, sejam imagens diferentes. E começam, então, a construir um quebra-cabeça com essas várias peças. Talvez percebam que elas representam o poder, a opressão, e daí se perguntem: "Como eu começarei a desconstruir isso?". Esse é o processo da vergonha – de reflexão, muito construtivo, que leva à outra etapa, que é a do reconhecimento. (Kilomba, 2016)*

A etapa do reconhecimento acontece quando nos abrimos para conhecer e dar lugar a vozes e corpos marginalizados, reconhecer a influência viva na língua, no *pretoguês* (Gonzales, 2020), no resgate da ancestralidade de povos e culturas que não estão centradas na lógica ocidental de pensamento e que compõem a subjetividade de um povo, como o do Brasil. Se estamos falando daquilo que pretende uma cura pela fala, há de se libertar os vícios discursivos daquele que precisa ouvir-se dizer o que sente. E há de se obter ferramentas para a escuta das linguagens e das línguas que falam os sujeitos que atendemos.

Precisamos abrir espaços para as narrativas que decorrem de outros sistemas simbólicos, de outras ontologias e dinâmicas afetivas. E precisamos, sobretudo, produzir uma teoria fundamentada que oriente o trabalho durante o tratamento psicanalítico daquele sujeito que narra suas feridas. Essas outras fontes de conhecimento, expressões artísticas e experiências de vida trazem possibilidades de se pensar novas formas de organização psíquica, sexual, social, da relação com o corpo, com o meio ambiente e do viver em comunidade. "Descolonizar o conhecimento é encontrar e explorar formas alternativas e emancipatórias para sua produção, que estejam fora dos parâmetros clássicos. Então já começa com os formatos" (Kilomba, 2016).

A descolonização da psicanálise e a constante formação do psicanalista revelam que esse profissional de saúde mental precisa estudar não apenas disciplinas que tratem das psicopatologias e seus diagnósticos, mas que encontrem em seus percursos transmissões que estimulem a investigação sobre o contexto histórico, político, social, cultural e religioso do Brasil. É imprescindível que desenvolvamos um olhar crítico sobre a própria psicanálise e seus personagens ao longo da história.

> *A psicanálise não pode ser imposta a-historicamente sobre disputa colonial, quando menos porque a psicanálise surgiu em relação histórica com o imperialismo em primeiro lugar. Em vez disso, apelo a um engajamento mútuo que compreenderia tanto uma descolonização da psicanálise quanto uma psicanálise do colonialismo. Talvez se possa chegar a dizer que não deveria existir história material sem psicanálise nem psicanálise sem história material. (McClintock, 1954/2010, p. 122)*

O psicanalista precisa estar aberto à própria investigação dos aspectos sociais de sua vida que não são conscientes. A ética que envolve o trabalho do analista convida a um posicionamento político não só com seus analisandos, mas perante a vida, sendo ele o primeiro da relação a encarar suas próprias limitações teóricas e seus pré-conceitos a partir de sua ética.

Não estamos acima de nossos pacientes no processo de conscientização e transformação contínua. O psicanalista é aquele que está ao lado de seu analisante, desenvolvendo-se e aprendendo nessa caminhada, por meio desse vínculo inédito que se estabelece entre dois corpos distintos diante da linguagem (Zygouris, 2002).

A escuta e a fala do analista podem estar em lugares diferentes em relação a sua própria vivência sobre a classe social, o gênero e a raça do seu analisando; o analista não precisa necessariamente passar pelas mesmas situações ou estar nas mesmas condições de adoecimento de seu analisante para que se desenvolva um bom projeto de cura.

Os traumas sociais são vividos pelo corpo que está circunscrito pelos discursos da sociedade e suas limitações frente à cultura. As estruturas sociais presentes no discurso afetam e moldam a percepção do analista, e toda intervenção psicanalítica tem impacto naquele que se submete ao tratamento.

> *A relação de transferência apresenta-se no jogo narrativo entre paciente e analista, como o analista recebe a queixa da paciente, mas ao mesmo tempo questiona a validade (e mesmo a existência) do ideal ao qual a paciente quer se adequar. A fala da paciente é protagonista no tratamento, mas não sem passar antes por uma troca com as intervenções do analista, que a reposicionam. (Safatle; Silva Junior; Dunker, 2018, p. 76)*

O percurso de análise tem como objetivo traçar caminhos que liberem o campo pulsional, descolonizando os afetos, promovendo a melhora da vida individual e coletiva. Para que a condução e a intervenção do tratamento psicanalítico aconteçam de forma ética e assertiva, o discurso do psicanalista não pode ser mais um discurso opressor. A associação livre como técnica central da psicanálise deve ocorrer sem limitações morais.

"É preciso estar atento e forte",[7] o corpo que se movimenta por esse mundo é atravessado pela linguagem na carne. A trama entre o que se deseja e o que se pode realizar depende das condições sociais e de quem

---

7 Refrão da música *Divino Maravilhoso* composta por Caetano Veloso e Gilberto Gil, em 1968, e que ficou conhecida na voz de Gal Costa. Nesse ano, a história do Brasil foi marcada por um momento de grande contestação da política e dos costumes.

fala, e o espaço para expressão daquele indivíduo perante o coletivo depende, em grande parte, daquele que escuta. Como afirma Lacan:

> *A psicanálise do século XXI não pode estar imune às transformações do laço social contemporâneo. Deve renunciar à prática da psicanálise todo analista que não conseguir alcançar em seu horizonte a subjetividade de sua época (Lacan, 1998, p. 321).*

Os psicanalistas podem e devem colaborar para que a psicanálise seja cada vez mais acessível, como um tratamento que tem grande relevância para a saúde mental em conjunto com outras áreas do conhecimento, podendo auxiliar outros profissionais que trabalham de forma interdisciplinar na promoção de bem-estar e na descolonização dos afetos de quem está em sofrimento e busca ajuda.

A psicanálise propõe mudanças subjetivas via escuta. Suas contribuições teóricas podem ajudar a revelar aquilo que está oculto/reprimido no âmbito social e se tornam sintomas vividos de forma individualizada nos casos clínicos.

E assim como a língua falada é viva, o discurso vigente também está em constante processo de mudança. A psicanálise, como um dispositivo de investigação e travessia de si mesmo, desvela os impasses do desejo que transborda e desemboca no sintoma, apontando não só as causas dos sofrimentos individuais, mas também os aspectos julgados abjetos e amorais da sociedade e o modo como ela lida com esses conteúdos. Qualquer profissional psicanalista que ignore os problemas estruturais e socioculturais a que estamos submetidos tende a fazer uma clínica inconsistente e que tenta normalizar o indivíduo em vez de emancipá-lo. Como aponta Silva Junior

> *Quando a psicanálise é estudada como um saber teórico deslocado de seu contexto histórico e político, acaba se*

> *distanciando da realidade e das mudanças sociais da sociedade na prática e no contato com o real, promovendo um desserviço, tornando-se uma prática ortopédica. (Safatle; Silva Junior; Dunker, 2018, p. 20)*

A transmissão de uma psicanálise vanguarda para futuros psicanalistas brasileiros colabora para uma sociedade mais justa, na qual o desejo possa aparecer como ética de vida, levando em consideração fatos da nossa história como sujeitos colonizados na forma de pensar, agir e sentir. As problemáticas estruturais de raça, classe e gênero que presenciamos nos consultórios muitas vezes parecem distantes das questões tratadas em instituições elitistas que não abrem espaço para debates sobre esses aspectos sociais da saúde mental do povo brasileiro.

O processo analítico não pretende apenas sanar o sintoma, mas deve conduzir o indivíduo em um processo de conscientização de si, que transforme a relação desse sujeito com o grande Outro. Vale salientar que o mundo vive um momento obscuro da história; caminhamos a passos largos para a destruição da espécie se não mudarmos urgentemente algumas narrativas e formas de lidar com o poder, a sexualidade e a natureza. É imperativo que repensemos os modos de subjetivação, buscando alternativas de organização social e sexual para que o desejo possa expressar-se como força criadora, realizando novas formas de viver. Para que possamos fazer frente ao sintoma do individualismo, urge promovermos uma revolução nos afetos.

## *Referências*

AFFORTUNATI, Alessandra; SILVEIRA, Léa. (orgs.). *Freud e o patriarcado*. São Paulo: Hedra, 2020.

ANN DANTO, Elizabeth. *As clínicas públicas de Freud, psicanálise e justiça social 1918-1938*. Tradução Margarida Goldstajn. São Paulo: Perspectiva, 2019.

CARNEIRO, Sueli (2011). *Racismo, sexismo e desigualdade no Brasil.* São Paulo: Selo Negro, 2021.

DAVIS, Angela (1944). *Mulheres, raça e classe.* Tradução Heci Regina Candiani. São Paulo: Boitempo, 2016.

FANON, Frantz (1925-1961). *Pele negra, máscaras brancas.* Tradução Sebastião Nascimento e colaboração de Raquel Camargo. São Paulo: Ubu, 2020.

FEDERICI, Silvia. *Calibã e a bruxa*: mulheres, corpo e acumulação primitiva. Tradução Coletivo Sycorax. São Paulo: Elefante, 2017.

FERENCZI, Sándor (1913). *O desenvolvimento do sentido de realidade e seus estágios (Psicanálise II).* São Paulo: Martins Fontes, 1992.

FOUCAULT, Michel. *Ditos & escritos: IX genealogia da ética, subjetividade e sexualidade.* Organização e seleção de textos: Manoel Barros da Motta. Rio de Janeiro: Forense Universitária, 2014.

GONZALES, Lélia. *Por um feminismo afro-latino-americano*: ensaios, intervenções e diálogos. Rio de Janeiro: Zahar, 2020.

INSTITUTO BRASILEIRO DE GEOGRAFIA E ESTATÍSTICA (IBGE). *Proporção de famílias com mulheres responsáveis pela família.* Rio de Janeiro: IBGE, 2010. Disponível em: https://www.ibge.gov.br/apps/snig/v1/?loc=0&cat=52,-16,55,-17,-18,58,128&ind=4704. Acesso em: 10/09/2021.

KILOMBA, Grada (2008). *Memórias da plantação*: episódios de racismo cotidiano. Tradução Jess Oliveira. Rio de Janeiro: Cobogó, 2019.

KILOMBA, Grada. O racismo está sempre se adaptando ao contemporâneo. *Revista Cult*, 7 de abril de 2016. Disponível em: https://revistacult.uol.com.br/home/grada-kilomba/

LACAN, Jacques. *Escritos*. Tradução Vera Ribeiro. São Paulo: Zahar, 1998.

MARX, Karl. *O 18 de brumário de Luís Bonaparte*. Tradução e notas: Nélio Schneider; prólogo: Herbert Marcuse. São Paulo: Boitempo, 2011.

MCCLINTOCK, Anne (1954). *Couro imperial*: raça, gênero e sexualidade no embate colonial. Tradução Plínio Dentzien. Campinas: Editora da Unicamp, 2010.

SAFATLE, Vladimir; SILVA JUNIOR, Nelson; DUNKER, Christian (orgs.). *Patologias do social*: arqueologias do sofrimento psíquico. Belo Horizonte: Autêntica, 2018.

WINNICOTT, Donald (1896-1971). *A criança e o seu mundo*. Tradução Alvaro Cabral. Rio de Janeiro: LTC, 2015.

ZYGOURIS, Radmila. *O vínculo inédito*. Tradução Caterina Kontai. São Paulo: Escuta, 2002.

# 13. Um pacto neuroticamente narcísico[1]

*Pedro Ambra*

Confesso-me cansado de alguns expedientes. Entre eles, destaco o recorrente "o que a psicanálise tem a dizer sobre...". Não que ela não tenha o que dizer, pelo contrário. Mas justamente esse excesso em dizer sobre deveria causar estranhamento em um campo fundado primordialmente sobre a escuta. Talvez marcado por uma certa radicalidade, tendo a achar que a transmissão ou, no mínimo, a presença da psicanálise na cultura deve aparentar-se a sua postura clínica no que tange a uma ética da não sobreposição do dito interpretativo face à enunciação do dizer. Em outras palavras, se na clínica mais ouvimos do que falamos, por que haveria de ser diferente em debates conceituais ou públicos?

Tal inquietação, bem entendido, não é apenas conceitual, mas igualmente íntima e pessoal, pois me vejo sempre em uma tensão (às vezes interna, às vezes explícita) entre o quanto, onde, com quem e quando falar *versus* o escutar, escrever *versus* ler. No Brasil,

1 Texto baseado em alguns pontos da intervenção feita no colóquio *Limiares: desafios contemporâneos da psicanálise*. Uma versão estendida deste capítulo encontra-se em avaliação em um periódico nacional.

os processos sociais de subjetivação me localizam enquanto alguém cuja fala é reconhecida e, portanto, a validade de seu conteúdo valeria *per se*, o que tem como resultado, para mim e para a estrutura social, quase sempre o apagamento da própria posição enunciativa. Deveria, assim, em nome de uma reparação histórica, silenciar-me individualmente sobre algumas temáticas na esperança de contribuir pontualmente para uma inversão nas lógicas de lugares de fala? O que é e quais as funções do silêncio do homem branco? Nesse campo, é possível haver, para além da leitura, uma escrita verdadeiramente ética?

Voltando ao paralelo com a clínica, sustentar a função analista para a fala do outro não implica, porém, um silenciamento total, seja neutro ou implicado. Ao contrário, como sabemos, a escuta — e, mais precisamente, a escrita, para o lacanismo tardio — é uma práxis árdua que implica hipóteses, ensaios e, sobretudo, consideração dinâmica da transferência. Ou seja, localizar-se face à fala do outro é um dos fundamentos de qualquer escuta que se arrogue inscrita no legado freudiano. Nesse sentido, antes de sermos acometidos pelas interpretoses de plantão, cumpriria mapear os recursos feitos à psicanálise, por exemplo, pelas teorias sociais e como seus conceitos e mecanismos são utilizados e, eventualmente, por elas transformados. Em outras palavras, talvez, ao investigar como a psicanálise é utilizada por campos críticos que pensam problemas que extrapolam o sentido estrito da clínica, esse exercício releve algo sobre as próprias potencialidades da psicanálise, algo que a proximidade das reflexões internalistas não nos deixa ver. Para nossos propósitos, pouco profícua parece ser a postura de fiscais de pureza da psicanálise: esse é um trabalho não apenas crítico no sentido estrito do termo, mas politicamente engajado com uma mudança social efetiva que, evidentemente, se dará para além da universidade e dos consultórios.

Assim, neste capítulo, tomarei a problemática da branquitude como objeto desse exercício de apresentação de alguns usos de noções oriundas da psicanálise, com vistas a construir uma justificativa metodológica para alguns horizontes de transformação de nossa estrutura racial e, por consequência, social.

Para que isso seja possível, é necessário partir de alguns pressupostos. O primeiro deles apoia-se na máxima freudiana segundo a qual a psicologia individual é, desde o início, psicologia social (Freud, 1921/2011), sendo sua separação meramente metodológica, e não conceitual ou epistemológica. Na mesma esteira, em Jacques Lacan, a noção de sujeito é anti-individual, ou seja, assenta-se em um processo de constituição subjetiva e de tratamento que sublinha a alienação e o assujeitamento a alteridades (sejam imaginárias, simbólicas ou reais). Assim, seria lícito propor uma homologia entre os processos de constituição subjetiva e aqueles que instauram e mantêm relações sociais, incluindo aí as raciais. Narcisismo e neurose não seriam, portanto, noções exclusivamente psicológicas, assim como branqueamento e racismo não estariam exclusivamente no campo das teorias sociais: a estrutura moebiana vale não apenas para o sujeito, mas para a própria constituição do saber psicanalítico e das reflexões sociais que consideram a dimensão do inconsciente.

Decorreria daí um passo suplementar às diferentes diagnósticas sociais[2] que se valem da psicanálise: utilizar quadros diagnósticos e mecanismos psicanalíticos para se pensar as relações raciais implica que as estratégias de tratamento clínicas podem, guardadas as devidas proporções, servir como guias para horizontes políticos de processos

2 Inúmeros e plurais são exemplos de usos de categorias diagnósticas para se pensar questões sociais. Para ficarmos apenas nos exemplos a partir da perspectiva de raça no Brasil, trata-se de uma tradição que se inicia, no mínimo, desde Arthur de Gobineau, passando por Silvio Romero e culminando nos trabalhos de Raimundo Nina Rodrigues. Essa perspectiva de trânsito entre reflexão racial e diagnóstica compõe, igualmente, o quadro crítico e antirracista do pensamento nacional, com nomes como Dante Moreira Leite, Guerreiro Ramos, Neuza Santos Souza, Lélia Gonzalez e Maria Aparecida Bento, que aqui discutiremos de maneira mais pormenorizada.

transformativos. Apresentarei, assim, esquematicamente dois exemplos desse uso, narcisismo e neurose, e para melhor embasar algumas reflexões sobre sua pertinência na luta antirracista no Brasil.

Na esteira de trabalhos anteriores, buscarei circunscrever e particularizar categorias hegemônicas intuitivamente tomadas como universais: assim como a cisgeneridade (Ambra, 2016) e a masculinidade (Ambra, 2015), cumpre nos debruçarmos aqui sobre a noção de branquitude. Seu uso será sobretudo metodológico, ou seja, trata-se de pensar a especificidade dos mecanismos que perpetuam o racismo por meio não da análise do "negro", mas de uma malha discursiva e ideológica que, no Brasil, se corporifica por um processo de epidermização silenciosa, invisibilizando processos de violência contra a população não branca, por meio de uma universalização de particularidades identitárias que, por fim, naturalizam assimetrias (profissionais, de gênero, legais etc.).

Conforme resgata Lourenço Cardoso (2011), a primeira ocorrência do termo branquitude no Brasil é reputada a Gilberto Freyre, em 1962, tomando-a negativamente como a contrapartida da negritude, ambas – para o autor – estrangeiras à mestiçagem que constituiria o fulcro de nossa democracia racial. Guerreiro Ramos, contudo, teria levado tal problemática mais longe com seu "A patologia social do 'branco' brasileiro" (1982),[3] no qual demonstrou que a dominação racial no Brasil não se valia apenas de expedientes de violência, mas, igualmente, de gestões de estereótipos que exaltariam a branquitude e rejeitariam (mais ou menos explicitamente) a negritude. Há aqui

3 Guerreiro Ramos utilizará a grafia *brancura* para se referir ao que se consolidou nomear como *branquitude*. Se aquela, contemporaneamente, designa sobretudo características físicas, esta inclui traços fenotípicos, mas vai além, pois inclui dimensões culturais, psíquicas, ideológicas e históricas. Tal distinção é corroborada também por Lia Schucman em seu célebre *Entre o encardido, o branco e o branquíssimo: raça, hierarquia e poder na construção da branquitude paulistana* (2012).

uma exaltação positiva de uma identidade racial numericamente minoritária, mas ideologicamente hegemônica. Décadas mais tarde, tal hipótese, consoante com algumas indicações de Frantz Fanon (1952/2020), será resgatada, reelaborada e verificada empiricamente em termos psicanalíticos por Neuza Santos Souza (1982/2021) ao propor um cruzamento entre branquitude e a noção de Ideal do eu em pessoas negras em ascensão social no Brasil.

Ao mesmo tempo, a branquitude possuiria outra característica aparentemente contrária, mas intimamente articulada à primeira: sua invisibilidade estratégica. Para Edith Piza, inspirada pelos trabalhos de Ruth Frankenberg,

> *o branco não 'enxergaria' sua identidade racial, por isso ela seria 'invisível'. Aliás, para Edith Piza, quando o branco defronta-se com sua própria branquitude, causa-lhe um grande impacto, semelhante a uma pessoa desavisada que se choca com uma porta de vidro". (Cardoso, 2011, p. 84)*

Há aqui um importante debate sobre os desdobramentos éticos dessa semiologia: sendo a branquitude invisível, como reconhecer privilégios e responsabilizar-se por sua condição? Em outro trabalho, Cardoso (2010) defende que a identidade racial branca não é uma entidade homogênea e que — a despeito de ocupar uma posição de privilégio numa sociedade racializada – pode ser dividida entre crítica (aquela que publicamente condena o racismo) e acrítica (abertamente supremacista). Tal divisão foca em traços de indivíduos ou grupos que têm na expressão pública ou consciente suas marcas de distinção. Em outras palavras, o autor defende que, a despeito das diferenças nas experiências de branquitude, há uma positividade consciente dessa identidade.

Motivo pelo qual nomeará o percurso de Maria Aparecida Bento como contraditório, na medida em que sua proposta de pacto narcísico da branquitude, ao mesmo tempo que negrita a manutenção positiva de poder entre brancos, trata essa identidade como invisível:

> *Na concepção de branquitude de Bento encontra-se também a ideia de invisibilidade racial, semelhante ao significado empregado por Edith Piza [...] Se o pacto narcísico ocorre também pelo interesse dos brancos em preservarem seus privilégios étnico-raciais, obviamente podemos considerar que o branco ao se compactuar se enxerga enquanto pessoa e grupo racializado. Para concluir, diria que ao empregar o conceito "pacto narcísico", Maria Aparecida Bento irá se contradizer sempre que reiterar a ideia de invisibilidade racial. (Cardoso, 2011, p. 89)*

A tensão entre uma vivência identitária consciente ou não de sua unidade remete-nos à raiz conceitual utilizada por Bento, a saber, o narcisismo. Por que e como valer-se de uma categoria oriunda da psicanálise freudiana para refletir sobre o laço social racializado no Brasil? Quais os efeitos de tal escolha na luta antirracista?

Maria Aparecida da Silva Bento tem o mérito de ter escrito a primeira tese de doutorado cujo foco central era a branquitude no Brasil (Bento, 2002).[4] Partindo de entrevistas com gestores de recursos humanos, Bento tomou a identidade e a dinâmica de manutenção de privilégios brancas como problema central a partir da defesa da hipótese da existência de um pacto narcísico da branquitude, conceito

4 Passados mais de vinte anos de sua defesa, os trabalhos sobre a temática se avolumaram, ainda que sejam tímidos os números de teses e dissertações sobre o tema quando comparados a outros em psicologia social. A atualidade do tema pode ser atestada ao se considerar que mais da metade das teses sobre branquitude foram redigidas nos últimos três anos, conforme dados do Banco Brasileiro de Teses e Dissertações.

que tornou sua obra conhecida e é uma das principais matrizes para se pensar branquitude hoje no Brasil.

Em linhas gerais, a autora argumenta que a manutenção de privilégios no Brasil conta com um expediente de acordo entre pessoas que se identificam como brancas e que tem como resultado a perpetuação do racismo no Brasil. As violações contra os direitos de pessoas negras são tratadas, pelas pessoas entrevistadas, como algo ora inexistente, ora alheio (Bento, 2002, p. 155). Ainda que as alusões ao narcisismo tenham suas raízes em usos em Sigmund Freud e, consequentemente, René Kaës, Theodor Adorno e Max Horkheimer, elas servem primordialmente a Bento para propor uma reciprocidade identificatória na qual o grupo de iguais reproduz estratégias de manutenção do *status quo*.

É preciso notar que um dos pontos altos de sua articulação é pensar o narcisismo como de partida já atrelado a processos sociais. Em outras palavras, escapando de uma psicologização ou patologização das relações raciais, a autora utiliza uma noção oriunda do campo clínico e da constituição subjetiva sobretudo para refletir sobre uma dinâmica de grupo, donde seu recurso a Kaës e à teoria crítica. O narcisismo é, assim, pensado como um amor a si mesmo e aos semelhantes[5] e, pela via da projeção, um ódio em relação àquelas/es tomados como diferentes (Bento, 2002, p. 42).

Bem entendido, o narcisismo e a identificação são, desde Freud, também utilizados para refletir sobre processos sociais, notadamente em "Psicologia das massas e análise do eu" (Freud, 1921/2011) e "O mal-estar na civilização" (Freud, 1930/1974) condensado, por exemplo, na hipótese do "narcisismo das pequenas diferenças". Entendo, por outro lado, que ao analisar a realidade de extrema violência e assimetria racial no Brasil, a agressividade não

5 A autora assume, de partida, um foco de unidade e semelhança entre pessoas brancas, ao contrário do que propõe Cardoso.

pode ser localizada na lógica de uma "pequena" diferença oriunda exclusivamente de um cálculo psíquico ficcional da constituição de grupos supostamente fraternos. E é daí, provavelmente, que a ideia de pacto tira sua força e importância.

A noção de pacto, menos carregada conceitualmente do que a de narcisismo, é tomada pela autora como sinônimo de aliança ou contrato inconsciente. A partir de Kaës, tem-se que "Esse acordo inconsciente ordena que não se dará atenção a um certo número de coisas: elas devem ser recalcadas, rejeitadas, abolidas, depositadas ou apagadas. Principalmente se o reconhecimento de determinadas dimensões da realidade põe em risco os interesses do grupo" (Bento, 2002, p. 57). Notemos aqui um desdobramento importante da lógica ocidental de pacto como pensada a partir, por exemplo, do contrato social, presente em *Totem e Tabu* e na releitura estruturalista de Lacan sobre o simbólico. Se na narrativa europeia há um suposto pacto coletivo totalizante de renúncia pulsional individual para garantir universalidade e igualdade entre todos — e, não por acaso, esta é a base do que Lacan denomina "homem" em suas fórmulas da sexuação (Ambra, 2015) —, o que se esconde é que esse pacto é fundado não pela exclusão da violência, mas por sua gestão patriarcal e colonial. Portanto, ainda que de maneira implícita, no expediente de Bento, o pacto é elaborado não a partir de uma universalidade que aboliria as diferenças, mas como um pacto da própria manutenção das diferenças, sendo sobretudo grupal e identitário, e não universal.

Esquematicamente, podemos propor que o narcisismo é a tópica basilar do reconhecimento entre brancos, que garante seja a individualidade seja uma pertença grupal; trata-se da instauração da zona eu-outro, nós-eles. Aquilo que Cardoso (2011) compreenderá como contraditório em Bento – o fato da branquitude ser ao mesmo tempo reconhecida e invisível – pode ser interpretado como uma certa fidelidade conceitual à noção de narcisismo: se por um lado é ele que garante a constituição egoica, o sentimento de si e no limite o próprio corpo, por outro trata-se de uma alienação que exclui tanto nossas próprias zonas abjetas quanto o fato da constituição psíquica, desde sempre, feita por meio de uma alteridade, conforme defende Lacan em seu Estádio do Espelho.

Regendo o narcisismo a lógica da identificação, temos que o pacto é dinâmica de reprodução e manutenção dos lugares. Diferentemente de um pacto que assinala um marco temporal circunscrito que funda antes e um depois da "cultura", aqui ele se aproxima de uma reiteração performativa atualizada a cada ato que reinsere os sujeitos nos lugares designados por nossa dinâmica racial. Captado e sustentado pelo discurso, o pacto se desvela na própria construção da narrativa que (re)cria lugares: "A escolha do pacto narcísico como linha mestra de análise do material, deve-se a maneira como surgem (ou são omitidos) no discurso dos entrevistados, os dois principais atores: brancos (as) e negros (as)" (Bento, 2002, p. 155).

Há ainda um último elemento fundamental para a compreensão do recurso metapsicológico feito por Bento em sua leitura sobre a branquitude. Trata-se de uma economia da presença no pacto. Ao contrário de uma discriminação direta e positiva, seja física ou verbal, a liga aqui é dada pela subtração: "A invisibilidade e o silêncio parecem ser condição *sine qua non* para a manutenção do pacto narcísico. Todos sabem qual é o espaço do 'nosso' grupo. Esse espaço não pode ser invadido" (Bento, 2002, p. 109). Ou seja a perpetuação do pacto se dá por meio de uma invisibilização da assimetria que tem como base um acordo reiterativo baseado em uma identidade grupal narcisicamente constituída.

Vejamos como tal movimento repetitivo da negação se expressa na análise de Bento sobre a fala de Mariana, uma de suas entrevistadas:

> Não *acho que existe assim, a nível de discriminação "fulana que é branca, fulana que é preta"* não, *isso eu* nunca *peguei na Prefeitura, nunca senti isso...* nunca *senti.* Não

> *sei se é porque eu sou branca, talvez...* não *me pega diretamente, sabe...* não *me toca diretamente. (Bento, 2002, p. 100, grifos nossos)*

Em uma nota de rodapé, dirá a autora:

> *Poderia se incluir aqui o fato de que talvez não ouça, ou não se digam coisas assim diante dela; isto é, ela "nunca pegou" isso dito explicitamente diante dela. O silêncio sobre a discriminação explicita o silêncio diante da autoridade (ou da hierarquia). Nem brancos, nem negros reproduzem o que é dito em outras situações e na presença de chefias. O branco por vergonha ou medo de ser reconhecido como discriminador, o negro por vergonha ou medo de ser reconhecido como discriminado. (Bento, 2002, p. 101)*

Podemos assim qualificar melhor a contradição apontada por Cardoso: o pacto é a dinâmica que liga, pela invisibilidade, economia de silêncio à localidade identitária positiva e narcísica da branquitude. Trata-se de uma dinâmica discursiva que permite a coexistência entre "não existe discriminação" e "sou branca". Ou seja, tudo se configura como se o reconhecimento da brancura fosse um movimento de apagamento da branquitude. Nessa redução da relação social e política a um traço epidérmico inerte localiza-se a dinâmica do silenciamento: não há o que dizer sobre uma diferença de pele, já que "somos todos humanos". O mito da democracia racial se encarna por meio desse pacto, em uma dinâmica já apontada por Lélia Gonzalez como ligada a uma negativa: uso o não como forma de fazer emergir a realidade sim (Gonzalez, 1988/2020, p. 127).

Em mais esse recurso feito à psicanálise pela psicologia social do racismo, Gonzalez vale-se da *Verneinung* (negativa) freudiana, conceito eminentemente clínico, para pensar a dinâmica racial no Brasil e, posteriormente, na Améfrica Ladina e nas Caraíbas. Quando um analisante diz "Sonhei com uma mulher, mas não era a minha mãe, viu?!", cumpre cogitar que, em sua espessura de verdade do inconsciente, a frase pode prescindir do não. Assim, para a antropóloga, quando afirmamos "Não existe racismo no Brasil" ou "Conheço pessoas racistas, mas eu não sou", é de uma negativa que se trata.

Apliquemos essa lógica ao já citado trecho eleito por Bento: "Acho que existe assim, a nível de discriminação 'fulana que é branca, fulana que é preta', isso eu peguei na Prefeitura, senti isso... senti. Sei [que] se é porque eu sou branca, talvez... me pega diretamente, sabe... me toca diretamente.". Tal como as formações do inconsciente dão a ver a contradição que sustenta o pacto — edípico, por exemplo —, a negativa racial afirma aqui que a invisibilidade recobre a ciência da espessura narcísica da branquitude.

Ainda que possamos nos valer do recurso à negativa feito por Gonzalez, é preciso pontuar diferenças importantes em relação às suas premissas e apostas diagnósticas. Para a antropóloga, a afirmação da branquitude orbita ao redor de seu efeito visível, fenomenológico e, em suma, sintomático da cultura brasileira e é, como tal, substancialmente um efeito. Suas causas últimas residem em uma hipótese quase oposta à de Bento, a saber, de que o pacto cultural e de poder que estrutura o Brasil é negro e, na esteira de Clóvis Moura em *Rebeliões na senzala* (1988), resulta em uma inversão da hermenêutica tradicional que teria na análise da branquitude o polo dominante: o negro é o motor da transformação. Em Gonzalez, esse diagnóstico não é, contudo, econômico, mas parte de um impasse ligado ao desejo: o ambivalente lugar da mulher negra na sociedade representa os efeitos socialmente neuróticos de uma impossibilidade da cultura dominante que se serve, mas não reconhece, em última instância, seu amor.

A ideia de que "A batalha discursiva, em termos de cultura brasileira, foi ganha pelo negro" (Gonzalez, 1983/2020, p. 93) se sustenta a despeito da assimetria oposta, vivenciada cotidianamente, pois a autora compreende o racismo como um sintoma neurótico, ou seja, um conflito entre uma poderosa verdade recalcada (a fundação e o desejo pele/a/o negre/a/o como verdade e história) e sua expressão negativa (da realidade e consciência do racismo como sintoma). Essa senda clínica nos conduziria a um tratamento no qual o atravessamento da alienação da branquitude levasse a uma amefricanização da cultura e das subjetividades, análoga à destituição subjetiva que escantearia o protagonismo do Eu, rumo a uma abertura do desejo e da contingência. Leitora assídua de Lacan, Gonzalez conhecia a radicalidade com a qual o psicanalista pensava não apenas a materialidade da linguagem, mas a própria direção do tratamento. Vejamos como Lacan resume essa articulação:

> *É que não trata, para Freud, nem de memória biológica, nem de sua mistificação intuicionista, nem da paramnésia do sintoma, mas de rememoração, isto é, de história, fazendo assentar unicamente sobre a navalha das certezas da data a balança em que as conjecturas sobre o passado fazem oscilar as promessas do futuro. Sejamos categóricos: não se trata, na anamnese psicanalítica, de realidade, mas de verdade, porque o efeito de uma fala plena é reordenar as contingências passadas dando-lhes o sentido das necessidades por vir, tais como as constitui a escassa liberdade pela qual o sujeito as faz presentes. (Lacan, 1953/1998, p. 257)*

Ou seja, teríamos aqui, ao levar a sério a diagnóstica de Gonzalez, que o atravessamento do racismo implicaria na emergência de uma verdade histórica que nos levasse além da pura repetição traumática do sintoma da branquitude no Brasil. A esperança de um futuro outro assenta-se na reconstrução das leituras sobre as contingências do passado. Ao contrário de discursos conservadores que tendem a rejeitar as denúncias de violações de direitos humanos como "coisas do passado", a aposta na neurose vê o sentido e o desejo de devir como dependentes de uma outra historiografia: "O que se realiza em minha história não é o passado simples daquilo que foi, uma vez que ele já não é, nem tampouco o perfeito composto do que tem sido naquilo que sou, mas o futuro anterior do que terei sido para aquilo em que me estou transformando" (Lacan, 1953/1998, p. 301).

A força com a qual a estrutura dominante reage diante da ameaça de um símbolo que representa o silencioso orgulho branco, como, por exemplo, a queima da estátua do Borba Gato em São Paulo, é exatamente a mesma que impede a punição dos torturadores da ditadura Civil-Militar: trata-se de um único expediente de resistência à elaboração e à reescrita de uma história. Sofremos de reminiscências de tal forma que a relação entre culpa e exaltação em relação ao passado produz estagnação, perpetuada pelo recalcamento da verdade histórica: "toda fixação numa pretensa fase instintual é, antes de mais nada, um estigma histórico: página de vergonha que se esquece ou se anula, ou página de glória que constrange" (Lacan, 1953/1998, p. 263).

Voltemos a Bento. Em contraste, tanto sua premissa quanto sua diagnóstica são distintas: o marco zero de sua análise não é o recalque da verdade negra no Brasil, mas o pacto de branquitude e, no lugar da neurose, encontramos o narcisismo. Ainda que a autora não faça um recurso forte ao conceito, em sua acepção freudiana, autorizemo-nos a tirar algumas consequências de seus pressupostos.

Considerando o narcisismo enquanto não apenas um momento de estruturação do psiquismo, mas igualmente como o paradigma de um conjunto de afecções que se diferenciam das neuroses ditas de transferência, temos:

> *Nas primeiras (histeria e neurose obsessiva), o sujeito tem à sua disposição uma quantidade de libido que se esforça por ser transferida para objetos externos, fazendo-se uso disso para levar a cabo o tratamento analítico; por outro lado, os distúrbios narcísicos (demência precoce, paranóia, melancolia) caracterizam-se por uma retirada da libido dos objetos e, assim, raramente são acessíveis à terapia analítica. Sua inacessibilidade terapêutica, contudo, não impediu a análise de efetuar os mais fecundos começos do estudo mais profundo dessas moléstias, que se contam entre as psicoses. (Freud, 1923/2011, p. 294)*

O excesso de libido do eu e a dificuldade em formar laços (seja na realidade, seja na fantasia) tornaria, para Freud, os distúrbios narcísicos uma categoria majoritariamente diagnóstica e representativa de um momento de estruturação do psiquismo, mas com poucas indicações terapêuticas. Em especial na melancolia, que será caracterizada no ano seguinte como a patologia narcísica por excelência (Freud, 1924/2011, p. 181), não há propriamente uma perturbação na relação do Eu com a realidade, mas 1) na ambivalência afetiva; 2) na irreconhecida perda do objeto; 3) na capacidade de realocar a libido em objetos que o lancem para além da repetição egoica (Freud, 1917/2011, p. 85).

Vejamos um exemplo da aplicação de alguns desses pressupostos em uma passagem na qual Bento comenta um trecho da entrevista de Doralice que, para a autora, reconhece violências e desigualdades, mas não tira consequências em relação à sua própria posição ou engajamento na transformação desse quadro: "Doralice faz julgamentos e expressa aquiescência ou desacordo em diferentes momentos da entrevista, mas não faz qualquer menção de crítica ou censura às desigualdades raciais que ela mesma observa" (Bento, 2002, p. 82) e segue:

> *nada que acontece com "eles" interessa à pessoa, que só se sensibiliza com questões ligadas a seu grupo de pertença. Este também é um traço dos pactos narcísicos: "eu acho que o negro ele mesmo, ele mesmo fica... ele mesmo é revoltado, é agressivo, é como se ele falasse 'você me respeita porque eu consegui esse lugar às custas de muito sacrifício, então você me respeita'". (Bento, 2002, p. 82)*

O narcisismo, assim, implica que o pacto mantém uma separação forte entre grupos, ainda que materialmente se reconheçam assimetrias. Mas a partir do trecho selecionado, é possível desdobrar mais uma consequência: a ambivalência. Para Doralice, negros são, ao mesmo tempo, explorados e revoltados, atacados e agressivos, desrespeitados e demandam respeito. Seriam tais queixas relativas de fato ao grupo objetalizado ou, no fundo, referir-se-iam às precárias condições de sustentação do desejo e de luto do próprio Eu? Para Freud, a expressão, seja melancólica ou maníaca, do complexo narcísico é resultado de uma luta que tem em seu cerne modalidades primitivas de amor, nas quais o investimento libidinal confunde-se com a própria destruição do objeto. "A perda do objeto de amor é uma oportunidade extraordinária para que entre em vigor e venha à luz a ambivalência das relações amorosas" (Freud, 1917/2011, p. 65).

A identificação narcísica é, portanto, uma regressão face à impossibilidade amorosa, e não um fenômeno primeiro: sua ambivalência, agressividade e constituição identitária carregam sobretudo a marca de um transitivismo entre sujeito e objeto. Ao não abordar tais especificidades, Bento parece realçar o enunciado de Doralice em detrimento da enunciação aí presente: revolta, agressividade e demanda de reconhecimento meritocrático são confissões de tais traços na branquitude, em um exemplo da lógica da fala em Lacan: recebo meu discurso invertido, como vindo do outro.

Assim, ainda que a noção de narcisismo ligado à espessura racial possa indicar modalidades de tratamento ligadas ao reconhecimento e à afirmação identitários (seja na positivação de experiências subalternizadas, nas políticas afirmativas, na racialização de invisibilidades, no letramento racial etc.), elas não devem ignorar que tanto seu ponto de partida quanto sua aposta transformativa são incontornavelmente ligados à análise das contradições relacionais. Dito de outro modo, quanto mais me aproximo das raízes do pacto narcísico da branquitude, mais encontro a impossibilidade de assunção relacional apontada por Gonzalez como base das relações raciais no Brasil. Erraríamos, contudo, ao descartar o narcisismo como categoria de análise: não por outra razão, Fanon aponta que, ao mesmo tempo, brancura e negrura são narcisismos (Fanon, 1952/2020, p. 23) e que o projeto de descolonização deveria ter como objetivo a dissolução das raças enquanto tais (Fanon, 1952/2020, p. 243), mas que a afirmação positiva de uma identidade minorizada é necessária e passo incontornável do fim do racismo (Fanon, 1956/2018, p. 89): universal, mas não sem a radicalidade do particular.

Por fim, pode-se dizer que, na batalha contra o racismo, do narcisismo podemos extrair expedientes táticos de reconhecimento identitário e grupal; da hipótese neurótica decorrem cálculos estratégicos da estrutura relacional e de desejo que fundam a cultura brasileira. Resta saber se o horizonte político que presidirá tais percursos é ligado às diversas mortes do sujeito proclamadas pelo pós-estruturalismo e pelo lacanismo reinante; às inclusões conciliatórias mediadas pelo mercado; ou a uma transformação material daquilo que, em última instância, pauta os modos de subjetivação, que, em outros tempos, ousaríamos chamar de revolução.

## *Referências*

AMBRA, Pedro. A psicanálise é cisnormativa? Palavra política, ética da fala e a questão do patológico. *Revista Periódicus*, v. 1, n. 5, p. 101-120, 2016.

______. *O que é um homem? Psicanálise e história da masculinidade no Ocidente*. São Paulo: Annablume, 2015.

BENTO, Maria Aparecida da Silva. *Pactos narcísicos no racismo*: branquitude e poder nas organizações empresariais e no poder público. Tese (Doutorado). Universidade de São Paulo, 2002.

CARDOSO, Lourenço. Branquitude acrítica e crítica: a supremacia racial e o branco anti-racista. *Revista Latinoamericana de Ciencias Sociales, Niñez y Juventud*, v. 8, n. 1, p. 607-630, 2010.

______. O branco-objeto: o movimento negro situando a branquitude. Instrumento: *R. Est. Pesq. Educ.*, Juiz de Fora, v. 13, n. 1, jan./jun. 2011.

FANON, Frantz. (1952). *Pele negra, máscaras brancas*. Tradução: S. Nascimento. São Paulo: Ubu, 2020.

______. (1956). Racismo e cultura. *Revista Convergência Crítica*, n. 13, p.78-90, 2018.

FREUD, Sigmund (1917). *Luto e melancolia*. Tradução: M. Carone. São Paulo: Cosac Naify, 2011.

______. (1921). Psicologia das massas e análise do eu. Tradução: P. C. Souza. *In:* ______. *Obras completas, Vol. 15*. São Paulo: Companhia das Letras, 2011.

______. (1923). "Psicanálise" e "Teoria da libido" (dois verbetes para um dicionário de sexologia). Tradução: P. C. Souza. *In:* ______. *Obras completas, Vol. 15*. São Paulo: Companhia das Letras, 2011.

______.(1924). Neurose e psicose. Tradução: P. C. Souza. *In:* ______. *Obras completas, Vol. 16*. São Paulo: Companhia das Letras, 2011.

______.(1930). O mal-estar na civilização. *In:* ______. *Edição Standart Brasileira das Obras Psicológicas Completas de Sigmund Freud*. Rio de Janeiro: Imago, 1974.

GONZALEZ, Lélia (1983). Racismo e sexismo na cultura brasileira. *In:* RIOS, Flávia; LIMA, Márcia (orgs.). *Por um feminismo afro-latino-americano*: ensaios, intervenções e diálogos. Rio de Janeiro: Zahar, 2020.

______.(1988). A categoria político-cultural de amefricanidade. *In:* RIOS, Flávia; LIMA, Márcia (orgs.). *Por um feminismo afro-latino-americano*: ensaios, intervenções e diálogos. Rio de Janeiro: Zahar, 2020.

LACAN, Jacques (1953). Função e campo da fala e da linguagem em psicanálise. *In:* ______. *Escritos*. Tradução: V. Ribeiro. Rio de Janeiro: Zahar, 1998.

MOURA, Clóvis. *Rebeliões da senzala*. Porto Alegre: Mercado Aberto, 1988.

RAMOS, Alberto Guerreiro. A patologia social do "branco" brasileiro. *In:* ______. *Introdução crítica à sociologia brasileira*. Rio de Janeiro: UERJ, 1982.

SCHUCMAN, Lia Vainer. *Entre o encardido, o branco e o branquíssimo*: raça, hierarquia e poder na construção da branquitude paulistana. Tese (Doutorado). Universidade de São Paulo, 2012.

SOUZA, Neusa Santos (1982). *Tornar-se negro ou As vicissitudes da identidade do negro brasileiro em ascensão social*. Rio de Janeiro: Zahar, 2021.

# 14. Escuta psicanálise: por uma retomada da subjetividade negra

*Guilbert Kallyan da Silva Araújo*

Este capítulo emerge de encontros que tenho tido com meus orientadores, de debates acerca das questões raciais implicadas na psicanálise, racismo ambiental e das implicações para o sujeito negro mediante o processo de subjetivação referendado na brancura. Nesse sentido, os debates sobre a possibilidade de uma clínica antirracista, a partir dos postulados psicanalíticos, surgem concomitantemente às reflexões de possíveis intervenções clínicas pautadas racialmente.

O título já dá indícios de por onde caminharemos, sendo uma alusão à tradução espanhola do *Pele negra, máscaras brancas* (Fanon, 2008), que no original em francês foi intitulado *Peau noire, masques blancs* (Fanon, 1952), mas na língua ibérica ficou intitulado como *Escucha Blanco!* (Fanon, 1966), que inclusive é a versão que Neusa Souza utiliza em seu livro sobre a questão da identidade negra no Brasil, o *Tornar-se negro...* (Souza, 1983); e para pensar num momento de reivindicação de uma retomada da subjetividade negra em relação à psicanálise como um todo.

É importante, primeiramente, perpassar pelos pilares e alicerces que sustentam aquilo que compreendemos enquanto psicanálise no sentido de construirmos uma possibilidade de reivindicação, principalmente em relação ao que, talvez, seja o principal paradigma que sustenta as noções tanto de subjetividade quanto de eu e de sujeito que são perpetuadas pela psicanálise como tudo. No entanto, é impossível falar sobre processo de subjetivação e aquisição da disposição narcísica que inaugura o sujeito na sua diferenciação para com o mundo sem, de antemão, falarmos sobre Édipo-rei e a trama edípica na consolidação e construção de si, não somente mediante o que está posto no real, como também a um outro.

Dentro desse processo, uma questão que já aparece, muito por conta de Fanon – vale ressaltar também que, na época, de forma contemporânea mas sem terem conhecimento de um sobre o outro, a psicanalista brasileira Virgínia Leone Bicudo também realizava investigações e tecia reflexões sobre esse mesmo processo – é se o complexo de Édipo não seria, necessária e primariamente, uma condição *sine qua non* para o que compreendemos como subjetividade negra. O significado, tanto para si mesmo enquanto disposição de Eu, quanto como uma categoria de reconhecimento do que é ser negro/a no Brasil, é mediado e interpelado por processos outros que, no limite da cadeia, chega no indivíduo. Desse modo, o colonialismo, considerado a fase inicial do processo de expansão imperialista que utilizou os corpos sequestrados em África para serem usados como mão de obra e mercadoria, deixou querelas ainda sensíveis e visíveis no nosso mundo contemporâneo – até porque, seria no mínimo ingênuo imaginar que séculos de escravização, colonização, violentação e interdição dos corpos negros a sua possibilidade de realização plena seriam superados com uma canetada, sem quaisquer planos de recuperação social e inserção da população negra na sociedade. Tais querelas são tanto de ordem objetiva, como nas questões de divisão racial do espaço urbano mediante gentrificação e favelização das cidades, quanto de ordem simbólica, ao imputar na pele negra uma impossibilidade de realização, um não lugar que, em termos práticos, deveria ser negado pelo próprio negro visando um desejo por um novo corpo com o qual pudesse dispor da humanidade plena, ou seja, direcionando-se à brancura como única forma possível de ser um Eu no mundo.

O que Fanon conseguiu articular sobre a questão do colonialismo, utilizando o texto de seu antigo professor e posteriormente amigo íntimo Aimé Césaire (2006), foi como a lógica de dominação engendrou um processo de assimilação do negro na periferia do capital enquanto um Sujeito da Outridade, um não passível de dispor plenamente de Si, sendo este sempre uma corruptela de si mesmo mediada pela autorreferenciação referendada em uma instância *a posteriori*. Esta não somente é idealizada como também, e principalmente, desejada enquanto lugar de referência – tanto no sentido da positivação de existência branca como possibilidade de saída e direcionamento, quanto no sentido de negação da existência negra enquanto uma impossibilidade. Em termos, a divisão apresentada dá-se no campo da reivindicação ao lugar de humano, uma vez que há a positivação da brancura enquanto lugar ideal a ser atingido, ao mesmo passo em que há a negação do lugar de humano ao negro, inaugurando, dessa forma, uma cisão de raças a partir do momento em que o Branco (colonizador) inventa o Negro (colonizado) como uma categoria de diferença sob a qual poderiam justificar a sua pretensa reivindicação de humanidade: "Nós, os brancos, somos os humanos civilizados, o bastião do que é bom, belo e moral. Vocês não, vocês negros são sujos, bárbaros, são tudo aquilo que não sou. Vocês não são humanos, vocês são negros".

Retomando a trama edípica, quando Freud, em seu texto de 1913 intitulado *Totem e Tabu* (1913/2013), dispõe sobre o mito de fundação inicial da civilização, ele estava propondo algo da ordem do estabelecimento dos acordos de limites da violência e de "civilidade", que inaugurariam a civilização enquanto uma possibilidade de convívio social para todos os sujeitos tidos como humanos; mas como pensar nessa civilidade abstrata dado o modo extremamente violento com o qual se interdita o corpo negro? Que civilização é essa que estupra, sequestra, mata, destrói, comercializa, encarcera e utiliza como um mero objeto milhões de sujeitos pela cor de sua pele?

O que Fanon nos apresenta, nesse sentido, é que uma reivindicação de humanidade abstrata é não somente impossível como também um delírio proveniente do pretenso lugar de superioridade do branco em relação ao negro, de modo que, em termos psicanalíticos, o paradigma central de "inauguração da subjetividade" negra não seria a trama edípica, pois antes mesmo do bebê negro dispor de quaisquer posições ou ciência acerca de seus genitores, estes já foram interditados quanto a sua humanidade. O próprio bebê é trazido ao mundo como um diferente – antes mesmo de dispor de um corpo próprio, ele irá aprender a negá-lo. A realidade estruturada em torno do colonialismo em sua fase atual – capitalista – imputou ao negro uma impossibilidade de se realizar como um sujeito em si mesmo. Nos mais diversos âmbitos, a possibilidade de ser um humano lhe é destituída. Como bem pontua o próprio Fanon, "quer queira quer não, o Complexo de Édipo está longe de surgir entre os Negros" (Fanon, 2008, p. 134).

Dessa forma, coloca-se a brancura não apenas como um referencial de existência a ser atingida, mas também como O lugar da humanidade a ser desejada pelo negro, cerceando-o a desejar tal abstração de sujeito como única forma possível de ser e existir– da brancura enquanto mimesis de ser humano –, sem nunca conseguir atingi-la, pois sempre irá esbarrar na barreira da pele. O processo de assimilação descrito por Fanon, da consolidação do Eu negro mediante dinâmicas de inferiorização e epidermização, acentua os lugares construídos e impostos do que é um lugar de Branco e um lugar de Negro numa sociedade racialmente hierarquizada. É quase uma rememoração dos processos de diferenciação, uma vez que a realização plena do corpo ontogenético só seria possível ao sujeito subjetivado obstante às interdições coloniais – que coincidentemente é o sujeito normativo da psicanálise, branco, homem, hétero, cis, burguês[1] – ao passo que, ao Negro, seria relegada uma corruptela do que poderia vir a ser um humano, sendo impossibilitado ao gozo do seu próprio corpo enterrando-se como Sujeito de Outridade. As descrições freudianas, na medida em que Freud não abarcou a dimensão racial enquanto uma determinante da subjetivação, são abstrações enquanto descrições dos processos típicos da europeidade – branca, burguesa, cis normativa – sem dispor de uma descrição enquanto análise das mais diversas possibilidades de ser e existir nos mais variados meandros do pensamento humano.

O que se constata é da circunscrição do Negro enquanto um sujeito da impossibilidade mediante a instauração de um duplo-narcisismo, onde ele só existiria na suspensão entre a negrura que se nega e a brancura que nunca se alcança, pois, nesse jogo de referenciação do negro para brancura, o que ocorre é uma impossibilidade de realização em si mesmo, pois, assim como se questionava Fanon: como vou querer ser negro, como vou me realizar enquanto negro, se essa cor é socialmente postulada numa condição de esquivo e de indesejável, além de ser da impossibilidade, a ponto que me faça desejar, do fundo do meu âmago, me tornar branco? Questionando-se sobre isso, ele relembra um diálogo com sua mãe – uma preta retinta – ainda na Martinica em que ela lhe falava sobre como agir de determinada forma era "agir como um negro", no sentido de que não se comportar dentro dos parâmetros estabelecidos pelo colonizador

1 Um dos principais problemas enfrentados nos debates posteriores quanto ao texto psicanalítico é justamente entender a dimensão problemática de uma reivindicação abstrata de humanidade na medida em que esta se alicerçou num tipo de sujeito específico tentando descrever a subjetividade de toda a humanidade, sem se dar conta de que estava tratando da dimensão de um tipo de existência específica, geográfica e socialmente localizada e que, por consequência, passava longe de ser uma expressão fidedigna das mais diversas possibilidades de expressões humanas que poderiam existir. Sempre vale se questionar: quantos e quantas pacientes negros e negras Freud atendeu?

sobre o que seria ideal automaticamente o pontuava próximo de uma negrura negativada, ou seja, o negro assimilado reiterando a diferenciação racial e acentuando o lugar de superioridade do *modus operandi* branco como o que é bom, belo e moral.

Assim, a primeira negativa do duplo narcisismo é da ordem da negação da experiência vívida em si mesma, da impossibilidade de ser negro como um lugar realizável. Concomitantemente, há um direcionamento de si para um lugar desejável que é visto e acentuado como reduto da humanidade, pois se por um lado nega-se a negrura, por outro, há a positivação da brancura como caminho a ser seguido. A segunda negação é, por consequência, uma afirmação do desejo, um direcionamento, ou como muito bem postula Souza, é um contingente de direcionamento do Ideal de Ego para a brancura como única saída possível do lugar de sofrimento no qual o negro está circunscrito (Souza, 1983). Isso significa que se tornar branco mediante assimilação é a saída para o fosso da negrura; tornar-se branco, entretanto, é uma contingência impossível de ser atingida plenamente, pois, por mais que o sujeito faça tudo conforme as exigências do colonizador, falando sua língua, pensando como ele, agindo como ele, vestindo-se como ele, a ponto de esquecer que um dia foi negro, a realidade se interpõe e o relembra, por meio da fala dos próprios brancos, que, ainda que um negro busque a sua humanidade na brancura, no final do processo, ele ainda será negro.

Nessa dialética de reconhecimento, o negro fica em uma suspensão de si perante o mundo onde a encruzilhada do duplinarcisismo – negação de si como contingência para desejo em se tornar um outro embranquecido – apresenta um novo elemento, o da negação enquanto interdição do branco pela devolutiva na forma de ato, pois, por mais que se direcione à brancura, ele ainda será negro; nessa devolutiva, há a instauração da relação enquanto compreensão de si num triplinarcisismo – negação do eu em si, direcionamento para a brancura e, na devolutiva do branco, a negação da possibilidade de ser branco, sendo outra vez jogado ao fosso do qual tanto tentou fugir. Em termos, o que aqui pontuamos como triplinarcisismo é, na realidade, a outrificação do eu, que como pontua Grada Kilomba, é da ordem da circunscrição da negrura na outridade (Kilomba, 2020), de modo que, como pontua Neusa Souza, o negro se aproxima da humanidade se, e somente se, o direcionamento da sua subjetivação se der em torno da brancura. O tornar-se humano no Brasil é, dessa forma, um tornar-se branco.

No Brasil, o mito de democracia racial – inaugurado por Gilberto Freyre e perpetuado por décadas como uma verdade quase que irrefutável sobre a condição racial brasileira – é tão visceralmente enraizado nas formas de ser, existir e, por consequência, de ser subjetivado na sociedade brasileira, que se torna um crime perfeito (Munanga, 2010). Diferentemente de países como Estados Unidos e África do Sul, que tiveram uma institucionalização do racismo materializado em leis constituintes, como a Lei Jim Crow norte-americana e o *Apartheid* sul-africano, no Brasil, em vez de leis específicas de segregação que dispusessem de uma divisão racializada,[2] tivemos a venda de um mito de igualdade entre as raças a ponto que o próprio negro não apenas comprou esse discurso, como internalizou e enraizou em sua cosmologia de pensamentos a noção de que, primeiro, não existe racismo no Brasil, e de que só seriam negros aqueles vistos como pretos retintos, de modo que a negrura seria um problema apenas de autoidentificação sem quaisquer querelas sociais. A vitória da branquitude no Brasil se deu a partir do momento em que o negro passou a direcionar o seu desejo de realização de si para um lugar impossível de ser atingido com seu corpo, o lugar impossível de ser branco. O que se apresenta para o negro, em meio a construção de um mito de igualdade racial que é vendido nas escolas, nos bares e,

2 Apesar de ter existido a Lei de Vadiagem no Rio de Janeiro de 1888 até 1902, não houve no Brasil como um todo uma institucionalização legal de um *apartheid*.

principalmente, na mídia hegemônica, é, distante do mito, uma realidade extremamente violenta nos mais diversos aspectos, pois como nos relembra Lélia Gonzalez (2020), cada pequeno ato cotidiano para uma pessoa negra pode ser seu último.

Mediante o processo de assimilação, há a referenciação do ideal de ego na brancura, de modo que a disposição narcísica do negro não aponta para seu próprio corpo, não aponta para um outro que se interpela na tentativa de aproximá-lo de seu corpo, mas, sim, para uma profunda negação da sua condição atual enquanto dotado de melanina para uma tentativa de afirmação de Eu enquanto um branco *a posteriori* – há, nesse sentido, um narcisismo cindido na impossibilidade de ser negro, numa lógica perversa que destrói a autoimagem para se pintar de um outro que nunca chega – onde esse grande outro nunca chega, o outro branco, ou melhor, a Brancura.

A essa altura, vocês devem estar me questionando quanto ao caráter quase que mecanicamente circular do pensamento sobre a condição subjetiva do negro, que entre idas e vindas, acaba por retornar a um "então o problema é sempre se referendar a brancura?". De forma tão contundente quanto fomos até o presente momento, respondemos que não, por mais que também seja. É também a exclusão da possibilidade de realização plena de si mesmo, é também a poda de língua, cultura, cor, costumes, é uma poda, em termos psicanalíticos, de uma possibilidade de consolidação da linguagem corpórea do Eu que referencie o si-mesmo, direcionando a impossibilidade do reconhecimento entre *Je* e *Moi*. Tal cisão, como nos mostra Isildinha Nogueira (2021), no momento de aquisição do narcisismo do negro, não é referendada na mudança de estágio de realeza do bebê para ser um sujeito no mundo. É, na realidade, para sair da realeza do gozo do senhor bebê direto para a impossibilidade pelo fato de ser negro; a consolidação da identidade do negro já se dá na referenciação da mãe no filho, projetando neste a negativação imagética da negrura em sua condição de diferenciada, circunscrevendo a criança a uma contingência do desejo imposto mediante estruturação da realidade, referendada na brancura, onde a única forma de ser e existir como um humano é negando seu corpo negro para não sofrer. E esse processo extremamente violento é a consolidação de um processo em decurso. Como aponta Fanon, é uma consequência do colonialismo e, portanto, uma condição estruturante da realidade capitalista moderna. Como muito bem aponta Clóvis Moura (2020), não é possível dissociar capitalismo do racismo, de modo que a própria estruturação da realidade econômica e social na modernidade se faz entrelaçada com o racismo (Almeida, 2019).

A questão da identificação e das composições imagéticas com implicações subjetivas são apenas uma parte de um problema geral, do qual a psicanálise inclusive faz parte, que é da reiteração de um modo de ser e existir como hegemônico a tal ponto que eclipsa o olhar sobre singularidades e especificidades. Entretanto, como Neusa Souza aponta ao final de seu livro, os problemas sociais do mundo não serão solucionados apenas com a psicanálise, sendo necessário um profundo processo de formação política para a construção de uma possível positivação da cosmologia em torno do que é ser negro. Quando Fanon dispõe em seu texto sobre a superação do modelo ontogenético como categoria última de compreensão da história do sujeito, indicando a necessidade de um sociodiagnóstico para que, a partir daí, consigamos compreender a verdadeira raiz do sofrimento negro, o que se pontua é como uma prática clínica que não verte seu olhar para questões estruturais está fadada a incompletude.

Dizer *"escuta, psicanálise!"* é trazer à tona a crítica quanto à forma como a psicanálise se consolidou sem contemplar as mais diversas expressões humanas obstantes das europeias. Por exemplo, no Brasil, existem diversos problemas e questões que se colocam no decurso do processo de subjetivação que sequer são mencionados nos textos clássicos. Não queremos dizer com isso, evitando o risco de incorrer em anacronismos, que a teoria psicanalítica fundada por Freud e tão bem desenvolvida por seus e suas diversos e diversas seguidores e seguidoras, é insuficiente ou disfuncional. O que atestamos é que se faz necessária uma revisão para atualizar não apenas os conceitos, mas também as práticas clínicas e as noções que tangem o ente humano em suas variadas expressões. É entender que o processo de embranquecimento da população, não apenas no sentido estético, mas também político e subjetivo, possui implicações para a sociedade como um todo, inclusive na clínica. Em que momento isso vai aparecer na clínica de forma latente? A partir do momento em que as mais diversas escolas psicanalíticas existentes no Brasil não apresentam abertura para críticas desse tipo, sendo que, por muitas vezes, falar sobre negritude é visto como uma deturpação do texto freudolacaniano, como se falar de raça tivesse se tornado um verdadeiro tabu entre os analistas dogmáticos, chegando a ser cômico – para não dizer trágico. Além disso, em certos momentos, atestar uma condição de subjetivação que fuja de uma replicação do modelo europeizado para outras realidades faz parecer, ao menos na visão desses dogmáticos, que a psicanálise vai morrer; eles esquecem que o próprio Freud deu indícios de que a psicanálise só se faz viva na medida em que se reinventa.

Para fazer o *blanco escuchar*, ou no caso, para fazer a psicanálise escutar, para compreender a pele negra obstante a máscara branca que costuraram em cada filho de África, é preciso ouvir os negros. E tem muita gente preta – mas não apenas estes – escrevendo e refletindo sobre a condição racial no Brasil contemporâneo e suas implicações, tanto para a clínica quanto para a subjetividade da população. É necessário, portanto, fazer algo que historicamente já foi feito por um dos grandes autores da psicanálise, Sándor Ferenczi (1928/2012), que, dentre outras coisas, escreveu sobre a questão do tato analítico, pontuando a subjetividade do analista como uma condição pertinente a ser considerada no processo analítico, inaugurando, dessa forma, uma metapsicologia dos processos psíquicos do analista. Dessa vez, é necessária uma revisão não apenas da subjetividade dos analistas, mas também de tudo que interpela a clínica no sentido de compreensão da totalidade do sujeito, de quem faz e pratica a análise, dos conceitos, dos limites e das possibilidades etc.

Se olharmos para nossa própria produção cultural, já teremos um verdadeiro manancial de possibilidades de investigações e reflexões possíveis. Tomemos como exemplo uma música dos Racionais MC's, *Tô ouvindo alguém me chamar*: é uma descrição analítica do processo de subjetivação de um jovem negro periférico que enxerga na criminalidade a única possibilidade de se realizar plenamente enquanto um sujeito reconhecível pelos seus pares, sem sequer dispor de um nome próprio. Nesse exemplo, o que os *rappers* fazem é dar uma verdadeira aula para muitos analistas prepotentes que não enxergam o valor das nossas produções como possíveis elementos para novos caminhos dentro da psicanálise, uma vez que, na supracitada música, há elementos mais que suficientes – conectando-se com uma realidade tão cotidiana que se faz despercebida pela academia – para interpelarmos a violência como uma das contingências de subjetivação do negro no Brasil, sendo esta gerada por problemas de desigualdade social, periferização, racismo etc. O que visamos mostrar, com isso, é que a psicanálise necessita verter seu olhar para o chão sobre o qual se caminha. Não precisamos tecer milhões de reflexões sobre a condição do negro a partir de um lugar estranho ao povo brasileiro. Precisamos, e com urgência, resgatar a subjetividade negra enquanto não apenas uma categoria possível de análise, mas enquanto uma condição real da história dos sujeitos acometidos pelo sofrimento.

Que a psicanálise escute o *rap* mais do que leia Sófocles; que olhe para as favelas não como safáris humanos, mas como lugares onde cada janela é um antro de histórias e afetações que dificilmente passarão para as páginas de livros. Músicas como *Tô ouvindo alguém me chamar, Mágico de Oz, Vida Loka pt. II, Da ponte pra cá, Negro Drama* e *Jesus chorou,* apenas para citar algumas, não são apenas descrições cantadas da realidade cotidiana. Nelas, temos profundas descrições que servem de munição para a investigação do tipo que o próprio Freud fez em suas reflexões sobre literatura russa, tragédias gregas e obras do próprio Da Vinci. O que é que tem num livro de Dostoiévski que não existe numa letra de *rap* gravada no Capão Redondo?

Quando reivindicamos uma possibilidade de escuta, quase que em um clamor – mas que, na realidade, somos nós arrombando as portas à base de chutes –, estamos pontuando a necessidade de uma retomada do Negro como uma categoria especificada, não sendo uma em específico. Mediante o processo colonial que imputou no negro um lugar de diferença, que consigamos perceber a complexidade de lidar com as dinâmicas raciais, dadas as diferenciações que foram colocadas e imputadas ao negro, entendendo, de uma vez por todas, que "Raça" não é um mero recorte. Raça é determinante. Não existe nenhum processo de subjetivação que se dê obstante a racialização, ao gênero, a classe. A diferença é que uns são subjetivados numa abstração racial de modo que essa questão sequer aparece como um fator diferenciador, afinal, são todos brancos; mas para outros, a Raça é um fator que lhe circunscreve, delimita, direciona e coloca numa posição de diferença, de Outridade.

Não é porque uma pessoa não chega dizendo que sofre por ser negra que devemos excluir a questão racial do debate e da análise. O que precisamos, daqui em diante, é escrever os pilares do que é uma psicanálise negra, que faça os psicanalistas dogmáticos ouvirem que existem formas de ser e existir que não são responsivas a um pretenso lugar idealizado de humanidade abstrata. Existem formas de ser e existir que não são hegemônicas. Se pensarmos em termos lacanianos, subjetividade é linguagem, e esta é o palco onde se plasmam as contingências do mundo real em cadeias de significados de modo a permitir que se compreenda e se dialogue com o mundo. Só que a realidade não é apenas semiótica; é necessário um pouco de materialismo histórico dialético, como o próprio Fanon o fez em suas análises, atestando que o real está posto independentemente do que a linguagem consegue dispor em nível descritivo sobre ela. Não interessa a mim, na emergência das sequelas do colonialismo, saber se houve ou não uma grande civilização no Benin em meados do século II AEC, enquanto um irmão meu de cor continua a ser explorado nos campos de colheita de cana de açúcar em Nazaré da Mata.

Escuta, psicanálise: já passou da hora de enegrecer essa pretensa luz da qual tanto se orgulha de ter jogado sobre o inconsciente. Aqui, no Brasil, não existe processo que não esteja embebido até a última centelha de dinâmicas de diferenciação racial. E sempre, sempre, faz de mim um homem que questiona.

## *Referências*

ALMEIDA, Silvio. *Racismo estrutural*. São Paulo: Pólen, 2019.

CÉSAIRE, Aimé. *Discursos sobre el colonialismo, vol. 39*. Madrid: Ediciones Akal, 2006.

FANON, Frantz. *Escucha, blanco!* Barcelona: Nova Terra, 1966.

______. *Peau noire. Masques blancs*. Paris: du Seuil, 1952.

______. *Pele negra, máscaras brancas*. Tradução: Renato da Silveira. Salvador: EDUFBA, 2008.

FERENCZI, Sándor (1928). Elasticidade da técnica psicanalítica. *Variantes da cura*, v. 25, p. 95-106, 2012.

FREUD, Sigmund (1913). *Totem e tabu*. Porto Alegre: L&PM Pocket, 2013.

GONZALEZ, Lélia. *Por um feminismo afro-latino-americano*. São Paulo: Companhia das Letras, 2020.

KILOMBA, Grada. *Memórias da plantação*: episódios de racismo cotidiano. Rio de Janeiro: Cobogó, 2020.

MOURA, Clóvis. *Sociologia do negro brasileiro*. São Paulo: Perspectiva, 2020.

MUNANGA, Kabengele. Teoria social e relações raciais no Brasil contemporâneo. *Cadernos Penesb*, v. 12, p. 169-203, 2010.

NOGUEIRA, Isildinha Batista. *A cor do inconsciente*: significações do corpo negro. São Paulo: Perspectiva, 2021.

SOUZA, Neusa Santos. *Tornar-se negro*: as vicissitudes da identidade do negro brasileiro em ascensão social. Rio de Janeiro: Graal, 1983.

# 15. Psicanálise e negritude: o mal-estar do racismo

*Érico Andrade*

## *O problema da transferência*

Atendi a um jovem negro em conflito com a lei e ele me relatou sua condição de pessoa racializada como sendo um fator que atravessou a sua vida. Constituiu-lhe subjetivamente, dizia-me ele ao seu modo. No seu relato, destacava-se o uso que fazia da primeira pessoa do plural quando tratava mais especificamente das questões raciais. O "nós", portanto, era a forma como ele se conectava a mim, como se houvesse inicialmente um comum entre a gente. Esse uso era o modo como ele se conectava à minha escuta.

Naquele contexto, iniciava-se a transferência pelo comum de nossos corpos. Nisso, aquele atendimento me impunha uma reflexão sobre as minhas pesquisas a propósito de negritude que vinha fazendo sem a devida conexão com a clínica que, naquele momento, precipitava-se sobre mim na forma de uma urgência. Estava instalada ali uma nova forma do problema da transferência; pelo menos era o que eu começaria a pensar. E se eu estiver errado, peço a ajuda de vocês, leitores e leitoras, para me corrigirem.

Será que pode haver uma genuína transferência, marcada pela confiança nos termos de Winnicott e sobre os quais falarei mais adiante, quando pessoas guardam experiências fenomenológicas – ligadas, portanto, à sua própria forma de perceber o mundo e a si mesma – distintas em seus processos de subjetivação? Na tentativa de tornar clara a pergunta que ora me persegue: existem certas formas de vida que partilham condições subjetivas tão próprias que exigem da clínica uma escuta lastreada por uma mesma base comum de experiências subjetivas? Ou ainda: há alguma base comum que serve de esteio para a atuação da transferência ou somos sujeitos universais com uma escuta não menos universal?

Essas questões dificilmente atravessariam a obra de Freud, cujo contexto eurocêntrico e patriarcal, demonstrado por vários textos, como os da colega Alessandra Martins, sequer era tomado como uma questão: uma suspeita. A colonização intelectual ainda imperava solene e sem restrições. Com efeito, uma das principais críticas de Fanon à psicanálise repousa na inaplicabilidade do modelo edipiano, *in stricto sensu*, ao contexto da cultura africana. Fanon adverte que há um germe colonial na pretensão de conferir à psique humana uma única e mesma estrutura capaz de explicar exaustivamente o sofrimento. Depois de Fanon, sabemos que se avolumou o número de críticas à psicanálise sob diferentes prismas. Destaco aqui as críticas feministas. As críticas só têm ganho em potência e em contundência.

Assim, se é verdade que a psicanálise lida com a vulnerabilidade humana em geral, não é menos relevante compreender que existem diferentes formas de vulnerabilização, marcadas por diferentes processos históricos e, por conseguinte, de subjetivação. Nesse sentido, tenho confiança de que podemos pensar a psicanálise ainda mais na radicalidade de sua pluralidade sem desconsiderar de sua principal tarefa, que consiste em cuidar do sofrimento, quando consideramos seriamente outras formas e sobretudo outros processos de subjetivação.

Nessa perspectiva, lanço a seguinte hipótese de trabalho: o racismo cria uma experiência singular de vulnerabilização do corpo cuja partilha sensível se liga à corporeidade negra apenas por meio da qual ela se expressa esteticamente. Isto é, o sofrimento é universal no sentido de que ele se refere sempre à vulnerabilidade, mas o modo como esse sofrimento concorre para os processos de subjetivação realiza-se, pelo menos no contexto das pessoas negras, por meio de um corpo racializado.

Considerando a radicalidade do racismo, a minha tese é de que a transferência não se realiza plenamente no modo da confiança sem que a escuta dessa forma de vulnerabilização seja inscrita numa compreensão fenomenológica e estética do racismo. Desse modo, o atendimento de uma pessoa negra no Brasil só pode se realizar num trabalho de transferência em que a presença sensível do/a analista esteja disponível para uma escuta do caráter estruturante do racismo na formação da subjetividade negra. Isso implica, por um lado, uma escuta da especificidade do mal-estar do racismo. Por outro, o reconhecimento de que a escuta das pessoas negras deve ser atravessada estruturalmente por uma posição antirracista.

Para esmiuçar esses pontos, proponho um duplo caminho que espero que conflua no final do meu percurso. Inicio com um debate com Neusa Santos Souza para mostrar que o racismo opera, do ponto de vista subjetivo, com a ambivalência da identificação e da desidentificação do ser negro. Em seguida, mostro como a experiência do racismo está ligada à experiência de ser um corpo negro. A confluência esperada estará no fato de que a escuta psicanalítica não pode abdicar de uma elaboração do racismo por meio do reconhecimento de sua existência como um dos elementos constituintes da subjetivação das pessoas negras.

## *Racismo e subjetivação*

Uma das principais características do racismo é justamente retirar dos povos, como mostram alguns artigos sobre a filosofia moderna

(Gonçalves, 2015; Bernasconi 2005), o direito de construírem uma imagem legítima deles mesmos por meio da reafirmação de um único modo de ser civilizado que coincide com o ideário europeu. O que tenciono mostrar no presente capítulo é que o racismo também sequestra das pessoas negras a possibilidade de narrarem a experiência singular de suas vidas por lhes constranger sempre a tecer uma narrativa de si como resposta ao que a branquitude lhe impõe.[1] Esse é um dos maiores legados do colonialismo, como nos ensinou Aimé Césaire (1955, p. 25).

Com efeito, o discurso racista se instituiu sobre a prerrogativa de articular as concepções de identidade, imagem e representação, de modo a imprimir no corpo negro uma homogeneização com vistas a lhe vedar uma narrativa própria de si. O racismo é sobretudo um discurso ideológico, como diz Neuza Santos Souza (2021), que assegura ao branco o monopólio sobre as formas de narrar a si mesmo. Ou seja, o racismo é quando a palavra cala o que não lhe é espelho e, por isso, como acentuava Fanon, ele é radicalmente narcísico (Fanon, 2020).

Nessa perspectiva, o racismo impõe uma experiência de vulnerabilidade ligada à experiência estética e fenomenológica da corporeidade racializada. A essa forma de vulnerabilização é possível dar o nome de preterimento. Assim, a vulnerabilidade é experimentada pelo corpo racializado por meio de uma experiência de preterimento que marca a própria significação da vulnerabilidade. Ou seja, o preterimento produz uma vivência da vulnerabilidade que não se reduz à experiência ontológica que nos reúne como parte de um mesmo tecido humano. Sentir-se preterido é uma modalidade forjada da vulnerabilidade que força certos corpos a serem tomados como menos

---

1 Sigo a definição de branquitude de Conceição conforme a qual: "branquitude passou a ser abordada como fenômeno histórico, interseccional, relacional, um lugar estrutural de vantagem e privilégio, baseado em práticas e identidades culturais não necessariamente marcadas ou fixas, mas nas quais a brancura opera como valor simbólico e material" (Conceição, 2017, p. 53).

vulneráveis porque menos humanos. É um projeto de subtrair a vulnerabilidade dos corpos racializados ou, em algum sentido, em negá-la para lhes reputar uma humanidade deficitária.

É nessa perspectiva que, consoante a Fanon (2020, p. 116), é possível afirmar que a pessoa negra é sempre tomada por aquela que a humanidade é sequestrada porque, quando ela se refere a si mesma, precisa antes se referenciar como negra. A identificação de uma humanidade negra só ocorre por um desejo de superar a condição de ser negro, se desidentificar para poder realizar, no âmbito da fantasia, a humanidade no sentido pleno. Se a neurose, como sublinhou Fanon, é o destino certo porque não há como abstrair o marcador ontológico da negritude, o corpo, a existência da pessoa negra é sempre tomada com uma existência deficitária. Isto é, não existe humanidade plena quando se tem que anunciá-la como negra antes de se dizer humana. Assim como não existe humanidade plena possível para uma existência que é ontologicamente tomada como deficitária.

A pessoa negra passa a operar como um arquétipo, segundo Fanon (2020, p. 160), que a transplanta para uma condição de inferioridade em todas as dimensões da vida cultural e econômica, obrigando-a a se desidentificar na medida em que se identifica com o corpo que é. Com isso, cria-se uma atmosfera em que o preterimento impera de tal forma que ele produz a autorrejeição, sobre a qual extensamente dissertou Neusa Santos Souza (2021) e Beatriz Nascimento (2021). Em outras palavras, na medida em que se identifica com o branco, o negro é obrigado a se desidentificar com aquilo que foi obrigado a se identificar: com o corpo negro. Muitas vezes, as pessoas negras adotam essa postura de autorrejeição, na forma do embranquecimento, como mecanismo de defesa para lhes resguardar de certos sofrimentos.

Do ponto de vista estético, quero sublinhar que o preterimento racial pode ser entendido como um sentimento de rejeição social, promovido tanto por pessoas físicas quanto jurídicas, por meio da qual as pessoas negras sentem que a sua corporeidade é posta como um limite no processo de sociabilização. É a experiência de reconhecer no próprio corpo marcadores social e historicamente construídos que servem de subterfúgio para a exclusão social do corpo negro. Em outras palavras, é a percepção do corpo negro como um lugar diferente porque incompatível, em alguma medida, com a vida social governada pela branquitude.

Nessa perspectiva, o racismo projeta no corpo negro uma memória de preterimento. O corpo negro é identificado para ser esquecido ou para ser suplantado por uma "máscara branca" pela qual se arrefece o preterimento epidérmico que recai sobre ele. Ele condiciona a forma pela qual a pessoa negra percebe o seu próprio corpo na medida em que determina que esse corpo tem que se reconhecer como negro antes mesmo de se reconhecer como humano para, na ânsia de ser humano, deixar de ser negro: embranquecer (McClintock, 2018). Ou seja, a experiência do corpo negro é marcada pela associação dele e de tudo que ele produz a um déficit de humanidade cuja resolução só pode ocorrer por meio da negação da própria negritude do corpo. A experiência de ser negro é marcada por uma falta. O ser negro é ser aquém. A humanidade passa a ser o marcador do que falta às pessoas negras. Aquilo que lhes falta é o que desejam, muitas vezes apenas para poderem sobreviver.

## *O corpo negro como lugar de fala*

Tenciono desenvolver a ideia de que a vivência fenomenológica da negritude está invariavelmente ligada ao corpo negro. Ser negro é partilhar da experiência coletiva de ser racializado pela imposição da raça à corporeidade. Disso não se segue, faço questão de sublinhar, que existe uma linguagem privada, entendida como uma linguagem produzida e compreendida apenas por uma pessoa negra na sua individualidade, visto que a linguagem expressa uma forma de vida, segundo a acepção de Wittgenstein. Assim, é possível compreender o racismo como dispositivo de discriminação e controle social que incide em certas formas de vida que partilham uma experiência corporal comum. O termo racismo não é propriedade de nenhum grupo, mas o seu uso se aplica no Brasil a certos corpos tomados socialmente como negros nos termos colocados por Sueli Carneiro (2011).

Seguindo algumas considerações que Wittgenstein nos legou nas suas *Investigações filosóficas* (1980), é possível avançar para o entendimento de que a compreensão de palavras como sofrimento e raça, assim como de qualquer outra palavra, dependem de uma gramática pública. Essa noção de público não envolve, contudo, uma compreensão *a priori* e válida para qualquer público possível. Ou seja, a intuição de que as sensações, do ponto de vista de sua expressividade e significação, não são privadas, pertencentes, portanto, a apenas uma pessoa, não autoriza uma compreensão de que o contexto da compreensão do uso do termo sofrimento e raça seja universal no sentido de que ele seria indiferente à experiência compartilhada por certas formas de vida.

Tenho plena ciência da enorme dificuldade que consiste em compreender o que Wittgenstein entende por forma de vida. O termo não precisa ser unívoco e, se seguimos o élan de Wittgenstein, nem precisa ser. Com efeito, é possível sustentar que o significado só pode ser compreendido num contexto de certa prática social. O significado é uma construção coletiva muito próxima do que Quine designou com o termo holismo semântico (Quine, 1951). Assim, a palavra dor – ou, no presente caso, sofrimento – só faz sentido num jogo de linguagem e, portanto, ela se liga a uma forma de vida.

A forma de vida não indica uma região de significados próprios e originários, mas que as nossas relações com o mundo são realizadas pelas práticas cotidianas e pelas relações interpessoais. Forma de vida é uma indicação maximamente deflacionada em termos ontológicos de como praticamos o mundo que somos e o significamos no interior dessas práticas. Trata-se de uma maneira de dizer que a significação se remete a práticas no interior de certos contextos como parecem atestar diversos exemplos presentes nas *Investigações*.

No caso do corpo negro, ele aponta historicamente para a memória de uma prática. A experiência da racialização não cria um sentimento humano extra, mas mostra como certos sentimentos, como de preterimento, atravessam certas práticas ligadas, por seu turno, à certa corporeidade. Estamos falando, portanto, de uma experiência da negritude que se pauta numa forma de vida muito singular na história do Brasil. Uma modalidade de sofrimento em que o corpo negro passa a se reconhecer na sua negritude por meio de um sofrimento que lhe é impingido como marca de um processo colonial e conforme o qual uma raça lhe foi imposta. Viver a experiência da negritude se remete a uma prática de lidar e reconhecer o sofrimento colonial no próprio corpo. A colonização se continua no racismo. A disponibilidade corporal e afetiva constitui a prática do jogo da palavra sofrimento no contexto do racismo em face das pessoas negras. O corpo negro é marcado como um lugar em que o sofrimento é autorizado tanto para lhe silenciar quanto para lhe impor um modo de ser que lhe é ontologicamente (no sentido corporal) estranho: o branco. O racismo é o mal-estar do negro.

Ainda que não haja uma única modalidade de se vivenciar a negritude – esse é um dos pontos centrais da minha pesquisa –, é importante reconhecer um aspecto comum dos corpos negros que está marcado no seu corpo como território de memória de uma opressão racialista contínua. O corpo negro não deve, permitam-me a insistência, ser tomado como a expressão do mesmo e idêntico, mas ele experiencia uma opressão comum. O corpo passa a ser geografia da memória de um comum de opressão.

Não se trata aqui de colocar barreiras e fronteiras, prateleiras que dividem com precisão as pessoas humanas, mas de reconhecer que o racismo se liga ao corpo negro de maneira radical que certos fenótipos, atravessados pela cultura afrodescendente, concorrem para a experiência singular de si mesmo numa partilha comum com corpos contíguos na aliança, nesse caso, negra. Ou seja, ser negro não produz um sentimento humano próprio, como se pudéssemos patentear um sentimento como uma propriedade de ser negro, mas o ser negro aponta para uma experiência de preterimento racial pela qual apenas pessoas negras no Brasil passam por serem negras e por meio da qual são subjetivadas.

O sentimento de sofrer racismo não é *a priori* e unicamente pertencente às pessoas negras, como se lhe fosse uma propriedade, mas *a posteriori* esse sentimento só acomete no Brasil quem comunga de uma experiência corporal da negritude e/ou indígena. Em suma, o sentimento de ser racializado e sofrer, por consequência, racismo, não é exclusividade das pessoas negras; isso libera o racismo para ser um mecanismo de controle social mais complexo (ver, sobre esse ponto, Mbembe, 2018), mas a experiência de sofrer essa racialização no Brasil, como forma de discriminar a pessoa simplesmente por ela ser negra, é vinculada às formas de vida que guardam no seu comum uma corporeidade negra.

## *Uma escuta da negritude: confiabilidade como critério fundamental da transferência*

É certo que, na clínica, há pelo menos uma assimetria inquestionável: aquela que divide a figura do analista da figura daquele que será cuidado por ele. Contudo, a questão que o racismo impõe, pelo que tentei mostrar até agora, é que ele designa uma forma de sofrimento que acomete as pessoas racializadas no sentido de que forma as suas subjetividades em função de uma experiência estética pela qual apenas elas passam, por comungarem de um mesmo corpo.

Se consideramos que o/a analista lida com a dimensão estética ou que a dimensão afetiva na clínica é central, o tato clínico do qual falava Ferenczi não seria *a priori* infundado à demanda de pessoas negras por analistas negros/as. Afinal, um analista negro ou uma analista negra, mesmo numa condição assimétrica de analista, se encontra mais próximo, por ser negro, da experiência de racialização pela qual passa o processo de subjetivação das pessoas negras. No entanto, ainda que a experiência de ser racializado por ser negro seja uma experiência que se liga à corporeidade negra, a escuta psicanalítica não precisa estar no mesmo lugar da pessoa negra para ser confiável e formar um ambiente suficientemente acolhedor para que a transferência possa ocorrer no sentido de resguardar uma confiança genuína.

Embora a experiência de ser racializado seja da ordem das pessoas que são negras, a elaboração dessa experiência não concerne a uma forma específica e única de lidar com o sofrimento. Isto é, a experiência do sofrimento é comungada no interior de uma forma de vida culturalmente negra, mas a elaboração dessa experiência não precisa ser posta nos termos exclusivos da negritude.

No entanto, não é qualquer escuta que está autorizada a acolher uma demanda de uma subjetividade negra. Se é verdade que a elaboração da experiência do sofrimento não está dada na sua apreensão estética, ela, no caso das pessoas negras, tem que ser, contudo, marcada por uma escuta em que o racismo não é um tema marginal. E mais: é preciso uma escuta que se engaje com um antirracismo no sentido de compreender tecnicamente o que se configura como uma postura antirracista.

Nessa perspectiva, se seguimos a compreensão de Winnicott de que "a transferência não é apenas uma questão de relacionamento, ou relações. Ela se refere ao modo como fenômenos altamente subjetivos aparecem repetidamente" (2008, p. 146), não há como estabelecer um elo transferencial engajado efetivamente como o sofrimento de uma pessoa negra sem considerar como o racismo lhe atravessa. E para acompanhar mais uma vez Winnicott nesse quesito, se "a psicanálise consiste principalmente em propiciar as condições para o desenvolvimento desses fenômenos, e a interpretação dos mesmos no momento oportuno" (2008, p. 146), novamente o *setting* analítico não pode instituir um trabalho analítico radical sem que o racismo seja um dos pontos para os quais a interpretação e a narrativa de si operam uma elaboração do sofrimento.

Assim, a técnica psicanalítica não se restringe a uma espécie de análise intramental cujo foco está apenas no que ocorre ali na clínica, mas se funda numa compreensão ampla em que as variáveis sociais não estão apartadas da clínica, mas lhe costuram no próprio fazer clínico. Ou seja, não se trata de uma compreensão da clínica na qual o racismo é um elemento externo à vida e à subjetivação das pessoas negras como se pudéssemos descolar a técnica psicanalítica da reflexão social da psicanálise. É precisamente o contrário. É necessário adotar como técnica psicanalítica uma abordagem antirracista para atender as pessoas negras.

## *Referências*

AQUINO, Thiago. *A descoberta do cotidiano*: Heidegger, Wittgenstein e o problema da linguagem. São Paulo: Loyola, 2018.

BERNASCONI, Robert. Concepts of race in the Eighteenth Century. *In:* VALLS, Andrew (ed.). *Race and racism in modern philosophy.* Ithaca: Cornell University Press, 2005.

CARNEIRO, Sueli. *Racismo, sexismo e desigualdade no Brasil.* São Paulo: Selo Negro, 2011.

CÉSAIRE, Aimé. *Discurso sobre o colonialismo.* São Paulo: Veneta, 1955.

CONCEIÇÃO, Willian Luiz. *Brancura e branquitude*: ausências, pertenças e emergências de um campo em debate. Florianópolis: Loyola, 2017.

FANON, Frantz. *Pele negra, máscaras brancas.* Tradução: Sebastião Nascimento. São Paulo: Ubu, 2020.

FREIRE, Jurandir. Da cor ao corpo: a violência do racismo (Prefácio). *In:* SOUZA, Neusa Santos. *Tornar-se negro*. Rio de Janeiro: Zahar, 2021.

GONÇALVES, Ricardo J. A superioridade racial em Immanuel Kant: as justificações da dominação europeia e as suas implicações na América Latina. *Kínesis*, v. VII, n. 13, p. 179-195, jul. 2015.

MBEMBE, Achille. *Crítica da razão negra*. São Paulo: N-1 Edições, 2018.

MCCLINTOCK, Anne. *Couro imperial*: raça, gênero e sexualidade no embate colonial. Campinas: Editora Unicamp, 2018.

NASCIMENTO, Beatriz. *Uma história feita por mãos negras*. Rio de Janeiro: Zahar, 2021.

QUINE, Willard V. O. Two dogmas of empirism. *The Philosophical Review*, v. 60, n. 1, p. 20-43, 1951.

RANCIÈRE, Jaques. *A partilha do sensível*. São Paulo: Exo Experimental Org; Editora 34, 2009.

SOUZA, Neusa Santos. *Tornar-se negro*. Rio de Janeiro: Zahar, 2021.

WINNICOTT, Donald. *O ambiente e os processo de maturação*. Porto Alegre: Artmed, 2008.

WITTGENSTEIN, L. *Investigações filosóficas*. São Paulo: Nova Cultural, 1980.

**GRÁFICA PAYM**
Tel. [11] 4392-3344
paym@graficapaym.com.br